LEAD WITH A STORY

故事赋能

〔美〕保罗·史密斯◎著　信任◎译

Paul Smith

中国友谊出版公司

图书在版编目（ＣＩＰ）数据

故事赋能 /（美）保罗·史密斯著；信任译 . — 北京：中国友谊出版公司，2021.12

书名原文：LEAD WITH A STORY

ISBN 978–7–5057–5361–7

Ⅰ . ①故… Ⅱ . ①保… ②信… Ⅲ . ①管理学 – 通俗读物 Ⅳ . ① C93–49

中国版本图书馆 CIP 数据核字 (2021) 第 229506 号

著作权合同登记号　图字 : 01–2021–5741

LEAD WITH A STORY : A GUIDE TO CRAFTING BUSINESS NARRATIVES THAT CAPTIVATE,
CONVINCE, AND INSPIRE by PAUL SMITH
Copyright © 2012 PAUL SMITH
This edition arranged with Harper Collins Leadership
Through Big Apple Agency, Inc., Labuan, Malaysia.
Simplified Chinese edition copyright © Beijing Standway Books Co., Ltd
2021

书名	故事赋能
作者	［美］保罗·史密斯
译者	信　任
出版	中国友谊出版公司
发行	中国友谊出版公司
经销	新华书店
印刷	河北鹏润印刷有限公司
规格	710×1000 毫米　16 开
	16 印张　231 千字
版次	2021 年 12 月第 1 版
印次	2021 年 12 月第 1 次印刷
书号	ISBN 978–7–5057–5361–7
定价	58.00 元
地址	北京市朝阳区西坝河南里 17 号楼
邮编	100028
电话	（010）64678009

前言　我们为什么要讲故事

"每一位伟大的领导者同时也都是伟大的故事讲述者。"

——哈佛心理学家霍华德·加德纳（Howard Gardner）

在雷富礼（A. G. Lafley）担任宝洁公司首席执行官期间，我曾面对他进行过四五次汇报。第一次汇报的情景是最令我难忘的。那天，我学到了宝贵的一课，那就是如何"不做报告"。

那是在公司的全球执行领导层会议上，我获得了 20 分钟的发言时间。会议出席者包括首席执行官以及公司十几名高层领导者。他们每周都会在宝洁大厦高管楼层的特殊会议室碰面——这是专门为他们设计的房间。这个房间呈完美的圆形，以完美的圆桌为中心，极具现代感。甚至连会议室门都是曲线的，这样才符合会议室的整体风格。我的报告是当天议程的第一个内容，所以我提前了 30 分钟到达，打开电脑做好准备，确保所有的视听设备都正常工作。毕竟，那是我第一次向首席执行官汇报。我想确保一切顺利。时间到了，高管们排队进入房间，在会议桌旁坐下。大约一半人进入后，首席执行官雷富礼先生也走进了房间。他绕着桌子走了一圈，向在座的每一名团队成员打招呼，然后找到了一个座位坐下——那是我最害怕他坐的位置——这个座位背对着投影屏幕。

这可不太好。"他得扭过身子才能看到屏幕，"我想，"这可能会让他的脖子很不舒服。然后他的心情会变得很不好，最后不会同意我的建议。"但我不想对老板的座位指指点点，所以我开始进行汇报。

大约 5 分钟后，我意识到雷富礼先生一次也没有回头去看幻灯片。我不再担心他的脖子，转而开始担心他对我讲解内容的理解。如果他不明白我在说什么，那他肯定不会同意我的建议。但是，我还是不能去教首席执行官该怎么做，所以我就这样硬着头皮一路进行下去。

报告进行了 10 分钟后——这到了预定时间的一半——我发现他还是没有回过一次头。此时我不再担心，只是感到困惑。他一直看着我，很明显沉浸在我的讲述中。那么，他为什么不回头看看我的幻灯片？

20 分钟后，我的报告结束了，而雷富礼先生一次都没有回头。但他还是同意了我的建议。尽管报告获得了成功，可当回到办公室后，我依旧感觉自己很失败。我翻来覆去地思考整个报告过程，想知道做错了什么。我是不是很无聊？我的观点是不是不够清楚？他是不是一直在暗暗思考某个价值数亿美元的决策，所以才会忽略我的报告？

忽然间，我意识到：他没有看我的幻灯片，是因为他知道如果有什么重要内容，我会亲口说出来的。这些话会从我嘴里出来，而不是从屏幕上。他知道，需要幻灯片的是我，而不是他。

作为首席执行官，雷富礼先生可能每天的大部分时间都在阅读干巴巴的备忘录和财务报告。他很可能希望这次会议的气氛不再沉闷，他想与某人对话，了解公司最前线的情况与动态，他想让对方与他分享绝妙的想法并就此寻求他的帮助。简而言之，他想让某人给他讲故事。像我这样的人。那才是我在那 20 分钟里要做的工作。我只是还不知道。

回首往事，我意识到雷富礼先生选择那个位置并不是偶然。会议室里还有很多其他空座位。他坐在那里很明显是有原因的。那个位置可以让他专注于报告者和对话，不被屏幕上的文字内容分心。

那一天，在他本人可能都没有意识到的情况下，雷富礼先生给我上了宝贵的一课。在第二次报告中，我减少了幻灯片的数量，加进了更多的故事，并获得了更大的成功。

事实上，在宝洁，讲故事是一种很有影响力的工作方式。多年来，我们一直有个名叫"公司故事讲述者"的职位，这个职位的来源本身就是一个传奇故事。

19 世纪 70 年代，一位名叫吉姆·班格尔（Jim Bangel）的年轻数学家被宝洁公司聘为研发部工作人员。像所有的研发人员一样，吉姆每月要给老板写一份备忘录，详细说明过去 30 天的工作进展。这些备忘录通常事无巨细且干硬无比，只有公司里的化学家或工程师才会理解甚至欣赏这些语言。

撰写多年备忘录后，他决定做些不同的事情。他决定写一个故事。主人公是工程师欧内斯特（Earnest Engineer，意为认真的工程师）。在故事中，读者们将会跟随欧内斯特了解他的工作，包括欧内斯特和老板、同事之间的对话。最后，故事总是会以他获得的教训与经验结束。这些结尾与传统工作备忘录的结尾相同，但整个故事却更具可读性，更加吸引人。于是，其他人开始请求阅读他的备忘录，甚至其他部门的人也纷纷加入其中。

几个月后，吉姆备忘录中的角色阵容开始扩大。每个人都有一个讨巧的、辨识度非常高的名字。例如：总裁叫艾德·扎克提姆 [Ed Zecutive，与"执行官"（executive officer）谐音]；首席财务官叫麦克斯·珀菲特 [Max Profit，与"最大利润"（max profit）谐音]；销售总监叫塞拉·凯斯 [Sella Case，与"销售项目"（sell case）谐音]。故事中的角色越来越多，其他部门的人也开始看到自己的身影，并学习与自己工作相关的内容。于是，吉姆备忘录的传阅范围也越来越广泛。

写了五年故事后，吉姆被任命为"公司故事讲述者"。他依旧每月编写一份备忘录。但他会花费时间在整个公司范围内寻找最具影响力的想法，并围绕这个想法编写故事———一个能在吸引读者的同时，推进组织变革的故事。在 2010 年 9 月退休之前，每个月都有 5000~10000 人津津有味地阅读着吉姆的备忘录，包括公司的每名高管。有时，首席执行官会要求吉姆就某个主题写一篇文章，因为他知道人们愿意阅读吉姆的故事。这位统计学家成了宝洁最具影响力的人物之一。这一切都起源于他决定不再撰写枯燥的报告，而是写有趣故事的那一天。

◇ ◇ ◇

前言的标题是"我们为什么要讲故事"，那么答案是什么呢？前文的两个故事已经告诉我们最简单的答案：因为讲故事很管用！但为什么呢？为什么讲故事这么有效？以下是我发现的 10 个最令人信服的原因：

1. 讲故事很简单。任何人都能做到。你不需要语言学学位，也不需要什么工商管理硕士学位。

2. 讲故事会永远存在。与全面质量管理、业务流程重组、六西格玛或 5S 等其他管理领域不同，讲故事一直是领导力的一部分，并且永远都会是。

3. 讲故事是有着人口学基础的。不管年龄、种族或性别为何，每个人都喜欢听故事。

4. 故事具有极强的感染力。不需要讲述者投入额外的精力，它们就可以像野火一样自行蔓延。

5. 故事更容易被记住。据心理学家杰尔姆·布鲁纳（Jerome Bruner）证实，如果你将真相或数字放在故事里，那么它被记住的概率将会提高 20 倍。组织心理学家佩格·C. 纽豪瑟（Peg C. Neuhauser）在与客户公司的合作中发现了类似的结果。她发现，与从枯燥文字或数字中学习相比，从故事中学习其记忆精准度与时长都要高出许多。

6. 故事可以激发灵感。幻灯片做不到这一点。你听到过有人这么说吗："哇！你绝对不会相信我刚才看到了怎样的 PPT ！"绝对不会。但你肯定经历过你的朋友兴高采烈地向你转述一个精彩故事。

7. 故事对所有类型的学习者都极具吸引力。在任何一个群体中，大约有 40% 的人是视觉型学习者，他们擅长从视频、图表或插图中学习；有 40% 的人是听觉型学习者，他们通过讲座和讨论进行学习的效果最好；剩下的 20% 是动觉型学习者，他们通过亲手操作、经历或感觉进行学习的效果最好。讲故事适用于所有类型的学习者。视觉型学习者欣赏故事在自己大脑中唤出的画面，听觉型学习者专注于词句和故事讲述者的声音，动觉型学习者会记忆故事带来的情绪体验。

8. 故事更适合工作场所中的学习。据沟通专家伊夫林·克拉克（Evelyn

Clark）称："工作场所 70% 的新技能、信息和能力都是通过非正式学习获得的。"这些往往发生在团队工作安排、工作指导和同侪交流中。讲故事，则是非正式学习的基础。

9. 故事使听众的大脑处于学习模式。如果听众的大脑处于批判或评价模式，他们则会更倾向于拒绝。据商业培训教练、畅销书作家玛格丽特·帕金所说，讲故事会"在我们心中重新创造出好奇的情感状态，儿童都拥有这种好奇心，但随着年龄的增长，我们会慢慢失去这种情感。一旦回归孩童时代的好奇状态，我们对新信息的接受程度和兴趣度就会大幅提高"。此外，正如作家和组织故事专家大卫·哈钦斯（David Hutchens）所说，讲故事会改变听众的状态。他们会放下笔纸，找一个舒服的姿势，安静地倾听。

10. 讲故事能体现出你对听众们的尊重。故事能传达你的信息，而不是傲慢地告诉听众该怎么想或怎么做。作家安妮特·西蒙斯（Annette Simmons）著有多本关于故事讲述的书，她说："故事能给人们自由，让他们得出自己的结论。如果你离开足够长时间，让他们看到你所看到的东西，那么那些一开始拒绝你观点的人可能也会对你表示赞同。"至于要做什么，公司故事讲述者大卫·阿姆斯特朗建议说："曾经有一段时间，你可以命令他人去做事情，但那已经是很久以前的事情了。如果你重视品行操守，那么就讲故事，这种方法可以很好地传达你的想法，让他们知道自己要干什么。而不是生硬地说：'照这样做。'"

这些内容回答了我们之前的问题。接下来，我们要开始我们的旅程，通过 21 个关键场景来掌握创作自己故事的技巧。

目 录

CONTENTS

第四章　情境4：提供有效建议 / 025

本章介绍的三个故事技巧可以帮助你提供有效建议：通过故事让听众了解你发现问题、进行研究、最终提出建议的过程；在故事中加入隐喻；质疑听众的基本假设。

第五章　情境5 提升客户服务 / 034

精彩的客户服务故事会向团队展示什么才是卓越的客户服务，挖掘并分享这些故事，可以帮助你的团队实现客户服务升级，这些故事还会成为公司的优秀公关案例。

第六章　故事创作技巧（Ⅰ）：故事结构 / 043

商业故事的基本结构由背景、行动、结果构成。在这个基础上，故事的开头需要介绍主角、主角的目标和面临的阻碍，结尾需要阐明故事的教训和讲述故事的原因。

第二部分　故事创作技巧（Ⅱ）：故事风格和讲述技巧

第七章　情境6：创建公司的文化 / 056

公司的文化由管理行为定义，由故事传播开来。明确领导者想要鼓励的公司文化后，找到相应的故事，比如IBM主席汤姆·沃森被拦住的故事，然后进行广泛的传播。

第八章　情境7：定义公司的价值观 / 063

除非经受住考验，否则价值观就是一纸空文。分享经受住考验的价值观故事，比如"被雨淋的首席执行官"，以展现公司的价值宣言。

第九章　情境8：密切合作关系 / 071

让团队成员围坐在一起，讲述个人的故事，这样做可以让成员发现彼此的共同价值观，从而建立紧密的合作关系。

第三部分　故事创作技巧（Ⅲ）：惊奇元素

第五部分　故事创作技巧（V）：让听众参与到故事中

第一部分
故事创作技巧（Ⅰ）：故事结构

在第一部分中，你将学会利用优秀的商业故事，激发团队前进、变革的动力，并在提供有效建议及客户服务方面得到提升，使团队离成功更进一步。

第一部分的故事创作技巧章节将介绍一个简单有效的商业故事结构，即故事的基本结构由背景、行动、结果构成，在这个基础上，故事的开头需要介绍主角、主角的目标和面临的阻碍，结尾需要阐明故事的教训和讲述故事的原因。

采用这个故事结构，会使你的故事条理清晰、有吸引力且寓意深刻。因此，在编写故事的具体内容之前，按照这个结构搭建大纲，是创作优秀商业故事的第一步。

第一章　情境 1：设定未来愿景

"虽然可以用公式或算法来概括问题，但你需要故事来理解自己身处的困境。未来充满困境，因此你需要很多故事的帮助来理解它们。"

——鲍勃·约翰森 （Bob Johansen），

未来研究所 （The Institute for the Future） 前首席执行官

一天早上，一位女士出门散步。经过一个建筑工地时，她看到三个男人正在工作。她走近其中一个人，好奇地问对方在做什么。男人烦躁地对她吼道："你看不见吗？我在砌砖！"

她又问第二个男人。第二个男人回答说："我正在建造一面 30 英尺高、100 英尺宽、18 英寸厚的砖墙。"然后，他转向第一个男人："嘿，你超出范围了。你得把最后一块砖拿下来。"

女士还是不满意，于是又问第三个男人。第三个男人的工作看起来和前两个没什么不同，但他兴奋地说道："好的，我来告诉你，我正在建造世界上最伟大的大教堂！"看得出来，这个男人还有很多话想说，但另外两个人关于多出的砖块的争吵打断了他。他转头对他们说："嘿，伙计们，别吵了。这是一个内角。等整个墙壁都刷上灰，没人会看到那块多余的砖。赶快继续下一层吧。"

这个故事的寓意是，如果你了解你所在组织的目标，以及该目标与自己工作的联系，那么你不仅可以更好地完成自己的工作，还可以帮助他人更好地完成他们的工作。换句话说，这有助于你成为一个好的领导者。最重要的是，这会让你享受你所做的一切。

这个故事来源于古老的民间传说，这不会是你在本书中遇到的唯一的传奇故事。在工作中，你使用的大多数故事都会来源于真实事件。但是神话和民间传说也有着自己的作用，它们十分灵活，可以和任何公司联系在一起，并且可以根据目的的不同而进行修改。

在部署新的公司目标或战略之前使用这个故事，会让你的工作更有效率。它会让听众们理解为什么倾听、理解并接纳新的愿景和计划对他们自己来说也非常重要。它可以让人们眼中原本无聊、强制性的活动变成他们自己渴望去学习的东西。就像故事中的第一个男人一样，在会议刚开始时，你的听众们可能觉得自己的工作就是在砌砖。活动结束时，听众们已经明白，自己建的是一座大教堂。

这个故事也是"将已有故事改编，使其符合自己目的"的一个非常好的例子。我第一次听到这个故事时，里面并没有第二个人因为多出的砖块纠正第一个人，然后引发争论，最后第三个人插手调解等这一系列情景。我增加这些内容是为了得出这个结论：了解自己工作与公司愿景的联系，不仅可以让你自己做得更好，还可以帮助你领导他人。

◇ ◇ ◇

当然，吸引听众的注意力只是第一步。现在，你的听众们已经开启接收模式，是时候描述你的愿景了。这才是讲故事的真正神奇之处！愿景通过对未来的描绘激励人们行动，也就是说，通过故事对愿景加以描绘，能让人获得行动的动力。但这个故事必须经过精心准备。一个"成为头号人物"的故事并不够好。正如组织心理学家佩格·C. 纽豪瑟（Peg C. Neuhauser）指出的那样："'在竞争中获胜'，这并不是一个足够鼓舞人心的愿景，它经受不住时间的考验，也无法激发出大量热情与承诺。"愿景应该将听众也包含其中。你的听众需要在你描述的未来中看到自己。下面是两个很好的例子。

2002年年初，我被任命为宝洁公司市场研究团队的负责人。这个团队有超过100名市场研究人员，他们的工作是预测新产品的未来销售情况。这是个不可能完成的任务，因为不管他们预测出什么，唯一能确定的就是他们肯定会错。唯一的问题是，他们的预测是过高还是过低，离现实情况究竟有多远。此外，还有很多其他影响因素：研究人员缺乏培训、预测模型过于复杂、文档记录不足和预测原始数据过时等，这些让预测工作的难度大大增加。

我的工作是带领这个团队进行若干变革，改善他们的工作方式和预测工具，让他们对公司业务产生更大、更有意义的影响。但改变并不容易。他们要努力做好开发和实施工作。我则需要他们理解并欣赏他们可能达到的美好未来，这样他们才会有动力去创造未来。于是，我给他们写了一封信，信里面有一个故事。我是这样开头的：

"我愿意与你们分享计划的细节，并让你们有机会影响这些计划的实施。但是，审查他人工作的细节是件相当无聊的事，所以我要分享的是一个更有趣、更生动的未来景象，我想帮助你创造、实现它。下面我会描述一个人的愿景（我的），即在不久的将来，一个销售预测员的普通一天。你们中的一些人可能感觉自己已经非常接近这一状态，而有些人可能会觉得自己还差得很远。不管如何，我想让它成为一个我们都能分享的愿景——要么把你的想法加入其中，要么接受现状。我工作计划中的所有主要部分，都会以某种方式出现在这一愿景中。所以如果你不喜欢，请告诉我。如果你真的很喜欢，也请告诉我。"

我把这个故事命名为"愿景：一个销售预测员的普通一天"。故事发生在两年后，围绕着销售预测员"雪莉"一天的日常工作展开。但是在这个故事中，她轻松地成功处理了和商业伙伴们的事务工作，没有遇到任何挫折。很明显，每一次的成功都要归功于她接受过的培训，以及她在工具、流程上的改变。当然，这都是我计划中的内容。

故事的最后，雪莉参与完成一场会议，这是她一天中最后的工作。两位团队成员走到她面前，为她提出的精妙想法表示感谢，他们还表示自己十分喜欢预测员们这种"新兴的、领先的"业务角色。她以前没有意识到，其实她很喜欢自己的工作。当你知道你的贡献不仅仅是一堆数字，人们会寻求并欣赏你的意见时，你会感到更多的工作乐趣。

面对自己的这个故事时，我的第一反应是："哇！我也想两年后成为这个样子。我加入我加入！"其他人的表现也和我一样。我用电子邮件将这个故事发送给我的团队成员们。不过，你也可以使用更有创新性的信息传递方式。洛里·西尔弗曼（Lori Silverman）在她的《事后警醒：组织如何通过故事实现目标》（*Wake Me Up When the Data Is Over*）一书中讲述了百时美施贵宝公司（Bristol-Myers Squibb）的一个故事：公司里一群绝顶聪明的人一起创造了一个未来故事，并按照《伦敦金融时报》（*London's Financial Times*）的版式印刷出来——这是他们老板最喜欢的读物了。为什么这么做？因为他们无法让老板阅读长达 50 页的战略规划。他们将这份"报纸"从门缝下塞进老板的办公室，"报纸"的头条是："百时美施贵宝被评为全球排名第一的制药公司"。老板读到一半时才注意到文章顶部的日期，意识到这是一篇未来故事。读完整篇文章后，他对团队建议的策略有了一个全面的了解，因为他们已经把这些都写进了故事中。

无独有偶，施乐 (Xerox Corporation)、博朗 (Braun) 和宝洁等公司也采用过类似的策略，而且几乎次次有效。毕竟，谁不想在一张重量级的报纸中读到自己的故事呢？

◇ ◇ ◇

刚刚你看到了两个故事：一个故事告诉你如何吸引听众们的注意力，让他们进入你创造的愿景中；另一个故事解释了你的未来愿景是什么。你还要做些什么吗？也许有时候，有些愿景过于崇高或激进，让人们无法相信它能够实现。如果你也有类似的愿景，那么我要先祝贺你，因为你的想法很有价值！但如果人们不相信你的愿景能够实现，那他们就无法获得动力帮助你实现它。不过，讲故事可以帮助你做到这一点，请参考下面我的经历。

2010 年年初，我被任命领导一个多学科团队，负责为宝洁造纸部门的长期发展提出建议：10年、15年甚至20年后，我们要销售什么样的产品？在世界哪个地区销售？尽管这是个很宏伟的目标，但很难吸引到人参与其中。因为，在我们身处这一职位时，甚至到我们退休时，我们都无法看到这些目标的实现；而在我们进行这一工作时，我们的同事又接连推出几个大型产品升级，并深受市场好评。除此之外，大多数人还对长期规划的价值持怀疑态度。我知道我必须说服我的团队，让他们知道我们的任务对公司来说是必要的，我们的工作是有价值的。

在团队第一次会议上，我给他们讲了另一家造纸公司的故事，这家公司的情况与我们没有什么不同。

故事开始于1865年，当时弗雷迪克·伊德斯坦（Fredik Idestam）在芬兰西南部的坦默科斯基河河畔建造了一家纸浆厂，不久后又添置了一台造纸机。与当时的所有造纸公司一样，该公司生产的大部分产品用于文具、新闻纸张和书籍，这些是电视、广播和电话时代之前的主要通信手段。所以在某种程度上，它也处于通信领域中。

到了1900年，这家公司已经成为芬兰最大的造纸商之一，并一直在寻找增长的机会。当时，电力能源的增长十分迅速。1902年，该公司决定自己建造发电机，为当地企业提供供电服务。到了20世纪10年代末，由于财务困难，该公司决定与芬兰橡胶厂（Finnish Rubber Works）合并。橡胶（天然的电流绝缘体）为合并后的公司带来了巨大的商业影响。

20世纪20年代初，电话业务迅速发展，电缆在城市之间联通、蔓延。1922年，芬兰电缆公司（Finnish Cable Company）明智地加入了这一不断壮大的集团。在接下来的几十年里，该公司不停地扩展，进入临近行业，并将业务范围发展到世界各地。到2010年，它已经成为一家价值400亿美元的公司，业务遍及全球120个国家，并且成为其主要业务领域（还是通信）的领导者。从100年多年前造纸时起，这家公司的名字一直没有改变，你应该对它耳熟能详——诺基亚。

如果诺基亚没有选择进入临近行业，它可能仍然是芬兰最大的纸张生产商——芬兰的国土面积只与美国明尼苏达州相当。（在本书撰写时，黑莓和iPhone等智能手机的出现已经占据诺基亚的大部分市场份额。或许，它会像以前一样，再次明智地进入相邻领域。）

我向我的团队解释道，这个故事的意思不是说我们应该涉足手机业务，而是说我们已经是一家成功的造纸公司，拥有诸如 Bounty、Charmin 和 Puffs 等成功品牌。为了继续发展，我们需要超越当前对行业的定义。我们可以靠碰运气成长，也可以像诺基亚那样进行每一步明智的选择。不过，我们的管理层更喜欢后者，并且选择我们进行"明智选择"的第一步。在整个职业生涯中，大多数商业人士顶多能够影响一两个财年，对再远的未来就无能为力了。而我们的工作，则是要帮助公司明确 20 年后的发展方向。

"有谁想加入？"我问道。

所有人都举起了手，于是，我们直接进入了工作。

诺基亚的故事帮助我的团队了解到：我们的工作是重要的，我们的目标是可以实现的。毕竟，它也是由一家像我们这样的公司发展起来的。这无疑是会议的完美序言。当然，我可以对持怀疑态度的人直接说："诺基亚做到了，为什么我们不能？"但这么说肯定没有讲故事那样吸引人。

◇ **总结和练习** ◇

故事可以在三方面帮助你设定未来愿景：

1. 吸引听众的注意力。（建造一座大教堂。）

2. 传达你的愿景，让你的听众在愿景中看到自己：

a. 使用"未来的普通一天"作为激励听众的跳板故事。你可以以自己类似的经历作为灵感，撰写自己的跳板故事，这样可以更加契合你的情况，并带来更好的效果。

b. 你可以发挥自己的创造性，让你的听众们主动去了解、思考你的愿景。将你的故事设计成报纸样式。（据《金融时报》报道……）

3. 表明你的愿景是可以实现的。（在坦默科斯基河岸上。）

第二章　情境2：设置团队目标

"请你告诉我，我应该走哪条路？" 爱丽丝说。

"这取决于你想去哪里。" 猫说。

"我不太关心去哪里……" 爱丽丝说。

"那走哪条路也就不重要了。" 猫说。

——刘易斯·卡罗尔（Lewis Carroll），《爱丽丝梦游仙境》

与爱丽丝的对话不同，政治活动上的目标是极度明确的，工作人员的投入度也非常高。在政治活动中，很少有人会考虑到下一个选举周期，有时甚至连下一个新闻周期都不去考虑。这是因为政治与商业完全不同，政治是个孤注一掷的游戏，赢家通吃，输家一无所有。如果一家公司今年的销售目标是2.29亿美元，但最终只完成了2.28亿，那它并不算失败。它的股价可能会下跌几个点，高管们的奖金可能会少一点点。但公司不会关门，也不会解雇所有员工。但如果一名政治家只获得了49%的选票，而不是51%，那么选举就失败了。这名政治家，还有竞选团队的所有成员，在下次选举前就全都失业了。

关于政治活动的特点，你可以问问本·拉罗科（Ben LaRocco）。

在2003年获得政治学学位后，本以竞选工作人员的身份进入政界，为当地、州和联邦候选人工作。在他离开学校的前4年里，他经历了5份不同的工作，因为一次竞选通常只会持续6到9个月。

他的工作是什么样的呢？竞选季是残酷的，就像本描述的那样："你要不停地工作，直到深夜。你不可能拥有任何社交生活，这也是大多数竞选工作人员都是单身的原因。他们根本没有与家人相处的时间。"他们不断地审视自己的工作投入度，给自己加油鼓劲。"8月份的室外温度高达华氏100度（约38摄氏度），你已经敲了9小时的门。此时，你必须告诉自己，接下来的10次敲门将会影响整个竞选的结果。如果你不相信这一点，那么你早就去酒吧放松了。"

在第一份工作中，本就学到了艰难的一课。当时，他为俄亥俄州的一名州议会候选人工作，目标是初选的胜利。但他们的竞争对手实力强大，不管是政治上的还是经济上的。本整个竞选季都在努力工作，直到选举夜。投票于晚上7点结束，他的工作也终于告一段落。在接下来的2小时里，他一直关注着选举的结果。晚上9点，他的候选人所获选票数还很少。他开了90分钟的车回到家中。当他打开电视机时，他们的得票数还不到50。第二天早晨起来时，他们已经有了62票。但选票统计还在进行中。在如此接近的选举中，许多选区都会进行两次选票统计。所以，候选人们常常今天还保持领先，第二天就落后于对手。两周后，一个县发现了23张未被计入的选票。不幸的是，这个县更偏向于他们的对手。在最后的统计中，本的候选人在3.4万多张选票中又多失去了22票，选票数从50.04%降至49.96%。他们输了。对于一名只有22岁的年轻人来说，这是一次多么痛的领悟。

这次失败，让本意识到了目标和投入的重要性。那以后的每一次竞选中，他都会给同事们讲述自己的这段故事。这个故事还激励他进行了两大改变。首先，他撕下现在到选举日的所有日历页（五六个月的数量）。他将这些日历页贴在墙上，写下每日和每周的目标：今天要打多少电话，这周要筹到多少钱，要接触多少人，要敲多少扇门。他每天都根据这些目标来追踪进展。

每天早上起床时，他都会询问自己："我今天要进行的工作是不是比我的对手更多更好？我今天要做的哪些工作，能够让我们获得11月2日的胜利？"每天睡觉前，他会问自己："我今天是赢了还是输了？我做得比我对手做得多还是少？"

这个故事告诉我们，当拥有清晰明确的成功和失败标准时，我们就会更容易地投入实现目标的工作中去，例如获得选举日的胜利。但是即使在这种目标明确的环境中，本依然为自己设置了每周和每日目标，用来保持自己的积极性，让自己始终处于通往成功的正确轨道上。

◇ ◇ ◇

上面这个故事包含了一些很实用的东西——不管你是不是在政界工作。首先，对大多数正在经历风风雨雨的公司来说，这些东西可以帮助你创造一个可以明确界定成功和失败的良好局面；其次，短期的、可衡量的阶段性成果对成功来说是件好事。但你要如何做到这些呢？当然，你可以告诉你的团队，实现 2.29 亿美元的销售目标才是成功，任何低于它的数字都是失败。但是没有人会上当。这里有一个创新性解决方案，是由美林证券（Merrill Lynch）的资深财务顾问普莱格尔·蒙克（Pledger Monk）开发的。

到 2010 年，普莱格尔在这个行业已经工作了 16 年，他是一名非常成功的财务顾问，很多新手顾问经常来找他咨询建议。那年 4 月，托比·伯克特（Toby Burkett）找到了他。托比的表现其实已经很好了，但他知道自己可以做得更好。这种自信来源于他一个月前进行的一场塔夫曼（Toughman）拳击比赛。尽管他以前从没上场打过拳赛，但这次他在 25 名重量级拳手中获得了第三名。他向普莱格尔解释说，他之所以能获得这样的好成绩，与他的教练制定每日训练密不可分。这段经历让他一直保持对训练的重视与尊敬。在他的成长过程中，尤其是大学时代，他的体育成绩和学业都曾通过训练获得了显著的提高。

"我想找个人在工作中训练我，就像拳击训练一样。"他向普莱格尔问道，"你愿意当我的教练吗？"

普莱格尔同意了他的请求，并安排每周一下午 4 点与他见面。

普莱格尔做的第一件事是设定一个具体的年度目标。他们大胆地将托比的营收目标增加了 50%。（当然，即使托比只达到一半也没有关系，25% 的增长也不容小觑。）接下来，围绕着如何赢得新客户，他们创建了一个活动列表，并为每项活动确定了相应分值。比如，与潜在客户通话为 4 分，与潜在客户见面沟通为 10 分等。如果托比当天的客户活动累积到了 45 分，那么他就获得了这一天的胜利。

此后，他们开始追踪托比的日常得分。在最初的几个月里，托比做得很好，平均每天获得 33 分，这比训练前提高了大约 10 分。他和普莱格尔都对他自己的进步感到满意，他的营收也不断提高。10 月，另一位顾问带着同样的请求找到了普莱格尔。这位顾问的名字叫作西·罗宾逊（Sy Robinson）。普莱格尔让西加入了周一下午的训练会议，并向他介绍了分值系统，西很快也加入了这一训练。

现在已经有两人使用这个分值系统，普莱格尔开始推进分值系统的进一步应用：他发起了一场比赛！他向两名学生宣布：第一个获得 2500 分的人是获胜者。事情开始变得有趣起来。竞争让他们的工作变成了本·拉罗科的政治活动。他们现在的目标不仅仅是增加 50% 的营收，他们还要赢得比赛。竞争改变了他们看待分值系统的方式。他们每天的目标仍是 45 分，但现在这已经不重要了。他们关心的，是要比对方获得更多分数。就像本一样，他们每天都会问自己："今天我是赢了还是输了？"他们每天都会比较两个人的分数，有时候托比赢几天，有时候西赢几天。

比赛很激烈，两位参赛者都铆足干劲全力以赴。最后，托比在短短七周内就率先达到 2500 分。两人每天的平均分都超过了 70 分。高强度工作让他们都疲惫不已，但他们的收获也十分丰足。到当年年底，托比的营收增长了 47%，几乎实现了惊人的 50% 的增长目标，这足以让托比骄傲地宣布自己的胜利。此后，他们继续使用这个分值系统，只是将达到 2500 分的时限从 7 周放缓到了 12 周。他们的营收继续上升。到 2011 年 8 月，托比的月营收增长了 76%，而且还在继续增长中。普莱格尔找到了一种可以成功提高工作表现的方法：他将政治世界中"非胜即负"的成功定义与可衡量的每日目标引入了节奏较缓的商业世界中。

这两个故事说明了具体的、可衡量的每日目标和明确的成功标准如何带来更好的工作成功。与他人分享这些故事，可以在你设定目标并分派相应工作之前，就让团队成员们认识并肯定这些目标的价值。它们还可以帮助人们扩展思路，构建自己的目标和成功标准。

◇ ◇ ◇

现在让我们将注意力转到投入上。没有投入，我们什么也无法完成。那么，你要如何让人们投入你的目标中呢？第一种方法是，让他们感受到自身的责任。在责任感的影响下，人们通常会对目标做出个人承诺和投入，因为团队的胜利就是他们自己的胜利，团队的失败就是自己的失败。没有什么比军队更了解责任感这个话题了。

1971 年秋天，鲍勃·麦克唐纳（Bob McDonald）加入了纽约西点军校。在经历了一系列对新生的"欢迎礼"（欺凌）后，鲍勃很快就了解到，面对更高阶官员（学员）的提问，你只有四种回答方式："是的，长官""不，长官""我不明白，长官""没有借口，长官"。鲍勃是这样讲述这段经历的："比如，我擦亮了鞋子，穿上熨得平平整整的裤子，然后去列队。这时，一位同学从我身边跑过，他踩到了一个水坑，泥水溅满了我的鞋和裤子。一位高年级的学员经过时注意到了我身上的泥水。'麦克唐纳！为什么你的鞋子和裤子上都是泥？'"

"作为西点军校的学生，我快速思索着哪种回答更得体。'是的，长官'这种回答只是对既有事实的确认，放在这里并不合适。而且这种回答会让对方的吼声更加响亮。我不能说'不，长官'，因为他说的并没有错误。如果这样回答，我会因为撒谎而被开除。'我不明白，长官'这样的回答只会让我看起来很傻。作为一名新学员，我已经做够傻事了。留给我的只有最后一种，也是最有力的回答：'没有借口，长官。'即便我无法控制事情的发生，我也不应为此找借口。所以，我应该说：'没有借口，长官。同样的情况不会再发生。'这就是西点军校学员承担责任的方式，也是学员性格的重要组成部分。"

13 年后，当鲍勃和妻子黛安（Diane）在教育他们 6 岁的女儿珍妮时，这一课的力量再次显现出来。他们让珍妮整理好自己的房间，并对她说了好几次，但是珍妮一直不为所动，屋子里一直乱糟糟的。身为体贴的、高素质的父母，他们查阅了书架上的育儿书籍，寻找应对此事的得体方法。然后，他们仔细讨论了他们可以进行的教育方式，并将他们将要与珍妮进行的对话仔细写了下来。最后，他们带着写好的对话剧本，走入了珍妮的房间。"珍妮，我们想和你谈谈你房间的问题。"鲍伯开始了自己的台词。但他还没来得及说出第二句，珍妮已经抬起头看着他，像西点军校的实习学员一样严肃地回答道："没有借口，爸爸。同样的情况不会再发生。"

鲍勃和黛安都被吓得目瞪口呆。他们尴尬地站在那里，不知道该说些什么。他们的剧本已经彻底失去了作用。简言之，珍妮承认了自己房间的问题，承担了相应责任，并承诺同样情况不会再发生。他们本来希望通过那个冗长的剧本得到的一切，就这样忽然地出现在面前。没有什么好说的了，他们亲了亲珍妮的脸颊，离开了她的房间。

23 年后，鲍勃仍然在宣扬这一堂课的价值。作为宝洁公司的首席执行官，他的主要职责之一是为公司制定扩展战略和目标，并让 12.7 万名员工投入目标的实现工作中。对目标的"真正投入"意味着你要承诺完成它并负起所有相应责任。"没有借口，长官"，这是对投入和责任的明确回答。这一回答在商业世界中也十分管用，就像它在军校或者孩童教育中一样。不管是老板还是下属，这一回答的作用都十分明显。当老板们听到"没有借口，长官"时（不管这一信息是如何传递出来的），他们可以确定自己的下属正投入目标的实现工作中，并肩负起相应的责任。对于直接下属来说，"没有借口"这一回答可以让他们的老板放下戒心，让自己免于冗长的训斥，就像珍妮一样。

今天，鲍勃与全公司的领导者们分享这两段经历。这是鲍勃教导他们接受责任并投入目标工作中的方式。在你的组织中分享这些故事，员工们对目标工作的投入度会让你感到惊讶。

◇◇◇

　　责任感会带来投入，因为它会让人们将自己与目标及目标实现策略联系在一起——即使这些目标和实施计划并不是由他们最初想出来的。但是，面对自己的想法时，人们会更加投入。因此，另一种让他们全身心投入的方法，就是给予他们参与到目标和目标实施计划的设定。杰夫·舒默伯格（Jeff Schomburger）的故事就证明了这一点。

　　当杰夫接手宝洁公司最大的销售团队时，他知道自己的工作极其艰巨。销售团队的绩效表现一直很好。但是，这种良好的绩效表现也给组织带来了相应的高昂代价：工作流程繁长冗杂；客户关系十分紧张；内部竞争让销售团队和其他部门产生了大量摩擦。宝洁公司对此感到很大的压力。

　　在上任的第一周，杰夫进行了SWOT分析。大部分业务人员都熟悉SWOT分析，即对企业的优势、劣势、机会和威胁进行评估。SWOT分析通常由一个人完成，或者最多一个小组。但杰夫将自己创建的SWOT问卷分发给了这个240人团队中的60人，而且问卷中很多问题都要求填写者邀请同事一起回答。

　　当所有人都完成问卷后，杰夫与他们分别进行了交谈，每个人一小时。他试图深入了解他们的想法，寻找能够彻底改变团队文化和绩效表现的方法。一个月后，杰夫完成了与所有问卷填写者的谈话，然后他将整个团队召集在一起，并简略介绍了他马上要进行的一系列变革。当然，这60位问卷参与者都能够在这些变革中看到自己的贡献。但更重要的是，没有直接填写问卷的人，也能够看到自己的贡献。于是，整个团队欣然接受这一系列变革，并全力投入变革工作中。整个团队，乃至公司的文化一夜之间就获得了巨大提升。一年后，年度员工调查显示，销售团队的工作成效和绩效表现都得到了大幅改善。

　　没错，60小时的时间是一笔巨大的资源，但它也带来了巨大的回馈。杰夫的行动之所以成功，是因为：让人们投身于自己的想法中，比让他们投身于你的想法中，要轻松得多。杰夫对SWOT工具的非常规运用，成功地让团队中的每个人都将自己与团队目标联系到了一起。

◇ 总结和练习 ◇

1. 满足以下标准的目标，其效果最好：第一，成功和失败的标准十分明确，就像政治选举一样。第二，目标的阶段性成果是具体的、可测量的和常态化的。例如："我今天是赢了还是输了？"以及普莱格尔引入的双人竞赛。

a. 你可以通过定义目标，或者举行竞赛，来让你的团队成败标准更加明确吗？

b. 你能为你的团队设定好每周目标，甚至每日目标吗？

2. 让人们全身心投入目标的实现中：

a. 创造一种责任感的文化。（"没有借口，长官！"）

b. 让你的团队成员从一开始就参与目标的设定。与你的目标相比，人们会对自己的目标更加投入。（SWOT 分析）

第三章　情境 3：激发改变的动力

"我们中的大多数人从一出生开始就渴望改变，并在震惊中经历这一切变化。"

——詹姆斯·A. 鲍德温（James A. Baldwin）

随便找一位商业人士，让他说出一个最有名的首席执行官的名字，杰克·韦尔奇（Jack Welch）很可能是第一个被提及的。1981 年，他成了通用电气的董事长兼首席执行官，并在这个职位上一待就是 20 余年。在他的任期内，通用电气的销售额增长了 4 倍，其市值从 130 亿美元增加到数千亿美元！这也是《财富》杂志在 1999 年将他称为"世纪经理人"（Manager of the Century）的两大原因。

在担任首席执行官的早期，韦尔奇通过让手下的领导者们面对现实来推动变革，这是他的特有标志之一。他的做法是：一遍又一遍地讲述自己第一次"传达现实信息"并获得成功的故事。在他的著作《杰克·韦尔奇自传》（*Jack : Straight from the Gut*）中有关于这一段的描述。

在担任首席执行官的第一年，他对通用电气在加州圣何塞的核反应堆业务进行了实地探查。当时，通用电气的领导层提出了一个十分乐观的计划，该计划假定通用电气每年都会得到 3 个核反应堆的新订单。从过去的业务轨迹角度来看，这一假设十分合理，因为自 20 世纪 70 年代以来，通用电气每年都会售出 3~4 个核反应堆。但当时是 1981 年，离宾夕法尼亚州三里岛核事故发生仅仅两年。公众对核能原本的些许支持，现在已消失殆尽。在事故发生后的两年里，通用电气还没有接到任何的新订单。

杰克礼貌地听了一会儿，然后他在会议室里投下了一枚炸弹。"伙计们，你们无法在一年内收到 3 个新订单。依我看，在美国，你们今后都得不到任何新的核反应堆订单。"杰克告诉他们，他们应该将重点转移到如何将核燃料和配套服务出售给他们已经建造的 72 座核反应堆。

领导层震惊了。他们反驳道，将这些订单从计划中去除必定会打击士气，而且一旦去除，他们就再也没有能力去应对任何可能出现的新订单。杰克并没有听信他们的话。在杰克的领导下，通用电气进行了内部调整，将业务重点转移到了服务模式上，并在短短两年内将盈利从 1400 万美元增长到 1.16 亿美元。直到 20 年后，当杰克退休时，通用电气依然没有收到任何来自美国国内的新核反应堆订单。

变革面临的第一道难关是，要让人们接受"改变是必须的"。你可以像杰克·韦尔奇一样，理智地传递"现实信息"。这个故事告诉我们，身为一名领导者，你也需要做同样的事。同时，这个故事还有另一个作用。在传递"现实信息"前讲述这个故事，可以让你的听众们接受并肯定你将要传达的、他们无法想象的真相："自事故之后，通用电气没有接到过新的核反应堆订单。对我们来说，现实就是，我们不能指望下一年的币值波动能继续支撑我们的净收入。"（或者你的其他"现实信息"。）

◇ ◇ ◇

让人们接受"改变是必须的"，并不是变革的唯一难点。即使人们认同改变是必要的，他们依然会受到习惯的束缚。人们不喜欢变化。为什么呢？下面的故事来自西雅图作家伊夫林·克拉克（Evelyn Clark），她向我们揭示了人类抗拒改变的原因以及应对方法。

伊夫林在为美国西海岸的一位企业客户举办的一次团建活动中，学到了变革管理的重要一课。这家客户企业正在经历一场巨大的变革。以前，内部销售部门的工作就是等待电话铃响，处理送上门来的订单。但大家都知道，这并不是销售。

这些呼叫中心的工作人员与餐厅点菜的服务员没有什么区别。企业的新计划是：让他们成为一个真正的销售部门——主动拨打销售电话，获得更多客户和营收。但是，呼叫中心的工作人员吓坏了，恐惧让他们不知所措。这次团建的目的，就是找到可以帮助他们克服恐惧的方法。伊夫林让参与者们轮流站出来，讲述自己关于改变的故事。他们从自己做出改变的经历和变革管理中学到了什么？她相信通过对个人经历的讲述，可以帮助他们找到应对现有挑战的解决方法。一位参与者讲述了关于他6岁双胞胎儿子的故事，这个故事很有见地并证明了伊夫林的理论。

所有家长都知道，对一年级的新学生来说，离开父母独自乘坐校车上学是件很可怕的事。然而还有更可怕的事，那就是放学后离开教室，找到自己回家的校车。因为车站有那么多的校车！而且它们还都长得一样！那时，这位参与者的双胞胎孩子已经对每天上下车的路线无比熟悉。但突然间，他们被告知上车地点将要进行调整。这对一年级的孩子们来说是个大变化，在变化来临前的几天中，一个孩子显得很焦虑，另一个则似乎没有受到任何影响。显然，新的上车地点就在第二个孩子的教室外。他甚至可以透过窗户看见自己的校车。但对于身处另一个教室的孩子来说，新的上车点不仅路程变远了，方向也和原来完全不同。

在改变上车点的前一夜，父亲注意到这个孩子的反常举动。他辗转反侧，无法入睡（但他的兄弟却睡得很香）。父亲走到孩子的床边，询问他无法入睡的原因。"我不知道我该怎么做，爸爸。"于是爸爸给小男孩穿上了校服，陪伴他预习第二天的路程。"假装自己在教室，现在老师说放学了，大家都可以走了。你站起身来，走出教室。告诉我你现在要往哪边走。"小男孩按照爸爸的话语进行着练习。"现在，我们沿着大厅前进，穿过停车场，到达上车点。"两次练习都很顺利，父亲和小男孩感觉都很好。

"你班上还有谁会和你坐同一辆车？"

"约翰尼。"

"好，现在假装我是约翰尼。你练习一下，问我是否愿意让你跟着我一起去上车点。"经过两三次的练习，小男孩找到了最适合自己的询问方式。现在，他有了一个备选计划。随后，爸爸又说了几句安慰的话语，然后将小男孩送回了床上。很快，小男孩在自信中进入了梦乡。

通过这个故事，这位父亲，乃至整个团队都意识到：人们，甚至是孩子，并不真的畏惧改变。他们害怕的是，自己没有做好改变的准备。通过了解这个故事，你可以从两方面帮助组织进行变革。第一，对于变革负责人来说，这个故事可以提醒他们：通过充足的指导和培训，每个人都可以自信、成功地驾驭变革。第二，或许这一点不那么明显，但这个故事为那些正在经历变革的人提供了安慰和动力。故事告诉他们，他们的恐惧实际上来自他们的准备不足，而不是变革本身。他们为变革所做的准备越充分，他们的恐惧就越少。一旦了解到这一点，他们就会更加积极地参加培训项目，提出探索性问题，做好相应的准备工作。

所有人都知道，接受培训可以帮助自己获得更多成功。但是有些人对自己已经获得的成就十分满意，他们很难被培训所激励。但是，一旦认识到培训和准备工作可以帮助自己远离数周的妄想、猜测和恐惧，即使是最无动于衷的员工也会积极地参与到准备工作中。

◇ ◇ ◇

前面的两个故事，可以帮助我们应对改变带来的心理和情感障碍。第一个故事可以帮助你的听众们认识到变革所需的理性思维；第二个故事可以带给领导者及员工们情感上的动力，让他们为变革做好准备；促进变革的第三种方法是，改变环境——让"不改变"成为一件不可能的事。如果做得好，这种方法比前面两种方法合起来还更有效。下面的故事就是一个很好的例子。

去年的档案保存日在5月。反垄断政策进修课程是在4月。反性骚扰培训在1月。似乎每个月都至少有一天要特意安排出来，让员工们去关注各种公司政策。本月的重点是"桌面清理"政策——所有人都要将不希望被竞争对手看到的文件锁起来。换句话说，所有文件！

在月例行会议上，领导团队讨论了如何提高对"桌面清理"政策的执行，会议议程从确定违反该政策的最严重行为开始。由于大多数人每晚都会好好锁上抽屉，领导团队得出的结论是：最严重的违规行为是将文件遗留在打印机上过夜。针对这一现象，副总裁和主管们轮流提出自己的意见。有人建议到，应该让总裁写一份备忘录，解释"桌面清理"政策的重要性。还有人提议举办一个"最整洁部门"的评比大赛，或者每个月突击检查一次，并对连续 12 个月都检查合格的人进行奖励。

当轮到马丁·赫蒂奇（Martin Hettich）发言时，他提出了一个非常独特的建议。赫蒂奇当时正身处巴拿马的办公室，他通过会议电话解释说，去年他的业务部门正拼命削减开支。有人认为他们在打印纸上花的钱太多了。对此，他们的解决方案是：按照各部门员工的纸张使用数量，向各部门进行收费。但是，由于所有人都共用位于各楼层中部的网络打印机，因此他们需要一种简便的方式来监视员工对打印机的使用。这就是他们想到的办法：在办公室电脑上点击"打印"按钮后，你还要去打印机那里，在打印机键盘上输入自己的员工编号。然后，打印机才会打印出你的文件，同时记录要扣除的相应费用。当人们为自己使用的纸张付费后，使用量的确下降了，但只是下降了一点点，可能还抵不过这一过程带来的麻烦。

但这项政策也产生了意想不到的后果，比节省下来的金钱更有价值：一夜之间，将文档遗落在打印机上的情况几乎降为了零。实际上，文件被遗落的主要原因并不是人们懒得去拿，而是他们在点击完"打印"按钮后就完全忘了这件事。现在，哪怕他们忘上一两天也没关系。他们只有在打印机键盘上输入员工编号，他们的文档才会被打印出来。而他们自然会站在那里，等着文档打完并带走——他们才不会为了一份文档跑两次腿。

问题解决！

我们将这一建议和其他建议进行比对。第一，让总裁发一份备忘录，解释为什么"把所有东西都锁起来"十分重要。当然，肯定有一部分的员工会信服这种理智的解释，并改变自身行为。但大部分人依旧会无动于衷。第二个建议走的是情感路线——通过向所有遵守政策的人提供奖品和高层认可，来引发他们对自己行为的自豪感。同样，这一举动可以对一些人产生积极影响，但不是所有人。而马丁的解决方案几乎适用于所有人。这是奇普·希思（Chip Heath）和丹·希思（Dan Heath）所说的"扫清道路"（clearing the path）。在他们的畅销书《行为设计学：零成本改变》（*Switch : How to Change Things When Change Is Hard*）中，他们讨论了一些看似简单的组织变革管理方法，马丁·赫蒂奇的提议就是其中之一。

不要使用理性或情感层面的呼吁，你要改变环境，让"不改变"成为不可能。在《行为设计学：零成本改变》中，作者为所有生产行业的工作者们提出了一个非常好的建议——辅助安全按钮。"许多工厂使用的机器都很危险，它们会将工人们错误放置的手指或手掌切割下来。"解决方案是：将机器设计为只有主按钮和辅助安全按钮同时按下，机器才会运行。而且，辅助按钮必须离主按钮足够远，让工人必须同时使用两只手才能操作。按照设计，如果你的双手同时按在按钮上，那么就不会出现任何危险。他们还提供了其他类似的例子，比如要求你先将银行卡取走再吐出现金的 ATM 机，以及不踩刹车就无法切换出停车挡的汽车。

重点是，不要试图从理智或情感层面影响你的员工，你要做的是排除不确定性。你要让他们无法不进行改变。下次，当你的组织要进行重大变革时，你可以向领导层讲述马丁的这则故事。然后花些时间思考一些方法，为你的员工扫清道路。如果做得好的话，你们将会很快、很顺畅地实现变革，而且不用切掉任何手指。

◇ ◇ ◇

现在，你已经让你的团队接受变革的必要性，他们已经为变革做好了充分准备，而且你也已经营造好变革的工作环境，所以之后的路一定会一帆风顺。已经没有可以出错的地方了。你已经做了可以做的所有事情，没错吧？

错了。墨菲定律无所不在。意想不到的变革障碍会随时出现。你对这些障碍的处理方式，将会决定你最终的成功或失败。一名优秀的领导者能够克服障碍，最大限度地减少其对组织的影响。但是，一名伟大的领导者则会将障碍转化为变革的催化剂，就像下面这个故事中所做的。

2001 年年初，股票市场正经历着互联网泡沫破灭后的震荡。未来经济形势一团模糊，很多传统公司都处于动荡之中。宝洁公司也是其中之一。不到一年前，宝洁有过一段可怕的经历：公司股票在短短一周中就损失近 40% 的价值。很快，商业新闻界失去了对互联网初创企业的热爱，又转回到传统企业中。在此情况下，《商业周刊》（Business Week）决定就宝洁经历的问题做一个报道。

他们向宝洁公司请求对一位公司领导进行采访，宝洁公司指派特朗·阿明（Tarang Amin）接受访问，他是宝洁公司 Bounty 纸巾专营权新任营销总监。在过去一年中，这个纸巾品牌的经营也困难重重。特朗带着一双新鲜、客观的眼睛，谈论着 Bounty 的历史经历和未来计划。采访结束后，记者一直在对采访文章进行编辑，几周时间就这么平平淡淡地过去了。

2001 年 3 月 12 日，这篇文章终于正式发表，此时特朗也是第一次读到这篇文章。文章标题是《宝洁公司能改过自新吗？》（Can Procter & Gamble Clean Up Its Act?）。文章的第一句话是："要想了解宝洁首席执行官面临的艰巨任务，只需看看纸巾货架就知道了。"这句话直击特朗的内心。文章称，与宝洁的其他顶级品牌相比，Bounty 在过去一年中失去的市场份额最多。接下来，文章概述了该品牌在工作细节上的一系列错误：被竞争对手在产品和成本创新上击败，削减广告开支，大幅提高价格以及削减卖场内的销售人员。这篇文章还指责了宝洁公司对品牌经理的更换速度太快。

读完文章，特朗很沮丧。他早就料到这会是一篇负面文章，但文章却比他想象的要糟得多。这肯定会让为 Bounty 努力工作的几百名员工感到失望和难堪。更重要的是，当时他们正处于转型的关键时期，这篇文章会让人们对现有工作失去信心。他唯一的希望是没有人去读这篇文章，就让它默默地过去。但当他结束一天的工作回到家时，这一希望破灭了。隔壁邻居隔着树篱对他喊道："嘿，特朗，今天报纸上关于你的那篇文章，真是太糟了，是不？"

当天晚上，特朗又一次仔细地阅读了那篇文章，他很想给编辑写封信，抱怨文章中出现的一些不太正确的情况，以及一些断章取义的描述。但是，他想到了更好的办法。一想到第二天上班，面对自己的团队成员时，他就感到不知所措。他很想把头埋在沙子里，假装什么也没发生过。但他没有这么做。相反，他给所有团队成员写了一份备忘录，并将其命名为"关于 Bounty 的商业周刊文章——我的观点"。在这份备忘录中，特朗承认，他最初对这篇文章感到非常失望，因为他知道在过去一年中团队所有人都在为品牌的复兴努力地工作着。然而，他不得不承认，文章中的许多观点都是正确的。例如，"我们确实让产品价格超出了目标群体接受范围""我们的一些重大创新并没有进入市场"。实际上，文章中提出的几点正是制定新的品牌战略所需要考虑的。

因此，特朗强烈坚持让大家将这篇文章视为"了解品牌真正问题、寻找解决方案"的源泉。他提醒大家，一定要坚持让品牌重回创新性领导位置的计划，并通过削减价格来增加产品竞争力。在备忘录的结尾，特朗重申了他对大家和计划的信心，以及在未来一年中让他们的伟大品牌更加强大的愿望。

特朗的备忘录很快传遍了整个办公楼，起初是在 Bounty 的团队成员中流传，但很快就传到了其他团队中。特朗的主管又把这份备忘录寄给了公司的最高管理层，公司最高领导者们也纷纷将这份备忘录转给自己的品牌团队成员。他们大范围地分享这篇文章，目的主要是回应公司员工们心中的问题："管理层对这篇文章有什么看法？我们对 Bounty 又会做些什么？"备忘录出色地回答了这两个问题。但我认为它做了更重要的事情：它向商界领导者们展示了如何将危机事件转变为推动变革的巨大动力。在此后的几个月甚至几年里，《商业周刊》的这篇文章和特朗的回复被反复提及。它们已经成为号召变革的战斗口号。在那篇文章发表后的 10 年里，Bounty 的市场份额增长了 10%，达到 46%，而该品牌的销售额也增长了 2/3。

今天，当同事们身处困难或尴尬境地、恨不得找个地缝钻进去时，已经身为希夫营养国际（Schiff Nutrition International）首席执行官的特朗·阿明就会向他们讲起自己的这段故事。这宝贵的一刻教导我们：不要躲起来。相反，你要宣扬它，将它变为自己的优势。将它作为工具，改变、激励周围的人，乃至整个组织。

◇ 总结和练习 ◇

1. 变革的第一步是让人们承认改变是必要的。传递"现实信息"——像杰克·韦尔奇那样。讲述杰克那个核反应堆订单的故事，然后传递你自己版本的"现实信息"。

2. 人们怕的不是改变，而是自己没有做好面对改变的准备。所以，做好准备。你可以向大家讲述"坐校车的双胞胎男孩"的故事，这可以帮助大家放松下来，认识到自己的紧张只是因为还没有做好准备。通过你的培训，他们会信心大增的。

3. 改变环境，让"不改变"变成不可能。通过以下示例进行思考，并将这一方式应用到你负责的变革工作中：马丁的打印机启动码，辅助安全按钮，先退卡再吐钱的ATM机，踩住刹车才能切换出停车挡的汽车。

4. 变革障碍会随时出现。不要对它们视而不见，你可以将它们变为变革的动力。最有名的示例，就是《商业周刊》关于Bounty的文章。

第四章　情境 4：提供有效建议

"你做的每一次演讲实际上都包含三个：你练习的、你实际做的以及你希望做到的。"

——戴尔·卡耐基（Dale Carnegie）

2000 年夏天，我在宝洁公司的纸尿裤部门工作，我们的任务是生产并销售帮宝适（Pampers）和乐芙适（Luvs）产品。那年夏天，我得到了一个独特的机会：制订一份五年品牌战略建议，并直接面向总裁和领导团队进行汇报演讲。

经过几周的深入分析和准备，我终于迎来了这一重大时刻。领导层以为我会进行一场传统的宝洁式演讲：我会站起来，告诉他们我的建议是什么，然后使用细节分析来证明这一建议的合理性。但我并没有这么做。我对他们说：

"会议室里的每个人在刚刚进入公司时都被教导告知：只要你能获得销量，利润也会随之而来。纸尿裤业务部门的战略反映了这种信念。我们所有的计划都是为了卖更多的纸尿裤。仅此而已。为了准备这次会议，我决定做一些研究，看看这个假设是否正确。

"我回顾了宝洁公司在美国生产一次性纸尿裤的近 40 年历史，发现以下几点。1961~1982 年的前 21 年中，销售量与利润之间的关系协调得近乎完美。随着销售量的增加，利润每年也都在增加；销量减少，利润随之降低。这些似乎印证了'高销量带来高利润'这一假设，这些数据可能正是我们被如此教导的原因。

"但如果你看了1982年以后的数据，你会发现事情大不相同。在过去的18年里，1983~2000年，销售量和利润之间没有任何关联。一点也没有。在这18年里，利润增长且销售量增长的年份，与利润增长但销售量下降的年份大体相同。利润下降时也是如此。"

这些数据及统计图表令人震惊，所以我特意将幻灯片停在这里，让听众们慢慢消化这一信息。然后我向观众们问了一个问题："你们认为在1983年发生了什么，永久改变了这个产业的'高销售量等于高利润'的模式？"

有人回答道："是因为金佰利公司推出了好奇纸尿裤（Huggies）吗？""猜得不错，但并不是因为这个。"我回应道，"那时候他们已经发售好奇纸尿裤好几年了。有没有其他人能回答？"

"是不是大宗商品价格失控的时候？"另一人提出自己的见地。"这个也猜得不错，"我说道，"但这也发生在20世纪70年代末期，时间不对……还有其他人想回答吗？"

我继续让听众们猜测，直到有人提及消费者行为。我鼓励他们沿着这一方向进行思考，不停地引导他们，终于有人说出了真正的答案。

"是不是市场达到了全面渗透？"

"没错！"我大声喊道，"就是这个！我们于20世纪60年代早期推出了一次性纸尿裤，在此之前，美国的妈妈们在市场上只能买到需要重复清洗的尿布。此后，每年都有越来越多的妈妈开始尝试一次性纸尿裤，并将清洗脏尿布的工作彻底摆脱掉。"

到了1983年，一次性纸尿裤已经占领全部市场，100%的新生儿都穿着纸尿裤，传统的尿布几乎完全从市场上消失。在那之前，所有纸尿裤生产商的销售量都在快速增长，利润也跟随销量快速增长。正是"水涨船高，泥多佛大"。（当然，传统尿布生产商全都倒闭了。）

但在1983年，一切都改变了。一旦我们成功地将全美所有母亲都变成了一次性纸尿裤的消费者，纸尿裤的行业销售量总数也就达到了上限，增长趋近于零，但整体市场平稳。1983年，美国的纸尿裤市场从"发展中市场"变为了"成熟市场"。但很显然，我们并没有注意到这一点。我们依旧遵循着最初的来自"发展中市场"的"销售更多"策略。而成熟市场的销售策略则大有不同——我的听众们对此都十分了解。

一旦有人正确地说出问题关键所在（在我的引导下），所有这些结论——我的结论——立刻从听众们的嘴中滔滔不绝地流淌出来，顺畅得好像精心排练过一样。我的结论已经成为他们的结论。几分钟之内，我的建议就已经成为他们的建议。成功！

我本可以给他们一场标准式的汇报演讲。但我并没这样做。我带他们进行了一段旅程，让他们体验到我这几周的研究经历以及最后恍然大悟的惊喜时刻。这醍醐灌顶的惊喜一刻，会在他们的记忆中留下难以磨灭的一笔。而且，这次"发现之旅"还有着其他积极的作用：人们在面对自己的想法时会更积极地投入。这个故事技巧可以将你的想法变为他们的想法。使用这个技巧，你的听众会对你的想法记忆更加深刻，更加被它所感动，并更热情地去实现它。可以说，**"发现之旅"故事**是我发现的最有效的故事讲述方法之一，它可以让你的建议更容易地被他人接受并付诸行动。

◇ ◇ ◇

简单的**隐喻**，是让他人接受建议的另一个实用技巧。隐喻可以让你只用几句话就释放出一个完整故事的力量。你将在第二十二章中学到更多隐喻和类比的技巧。下面的故事将向你展示一个精心设计的隐喻对行动的推动力量。

Alltel 公司始于 1943 年，由查尔斯·米勒（Charles Miller）和小休·威尔伯恩（Hugh Wilbourn Jr.）为阿肯色州的电话公司安装电杆和电缆开始。到 2007 年，它已经成为美国最大的无线电信服务提供商之一，在美国 34 个州都开展有业务。5 月 20 日，当时的首席执行官斯科特·福特（Scott Ford）宣布，公司将被出售给两家私募股权投资公司：德州沃斯堡市的 TPG 资本公司（TPG Capital），以及纽约市的高盛资本合伙公司（Goldman Sachs Capital Partners）。

在公司易主后的初次会面中，新的公司管理者预计斯科特会发表一份详细而漫长的演讲，对他们在接管后如何运营公司提出建议。你可以想象到：几十个彩色表格和统计图，以及满满的经营要点。但是，斯科特只拿出了两张幻灯片。第一张幻灯片背景是尼亚加拉大瀑布，一个人大胆地行走在横跨瀑布的钢缆上，小心翼翼地保持着身体的平衡。斯科特向公司新任高管们解释说，公司经营的关键，是在客户需要的服务水平与良好投资回报所需的现金流之间保持平衡。更好的客户服务意味着更多的操作人员、更好的设备和最新的技术，但这一切都需要成本资金，即那些本可以成为公司利润的资金。他接着解释了关于保持这种平衡的自身经验及理念。

第二张幻灯片更重要——不是对斯科特，而是对他的听众们。几十年来，私募股权公司对收购公司并不是很感兴趣，更不要说对这些公司几十年如一日的长期管理。通常情况下，他们会收购那些他们认为合并后更有价值的公司，以与原来完全不同的方式管理公司，或者简单地通过注入资金让公司快速发展。他们的目标是让公司业务获得快速增长，并以更高的价值出售，然后再找下一家公司。斯科特对这一切很了解。因此，他的第二张幻灯片背景是繁忙的纽约市街道，图片中一个男人坐上了一辆黄色出租车——这一情景对来自纽约高盛的团队来说太熟悉了。斯科特解释说，要想以明显更高的价格出售该公司，这需要买卖双方同时具备一定条件。

首先，买家必须是大型运营商，如美国电话电报公司（AT&T）、威瑞森（Verizon）和Sprint。因为其他公司无法开出能让他们大赚一笔的高估值，其他私募股权公司也不行。其次，利率必须低到足以让一笔数十亿美元的收购对买家来说具有财务意义。反过来说，这需要一个强大的债券市场。最后，华盛顿特区的经济政策导向必须宽容到允许如此规模的公司可以被规模更大的竞争对手收购。司法部会监督所有的并购活动，确保它们不会导致垄断或过度损害消费者。如果司法部认为并购违反了政策，它可以介入并阻止交易，或者在交易完成后强制撤销。斯科特强调，等待这一刻的到来有点像在纽约打出租车。你必须等上一会儿。如果有一辆黄色出租车停在你面前，那么你最好赶快上车。因为下一辆出租车可能很久之后才会到来。

一年后，斯科特接到了一位 Alltel 高管的电话。他们收到了威瑞森公司以281 亿美元收购 Alltel 的报价，他想知道斯科特对该报价的看法，以及他们是否应该出售。斯科特静静地坐在电话的另一端，脸上带着会意的微笑。终于，这位高管打破了尴尬的沉默，自己回答道："这就是那辆黄色出租车，是不是，斯科特？"

在接下来的几分钟里，这位高管重复着斯科特一年前告诉他的每一件事，意识到能凑齐一系列因素并促成现有的收购提议，已经十分幸运了。他决定接受这个提议，并感谢斯科特的建议。斯科特祝他好运，结束了这个价值 281 亿美元的电话。通话中，他只说了寥寥数语，而且没有一句话提到 Alltel 的出售。

12 个月前，他巧妙地运用了黄色出租车的隐喻，说服这位高管现在就接受这个收购提议，而不是等待更好的。这就是隐喻的力量，它可以让你的建议更有说服力。不管你的建议是明年要使用哪个电信运营商，还是要花几十亿美元购买整个公司，它都同样有效。

◇ ◇ ◇

第三个有效建议的技巧是**质疑听众的基本假设**。大多数建议都是从与听众分享一组假设的概念开始，并从这些概念引申到结论。但是，当着听众们的面证明他们的假设是错的，可以带来更大的效果。乔·维尔克（Joe Willke）的故事就是一个很好的例子。

1983 年，乔是尼尔森基地（Nielsen-BASES，一家专门预测新产品成功与否的消费者研究公司）的一名分析师。他们的分析流程是：先了解几百名测试参与者对新产品背后概念的看法——只需要用几个词去描述新产品是做什么的，以及它是怎么做的。然后让参与者使用产品 1~2 周，再搜集反馈、分析。

在乔参与的第一个项目中，得到的测试结果并不是他所预期的。消费者认为这一产品的概念很一般。但一上手使用，他们就停不下来了，他们爱死这个产品了！这是他们测试团队见过的，产品概念分析和试用结果之间相差最大的一次。对于这样的特殊情况，传统做法是建议客户重新进行采样分析。由于这个产品的概念没有那么吸引人，消费者不太可能自己花钱去体验这个产品。但如果他们在邮件中免费获得这一产品并尝试使用，他们就会开始买个不停。

在这种情况下，乔和他的团队有了一个更好的办法。为了让客户接受他们的这一建议，他们必须让客户承认客户公司并没有履行其品牌多年来做出的承诺。这任务可不容易。对客户进行汇报的重大时刻已经到来，乔的一名同事站出来开始主持会议。在感谢了所有人的出席后，主持人拿出了一页纸，举在空中。所有人都认出来，这是一份消费者产品概念测试报告。他大声地将手中的报告朗读了一遍，然后向客户问道："只是确认一下，这就是你们想要我们测试的这个新品牌的概念，对吗？"

听众们纷纷表示同意。

然后，乔的同事扔下了一枚炸弹："实际上，这根本不是。"大家都盯着他，会场一片寂静。他继续说道："这是我们三年前为你们测试的产品概念，当时你们推出了这一领域内的一个新品牌。如今对于产品测试结果的困惑是有原因的，因为你们现在新产品的概念与三年前的产品概念完全相同。"

在全场全神贯注的注视下，主持人接着公布了评分一般的产品概念测试结果，以及非常优秀的产品体验结果。他解释了测试团队对此结果的假设："在过去三年里，你们一直在向消费者承诺，这一产品就是过去三年来一直出现在广告中的那个产品。唯一的问题是，当消费者使用你们的老产品时，他们认为实际体验并不符合你们的承诺。当我们三年前测试这个产品概念时，消费者很喜欢它。同一产品概念，现在的测试结果却如此糟糕，原因就是：你们和你们的竞争对手一直承诺的老产品会带来的好处，并没有真正实现。消费者不再信任你们。"

乔和他的团队认为正确的做法是"不推出新品牌"。他们希望客户能够将这项备受喜爱的新产品技术应用到已经销售了三年的老品牌中，实现他们最初做出的承诺。在做出这段意料之外的汇报后，客户也得出了相同的结论。这就是他们要做的。

今天，乔已经是尼尔森公司（尼尔森基地的母公司）的副总裁。他会将这个故事作为"如何提出一个你的听众不想听的建议"的大胆、创新型方法示例与他人分享。这个方法使用了你将在第十七章学习到的"惊奇"元素，以及你将在第二十七章学到的"将你的听众融入故事中"。但这个方法如此成功的另一个原因是，它质疑了会场内所有人的基本假设，即新品牌的产品概念也是……新的。

他们也可以使用传统的方式公布新的测试结果，然后再分享三年前的产品概念和测试结果，并将两者进行比较。但这么做是将建议作为结论的自然组成部分，这也是建议通常出现的方式。通过在一开始阅读旧产品概念来质疑新产品概念的新颖性，将结论定性为对基本假设的颠覆——对听众们来说，这种方法更具有吸引力。商业顾问们总是先向客户展示分析结果，然后再快速跟上相应的结论。有时客户会同意顾问们的结论和建议，有时则不同意。然而，他们并不会质疑分析中提到的事实。基本假设就像这些事实一样，没有人希望它们受到质疑。但一旦它们被证明是错误的，那么对于客户来说，接受一个令人不悦的建议也就容易多了。毕竟，他们一直在错误的假设下工作，所以他们接下来的行动也需要改变。

如果可能的话，将你的结论建立在对听众们所持的基本假设的质疑上。这一定会引起他们的注意。而且，正如乔发现的那样，他们会更容易地接受你的建议。

◇ ◇ ◇

最后，我们要谈一种实际发生频率要比我们想象的高很多的情况。当你被指派进行某个汇报演讲，但你并不赞同它的主题时，你会怎么做？这种情况通常发生在被指派部署公司最新任务的中层管理者身上。这些可怜的人进退两难，一边要面对要求发布任务的公司高管，另一边则是要承担起责任和希望的工作人员。不管你是那个要发布任务的倒霉蛋，还是指派手下某个倒霉蛋去发布任务的老板，这都是个问题。

我的答案可能会让你吃惊：不要去做！你要么全身心地投入其中，要么让你的老板换人去做。如果你对汇报的主题不感兴趣，那么听众也不会对它感兴趣。他们按照你的指示去做的可能性几乎为零。拒绝发布任务，你的老板会感激你的直率，你也可以彻底摆脱困境。

如果你的老板非要你做不可呢？你该怎么办？你要先弄清楚自己为什么对这个主题不买账，然后修复这一问题。你的问题可能是以下三个之一：你不明白，你不赞同，你不在乎。下面，我们分别来谈谈这三点。

一次，我听到一位脱口秀演员在舞台上吐槽自己打过的一通电话。

他六周前搬出了公寓，至今还没有收到退回的押金。他离开时房间干净整洁，这笔押金理应退回给他。于是他给公寓经理的办公室打了电话。办公室的萨利接起了他的电话。脱口秀演员告诉她自己是谁，然后问她自己的押金什么时候能退回。萨利说她得问问经理。在短暂的停顿之后，她回来了，并说了一句让人无从反驳的大实话："当这些资金被释放时，你的押金将被退还。"

此时，台下的观众们笑得前仰后合，但并不是因为萨利的回答，而是这位喜剧演员此时做出的一脸难以置信的表情。萨利给了他一个毫无用处的回答，但他感到的并不是沮丧，而是震惊——震惊于萨利给了他一个毫无用处的回答，居然还在等待他的回应。好像她说了什么值得回应的话一样！她显然比喜剧演员更不明白经理这番话语的含义。但是她还是将这些话传了过去。当然，她必须再次回到经理那里，询问何时能"释放资金"和"释放资金"的条件。

别做萨利。在你真正理解某事之前，不要去传递它的信息。仅仅重复你听到的话是不够的。你要理解自己将要谈论的内容，或者一直提问，直到你理解了为止。

接下来，你必须赞同这个主题。如果你不赞同，那么回到你的老板那里，跟他分享你的反对意见。如果你对任务内容有疑虑，那么被指派完成该任务的人的疑虑会更大。你要带着你的反对意见逐级向上询问，直到你彻底解决疑虑为止。这就是公司高层们获得丰厚薪资的原因——他们要回答这些难题。不要停止，直至所有问题都被解决。解决意味着你要么彻底理解，要么说服了管理层去改变。

不管怎样，你和你的听众们之后的工作都会更加轻松。

既然你理解并赞同这一任务，你就必须关心它。要做到这一点，你必须弄清楚它对你、对你的听众们或者对你关心的某人或某事有什么意义和影响。当然，它肯定会让公司的某个团体受益，否则公司不会让你去部署这一任务。你要做的只是问问自己："如果我们都这样做，谁会受益？"一旦知道了答案，你就有理由去关心。

现在，你已经准备好提出建议或部署公司策略了。你理解它、赞同它、关心它。你会做得很好！

如果你是指派手下发布任务的高管，你则要确保这个人已经完成这三个步骤。如果你必须给予对方建议或指导，你先要讲一下萨利的故事。然后告诉这个人继续提问，直到他们理解、赞同和关心。他们会像超级明星一样完成任务的。在你的职业生涯中，你将第一次通过重复职业脱口秀演员的笑话来激励员工。

◇　**总结和练习**　◇

1. 人们在面对自己的想法时会更积极地投入。让你的听众体验你的发现之旅，以此将你的想法变为他们的想法（1983 年的纸尿裤发现之旅）。

2. 通过几个字或一句短语的隐喻来释放你整个故事的力量，例如黄色出租车。

3. 将你的结论建立在对听众们所持的基本假设的质疑上。质疑这些假设。

4. 如果你必须做一个你不赞同的汇报演讲，怎么办？要么全身心投入，要么让老板换人。以下是全身心投入的方法。

a. 理解它。不停地提出问题，直至你完全理解这个话题。别当萨利。（"我什么时候才能拿到我的押金？"）

b. 赞同它。表明你的反对意见，让管理层做出回应，直到你满意为止。如果你对内容有怀疑，你的听众们也会有怀疑。

c. 关心它。找出它对你或你的听众有什么意义或影响。

第五章 情境 5：提升客户服务

"销售并不是你要追求的东西。销售是你专心为客户服务时自然出现的东西。"

——佚名

20 世纪 80 年代初，斯特林·普赖斯（Sterling Price）在阿肯色州斯普林代尔的必胜客餐厅当厨师。当时，赛百味（Subway）、Blimpies、奎兹诺斯（Quiznos）等美国全国性的三明治连锁店还没有出现。斯特林讲述了一个特别的故事："一天，一位女士走进店来，问我们有没有肉丸三明治出售。我告诉她没有，她显得十分沮丧，泪水直在眼眶里打转。看到这种情况，我对她说，虽然菜单上没有这道菜，但我们有三明治面包、肉丸、番茄酱和奶酪，我可以为她做一份肉丸三明治，然后按照菜单上相应原料的三明治价格卖给她。

"她真诚地对我表示了感谢，解释说她的丈夫病得很重，一直没食欲。她很想让丈夫吃点东西。今天，丈夫对她说自己想吃点肉丸三明治。她跑了好几家餐厅，但一无所获。我们是她空手回家前的最后一个希望。

"她带着三明治回到家中，我也将这件事忘到了脑后。但第二天，这位女士打电话到必胜客找我。她告诉我说，她丈夫吃了非常多的三明治，这是他几天来吃的最丰盛、最愉快的一餐。

"然后她解释了她丈夫的身体情况，几个月前他被诊断出癌症四期。食欲不振已经是他所有症状中最轻的一个，也是她唯一能安慰他的地方。我的灵活和变通对她来说意义重大。

"然后，她告诉我说，她丈夫已经在昨夜静静地离去了。那个肉丸三明治就是他的最后一餐。此时，她已经泣不成声，但她还是再次感谢我，说我让她的丈夫在生命中的最后一天过得不那么痛苦。直到今天，这段经历依然触动着我，强烈地提醒着我：我们为他人做的事情再微不足道，也会对他们的生活产生重大影响。"

这应该是公关经理梦寐以求的故事。在公司内部，这个故事可以帮助其他员工了解什么叫作一流的客户服务。它可以引领他们跳出思维的固有模式，提供超越客户预期的服务。在公司外部，这个故事可以成为公司最棒的广告，在当地乃至全国范围内树立起公司的光辉形象。但是对于必胜客来说，十分不幸，这一切都没有发生（据斯特林所知）。为什么？因为没人把这个故事记录下来。对于斯特林来说，这是一个可以和同事及值班经理分享的、温馨的故事。但是这远远不够。这本是一笔无价的公司资产，但就这样白白浪费了。

让我们将其与另一个故事相比——从客户角度来说，第二个故事同样令人印象深刻，但是它的影响却大得多。

周一早上，雷·布洛克（Ray Brook）乘坐的航班降落在波特兰国际机场。一下飞机，他就直奔全美租车（National Car Rental）的柜台。他要在30分钟内会见一位客户，此后4天里他还要对一系列仓库和配送中心进行实地访问，他的日程表排得满满当当。幸运的是，雷是"全美翡翠通道俱乐部"（National's Emerald Aisle Club）的成员，拥有绕过柜台排队，直接去停车场取车的特权。但当他在机器上识别会员卡领取钥匙时，机器拒绝了他。屏幕上的信息显示，他要回到柜台去找工作人员解决。

好脾气的布洛克先生虽然感觉很沮丧，但他还是回到了柜台，将自己的名片递给了工作人员。经过一分钟的查询，工作人员说他的资料有问题，并要求他拿出驾照。经过一番查看，工作人员说道："你知道你的驾照在上星期生日那天过期了吗？"

"不，我根本不知道！"雷非常惊讶地回答道。

工作人员笑着说道："生日快乐，布洛克先生。"这种友好的举动有助于缓和紧张的气氛，但对接下来的对话却毫无帮助，"对不起，布洛克先生，我们不能把车租给你，因为你没有有效的驾照。"雷惊呆了。他解释了自己接下来两天的日程安排，表明自己必须有一辆车。工作人员很快把经理找了来。

经理又一次对他解释了原因："如果布洛克先生你在驾车时不小心受了伤，或者伤到了他人，全美租车公司也会因为将汽车租给持有过期驾照的人而被问责。我很抱歉，我们无法把车租给你。"

接着经理又说了一番话，这些话让雷更加惊讶："但是，我们可以开车送你去你想去的任何地方。"

什么？他没听错吗？

雷解释说，在接下来的两天中，他要奔赴波特兰的多地参与会议。然后他计划飞往加利福尼亚州的萨克拉门托，再参加两天的会议，在那里他需要再租一次车。经理的提议非常慷慨，但是他不想让某人陪着自己度过这四天。

听了雷的日程安排后，经理提出了一个创造性的解决方案。他注意到雷的驾照来自华盛顿州，该州与俄勒冈州接壤，位于波特兰以北，与机场只隔着一条哥伦比亚河。尽管雷离家有 200 英里（1 英里 =1609.344 米）远，但最近的华盛顿州车管所办公室就在几英里之外。经理提出，他可以先载着雷去参加 20 分钟后的第一场会议。等会议结束时，他再去接上雷，带他去车管所更新驾照。他们有足够的时间在下场会议到来前拿到新驾照。这样，雷就可以租下这辆车，继续他的旅程。

"太棒了！"雷马上同意了这个方法。于是，经理让一名工作人员开车送他去第一场会议，然后再去车管所。但是在车管所，雷再次被现实击倒了：华盛顿州的车管所在周一并不开门。

现在该怎么办呢？工作人员将越来越沮丧的雷载回机场租车公司，接着公司经理和雷又研究出了 B 计划：一名全美租车公司的工作人员先载雷去酒店办理入住手续，当然他们并没有收取雷的租车费用，因为从技术角度来讲，雷并没有租用任何车辆。利用节省下来的租车钱，雷乘坐出租车赶往后面的会议。周二早上，另一名全美租车的工作人员去酒店接上雷，载他去参加他在波特兰的最后一场会议。这名工作人员在外面等了他一个半小时，然后接上他又去了车管所。雷随着缓慢的队伍移动着，一小时后才办好驾照出来。接着工作人员又将他载回到机场，刚好赶上他去萨克拉门托的飞机。这一系列的额外客户服务让雷激动不已，他对经理表示了自己不尽的感谢。在雷的飞机起飞前，经理已经亲自将他的新驾照上传到客户资料中，这样他在萨克拉门托租车时就不会再遇到任何麻烦。

这个故事发生在 20 年前。从那时起，雷·布洛克就成了全美租车的忠实客户。最重要的是，时任全美租车公司总裁兼首席执行官的文斯·瓦西克（Vince Wasik）在随后几年里对数千全美租车员工和董事会成员发表的数十次演讲中都提到了雷的故事，他用这个故事来定义什么是卓越的客户服务。你不可能在培训中教会员工应对所有可能出现的情景。但通过这些故事，员工们可以更直观地了解到，优秀的客户服务会是什么样子。

那么，为什么全美租车能够善用雷·布洛克的故事，而必胜客就将斯特林·普莱斯的故事丢到脑后呢？区别在于有没有人将这些故事记录下来。对全美租车公司而言，这个记录的人就是雷·布洛克。全美租车的客户服务给雷留下了深刻的印象，所以他为波特兰办事处的经理和工作人员写了一封详细的表扬信，并直接寄给了全美租车的首席执行官。很明显，全美租车的首席执行官认识到了这个故事的价值。

◇ ◇ ◇

客户服务必须好（或糟糕）到难以置信的程度，才能让客户翻找首席执行官的名字和地址，编写并打印出一封长信，然后再找到一个信封，把信装在里面，贴上邮票，最后特意跑到邮局去寄出。幸运的是，今天我们有更简单的选择。下面的故事会告诉你，精明的领导者会找到或创造这种简单的选择。

2011 年 5 月，苏·索尔多（Sue Soldo）刚刚完成了一系列针对乳腺癌的化学治疗。她身心俱疲，打算先过一个轻松愉快的假期。她选择在亚利桑那州塞多纳的奥多比大别墅酒店（Adobe Grand Villas）住上四晚。这是当地最受欢迎的酒店。然而，苏选择这家酒店，是因为网上有很多关于它服务的好评。抵达酒店后，苏知道自己的选择很正确。她的房间里有一个热水浴缸、一个壁炉、一个和大部分酒店卧室一样大的浴室。对于一次恬淡的休假来说，这里再适合不过。当假期结束，走在回家的路上时，她仍满心享受地回忆着这完美的一周。直到她打开手提箱。

此时她才发现，自己不小心将一个小巧却价格不菲的牙套包在纸巾中，落在了酒店的浴室柜上。这个牙套是她私人定制的，目的是防止夜间磨牙、保护牙齿。绝望中，她打通了奥多比大酒店的电话。对方在电话中表示歉意和同情，却没有给她太多希望。"它现在可能在大垃圾桶里的任何位置。"苏挂断了电话，她知道自己再也见不到那个牙套了，她不得不再花500美元去定制一个。

然而，三天后，一个小包裹从塞多纳寄来。酒店老板塔尼亚找到了她的牙套！为了找到这个牙套，塔尼亚把大垃圾桶翻了个底朝天。不难想象，这会是一种多么糟糕的感觉，而且那还是个超级巨型大垃圾桶，装满了商业厨房产生的大量的、令人作呕的厨余废弃物。

塔尼亚的行为显然超出了苏的预期。这么做值得吗？据苏说，这一举动的确赢得了她的忠诚。她下一次去塞多纳旅行时，绝不会考虑其他的酒店。更重要的是，这件事让她感动不已，于是她将这件事写成一篇文章，并发布在了猫途鹰网站（tripadvisor.com）上。截至本文撰写之时，已有近1000个计划去度假的人读过了这篇文章。

不仅如此，苏的故事带来的好处远超其市场价值。它不仅让潜在客户了解到自己能够在奥多比获得什么，它还让奥多比的员工知道了客户对自己的期待。这会进一步带来更加细致入微的服务，进而让更多客人在网站上发布自己的温馨故事，周而复始不断循环。

最后，这个故事还教给了我们重要的一课。一旦涉及客户服务，你甚至不需要自己编写故事。你的客户会为你编写好——好的，或者坏的故事——只要有个地方可以让他们分享就行。如果你所在的行业存在这样一个地方，请确保你的客户知道它在哪里，并鼓励他们使用它。如果没有，那就创造一个！创造一个可以让他们轻松分享自己被服务经历的地方。然后，你要做的就是经常性地挖掘这座有关故事的数据宝库，并使用它们提高员工们的客户服务水平。

◇ ◇ ◇

据说，我们从失败中学到的东西比从成功中学到的还要多。在我们的个人生活中也是这样。但在企业界，情况却恰恰相反。原因并不是我们从商业失败中学到的东西要比从生活中学到的少。而是因为，与家人相比，我们与同事们讨论自己的失败时会更加放不开。因此，我们从失败中所学到的工作经验往往要被其他人一遍又一遍地重复学习，而我们的成功却被记录下来，被颂扬，像野火一样蔓延开来。

下面这个故事是个失败的客户服务案例，对我们来说这也是宝贵的一课。而且，不论你从事什么行业，这一课对你都会十分有用。

"现在不行，爸爸！我必须打到下一关！"每次我要求12岁的儿子马修关掉电子游戏上床睡觉时，他都这么回复我。在"太空侵略者"（Space Invaders）或"吃豆人"（Pacman）那个时代长大的父母们很难理解这种反应。与今天的游戏相比，那时的游戏真的太简单了。一旦你消灭了所有的太空侵略者飞船或者吃掉了所有的豆子，屏幕会将它们再次刷新出来，就在原来的位置，和刚开始时一样。你可以随时停止游戏，第二天再重新开始，并不会错过任何乐趣。但是今天的游戏却非常复杂，有很多3D视觉效果的关卡，每一关都有一个独特而复杂的情节。这些游戏永远不会真正地结束。每当你打通一关，游戏会自动引领你至下一关。它可以让你一连玩上几个月却绝不重样。

然而，这种丰富多彩的复杂性也是有相应代价的。一旦你关上游戏去睡觉，你就会失去上一个记录点之后的所有进度。这也是我儿子如此反应的原因。这很难怪罪他，毕竟他已经在这个游戏上投入了20分钟的时间和努力。其结果是一场令人发狂的人类意志之战——家长 vs 孩子。我认为，所有正派的游戏开发商都应该将这个矛盾作为商机抓住。想想看，对父母来说这将是多么巨大的一个卖点（尤其他们还是游戏的真正购买者）——一个随时存在的"保存"按钮！只需轻轻一点，就可以保存现有所有游戏进度，彻底消灭孩子们反抗父母的所有借口。我一直在等待这样的产品出现，可惜到现在为止还没有见到。

在最近的一次度假中，我在租车时又陷入了这种困境。当我走进租车公司的办公室时，我看到了三个穿衬衫打领带的工作人员，他们都在电脑前忙碌着。看到我进来，三个人齐刷刷地抬起头，然后互相看了看，显然是在决定究竟由谁来接待我。然后，其中一个人对我说："先生，请您稍等一分钟，我马上就来。"

没开玩笑吧！我环视四周，整个房间里就我一个顾客。三个工作人员对一个顾客，我还必须等着他们。我的实际等待时间只有两分钟，但这种讽刺的孤独感让我好像等了10分钟一样。这段时间已经足够长到让我想搞清楚其背后的原因。街角不远处就有另一家租车公司，而他们居然无视屋子里唯一的顾客！那天，开着我租来的车四处行走时，我想到了一种可能性。第二天，当我还车的时候，办公室里有另一组工作人员在值班。一位工作人员接待了我，询问了我所有必要的信息，最后问我："您对这次客户服务的体验如何？"

出于习惯，我几乎脱口而出："不错，谢谢。"但我控制住了自己。我看了看她，说道："嗯，既然你问了，实际上我感觉有些惊讶。"然后我讲述了租车时的经历。她训练有素地、礼貌地询问我有没有可以补偿我的地方。我对她说了声谢谢，但是告诉她没有这个必要。毕竟我只等了几分钟。"但我一直在想造成这种情况的原因，我对此有一个假设。"她对此似乎很好奇，于是我讲述了我和儿子每晚围绕电子游戏进行的斗争。"我怀疑，"我对她说，"是否有类似的事情阻碍了你们的员工及时接待客户。他们是不是正在完成上笔交易的流程中，或者正在结算当天账务，并且无法即时保存现有进度去招待顾客？"

"你想自己看看吗？"她邀请我绕过柜台，来到电脑屏幕面前，"我正在电脑上办理您的业务，如果我现在停下来，为另一位顾客开启一个租车流程页面，那这页的所有信息都会丢失，我之后只能再从头开始。"我问她是否可以先保存已有信息。她说可以，然后向我展示了如何保存信息。我看着她点击了另一个页面的一个按钮，然后又一个按钮，然后又一个按钮。她点击了三个页面的三个不同按钮，而且每次点击之后都要等上好几秒让页面刷新。终于，在最后一个页面出现了"保存"按钮。但在保存完成之前，她必须再次输入用户名和密码。这之后，她才得以开启其他页面，开始新的业务。新业务完成后，她可以返回刚刚三个页面，继续办理我的业务。这些步骤加起来，要让她额外花费一分多钟的时间。

我的假设得到了证实。在接待我时，工作人员不得不进行一番判断。他可以马上停下来接待我，代价是之后要从头开始工作，损失几分钟的工作时间。他也可以让我等一分钟，将当前的交易进度保存起来。或者他可以继续完成当前的业务流程，让我等上两分钟。第一个选择对他来说是不可接受的，这也是可以理解的。他认为，在剩下两个选择中，"让客户多等一分钟，先完成当前交易"无疑是最佳选择。不管怎样，顾客都要等待，再多等一分钟又何妨？

为什么会是这样？为什么保存现有业务进度如此困难？答案是：软件系统是以用户的工作效率为设计导向的，这里的用户就是租车公司的工作人员。但如果他们在设计软件时考虑到租车客户的体验呢？如果客户体验也是软件设计的考核条件呢？我知道这个问题的答案：只需要在页面顶部加上一个只需点击一次的"保存"按钮。

这一设计的意义并不局限于租车行业。它适用于每个使用计算机系统和标准工作流程，并且拥有客户的现代化公司。你公司的系统和流程的设计是否也仅以员工效率为导向，没有考虑对客户服务的影响？如果是这样，那么你的机会来了。你可以让客户服务成为所有系统和流程的重要影响因素。当客户不再需要等待员工"进入下一关"时，它对客户满意度产生的积极影响会让你惊讶。

◇ 总结和练习 ◇

1. 精彩的客户服务故事会向员工展示如何以卓越的方式完成工作，这些故事还可以成为公司的优秀公关案例。不要像必胜客一样，让"肉丸三明治"这样的故事白白被浪费掉。一旦有机会就分享这些故事，像雷的故事那样。

2. 让你的客户可以轻松写下自己的故事。创建一个网站；准备好一个"故事盒"；或者给客户提供一个已经写好地址、贴好邮票的信封以及一张空白的信纸，让他们可以在方便时写下自己的故事并邮寄给你。

3. 在行业网站或相关博客评论中寻找客户写下的关于你们的故事。挖掘成功和失败的客户服务故事。充分利用这些故事，创造更多的客户服务成功案例。想想那个钻进大垃圾桶的酒店老板的故事。

4. 人们喜欢讲述自己的成功故事，但不太愿意分享自己的失败。不言而喻，这些失败很可能会再次发生。你要告诉他们。

5. 对你公司的系统和流程进行设计时，要考虑到客户服务，而不仅仅是员工效率。这样做，你会拥有很多开心的客户，而且会越来越多。你可以讲述"等等爸爸，我必须打到下一关"的故事。

第六章 故事创作技巧（Ⅰ）：故事结构

"人类在年幼的时候就已经掌握了讲故事的基本要领，并且在一生中都保持着这种能力。"

——史蒂芬·丹宁（Stephen Denning），

《领导者讲故事指南》（*The Leader's Guide to Storytelling*）

如果你问一个 10 岁的孩子："一个好的故事结构是什么？"孩子可能会说："哦，那很简单！有开始、中间和结尾。"这个回答或许正确，但毫无用处。如果你问好莱坞剧作家同样的问题，他可能会告诉你有六个部分：建置、催化剂、转折点、高潮、最终对抗、解决。 这倒也都是真的。如果你打算写一部电影剧本或者一部谋杀悬疑剧，这个结构会很有帮助。如果你问认知心理学家，他可能会给你一个更复杂的答案。例如，元素设置、主要人物、冲突与解决、始发事件、内部（心理）反应、尝试、行动、反应行动和结局。

询问不同的人，你会得到不同的答案。正确的答案是：根本没有正确的答案。哈利研究了有关故事"语法"的大量学术文献，最后他总结："关于故事的结构根本没有任何统一的看法：几乎每个故事'语法家'都提出了不同的语法。"

作为一名商业领袖，你需要的是一个简单有效的故事结构。你不需要吸引观众坐在电影院里两小时，你也不需要让你故事中的"心理反应"符合"始发事件"。每个成年人都是天生的故事讲述者。从父母给你读睡前故事开始，你就一直在学习讲故事的艺术。你已经知道一个好的故事结构是什么。你需要的只是一点点提示。

最简单的回忆方式是从这些词开始，"从前，有一个……"一旦你开了头，自然的故事结构也就呼之欲出了。因为当你使用"从前，有一个……"作为开场词时，接下来你能做的只有一件事——介绍故事的主角：从前，有一个木偶叫匹诺曹……

然后，你自然地讲述起主角身上发生的事情：每次匹诺曹说谎时，他的鼻子就会变长。有一天，他遇到了一只叫吉米的蟋蟀……在讲述了主角的所有经历之后，你当然要讲述故事的结局：从此以后他们过着幸福快乐的生活。

这么来看，10岁孩子的回答可能是对的。一个故事的确由这三个部分组成。开始、中间和结尾。为了让故事结构对我们更有帮助性，让我们给这些组成部分加上一些说明性名称，并讨论以下每个部分都需要包含什么内容。我们不再用"开始、中间和结尾"这些词，而是用背景（Context）、行动（Action）和结果（Result）——CAR 来取代它们。我们将从商业故事的角度对这些结构进行调整。

背景

背景是商业领导者们最不擅长的部分，他们往往会跳过这一块，但这会对他们的故事产生不好的影响：他们的故事会变得无趣甚至令人困惑。因此，我们会在本章中着重讲述背景。

背景提供了让故事变得有意义的所有必要信息。如果做得对，它会吸引听众们的注意力，让听众相信你的故事是有意义的，并且让他们兴奋起来，期待后面的情节。你故事的背景产生的效果如何，完全取决于你如何处理以下四个问题：故事发生在何时、何地？主角是谁？他/她想要做什么？谁或什么在阻碍主角？让我们依次来看看这四个问题。

1. **何时何地？** 背景的根本意义在于设置故事发生的地点和时间。清楚地说明故事发生的地点和时间，可以告诉观众故事是真实的还是虚构的。如果像第二章的第三个故事那样开始，"1971年秋天，鲍勃·麦克唐纳进入了纽约西点军校。"

这意味着这是个真实的故事。如果故事是这样开始的："从前，在一个很远很远的地方。"听众们就知道自己听的是民间传说。只要你的听众们知道你讲的是虚构的故事，你做得就没有问题。危险的故事开始方式是：你让听众们以为自己听到的是个真实故事。当他们发现这个故事是虚构的时候，他们会大失所望。他们会感觉被欺骗、被背叛。此时，你会失去所有作为故事讲述者的信誉。

这件事就发生在我曾雇过的一位顾问身上。那时，我们计划了一个为期数天的活动，约有12名经理要过来与我们讨论公司业务的长期战略。这是件非常严肃且重要的事情。所以，我们非常认真地聘请了一家咨询公司来帮助我们规划背景分析、内容讨论、我们将要使用的工具和模板，以及团队工作的展示。他们的服务还包括一名引导整个会议的专业主持人。第一天活动开始时，这位主持人开始介绍自己，然后顺势讲起了他前一天在机场的经历。故事发生在他站在候机楼前等待出租车时，他看到一辆汽车违规停在行李领取处，一名警察正站在车旁写罚单。这时，一个男人从候机楼跑了出来，并开始责骂警察："你在干什么？我只是去拿我的行李，在这里停了几分钟而已！你没有其他事做吗？"

警官平静地听着他滔滔不绝的责骂，把手里的罚单放在雨刷器下面，然后开始写另一张。这一举动让男人更加恼怒，他开始对警察使用更不堪的词语。在警察写了第三张罚单后，男人终于放弃了，他又扭头匆匆冲回候机厅。我们的主持人在半路上拦住了他，问他："你为什么要这么对警察？这么做只会让你吃更多的罚单。"男人的脸上挂着大大的微笑，回应说："哈，没关系的，这不是我的车。"

这只是个笑话。我们的主持人却拿它当破冰故事。他只是从笑话书里随便挑了一个，然后当成自己的故事讲了出来，弄得好像真的一样。房间里响起了礼貌的笑声。但紧接着是一阵尴尬的沉默，因为人们必须调整自己的心理落差——从真实的经历到虚构的笑话。

不要误解我的意思。让你的故事幽默一些，这并没有错。但你不能欺骗听众，这会破坏你的信誉。听完这个笑话，我一直在想，他是不是会继续讲述自己捏造的故事，或者将会议的成果归功于他自己。记住你是一名商业领导者，不是脱口秀演员。你没有虚构事实的权力。如果我们的主持人在开场时先简单地说一句："前几天我听到了一个在机场发生的有趣故事。"即使后面的内容相同，效果也会好很多。

2. **谁是主角？** 这是你的故事的主要人物，一名英雄或者是将故事内容串起来的主要人物。即使是最没有经验的故事讲述者，他们的故事中也会有一个主要人物。所以，这里的重点不是提醒你要设置一个主要角色，而是告诉你要选择哪种类型的主角。选择主角的最重要标准是：你故事中的英雄应该是听众们可以认同的人。他们要能将自己代入英雄的处境，并获得相同的结果："嘿，我也能做到！"如果你故事的主角是超人，这可能会是个有趣的故事，但它不会是一个好的领导故事。因为你的听众们既不能飞，也不能徒手掰弯钢筋。即使在你的故事中超人拯救了世界，你的听众们也不会获得任何有用的建议和信心。

你的主角可以不是一个真实的人。他可以是一个虚构的人，比如第一章中与砖瓦匠谈话的女人，或者你公司的典型客户形象。不过，在你的故事中，你可以选择的最强大的主角，就是你自己。关于你自己的故事是最真实的，也是最为听众们所认可的。

3. **主角想要做什么？** 英雄想要达到什么目的？主角的激情和目标是什么？他是在拯救世界吗？他想打败竞争对手吗？他想获得销售订单？或者只是不被解雇？对身处圆形会议室的我来说，想做的是"让首席执行官关注我的演讲内容"。

在本书中，我们把故事主角的目标称为"主角寻找的宝藏"。

4. **谁或什么在阻碍主角？** 这就是故事中会出现的困境、反派或敌人。它可以是个人，比如你高中时的死敌，或者为了自己升职而把你炒掉的老板。它也可以是个组织，比如你们公司的竞争对手，或者在公司球赛中与你们对抗的其他部门。它可以是一个东西，比如你想要爬的山，或者一台阻碍你工作的复印机。它也可以是英雄所面临的一种情况，比如第二章美林证券的故事中销售额增长50%的挑战，以及前言中促使吉姆·班格尔写出"认真"工程师故事的枯燥月度记录制度。

商业故事往往会将反派排除在故事之外，但这会让它变成一个无聊的、无用的故事。这种故事的典型代表是办公室里的自吹自擂，以及绩效评估中的自我评价。你听到过很多这样的故事。在这些故事中，所有事情都很棒！（"自从五年前我来到这个部门后，我们的销售额开始猛增！我们推出的所有新品牌都超出了预期目标。我们的利润翻了一番！"）就像超人故事一样，没有反派的故事毫无用处。这些故事中的英雄没有战胜任何逆境。他们没有面对任何挑战。他们没有学到任何有价值的东西。总之，他们很幸运。讲述一个自己如何幸运的故事，对他人来说毫无指导和借鉴作用，因为幸运是无法复制的。如果你的故事中没有反派，那这就不是个故事。

此外，如果你的故事中没有反派，听众们也不会喜欢这个故事。正如企业培训和发展专家理查德·帕斯科（Richard Pascoe）所观察到的："听众们讨厌虚伪，没有什么事情比持续的、无挑战的成功更虚伪了。生活根本不是这样。"

所以，你现在知道了背景部分的所有关键元素。除了告诉你何时何地，背景还要交代主角（Subject）、宝藏（Treasure）和阻碍（Obstacle）——STO。我们将使用一种简单的助记法，帮助你记住故事的结构。

行动

在行动这一部分，你要讲述主角经历了什么。最重要的是，这是英雄对抗反派的地方。冲突开始出现。问题浮出水面。英雄试图解决问题，但起初失败了。英雄之旅总会有暂时的挫折。一路上的起起落落让故事变得更加有趣、刺激。更重要的是，对于一个领导故事来说，它们也是听众获得经验、吸取教训的地方。

与好莱坞剧作家们的故事结构不同的是，商业故事中的行动部分没有什么规则。如果你有催化剂、转折点、高潮、最后的对抗，那就太好了。但这些并不是必须的。

结果

结果是故事的最后阶段，此时你已完成了三件主要的事情。除了讲述故事的结局之外，你还应该在这里向听众们解释你从故事中学到的正确教训，并将其与你最初讲故事的原因联系起来。

对于你是否应该阐明故事寓意以及何时阐明，人们的看法各不相同。有些人认为，如果故事讲得好，其传递的价值观应该十分明显，不需要特意挑明。此外，让听众就故事传达的价值观进行思考、辩论，这也是故事的独特魅力之一，你应该让听众们感受到这一益处。

而一些人则警告说，在故事被重复讲述了多次之后，如果不挑明故事主旨，故事要传达的价值观——那些正确的教训——可能就会消失不见。尤其是在失败的故事中，如果你不挑明故事的价值观所在，那么听起来你并没有从中学到任何东西，从头到尾你只是在抱怨。我发现在大多数情况下，阐明故事的主旨（价值观）是有意义的。这条规则也有一个例外，那就是你需要让听众们自行得出结论的时候，比如第四章的发现之旅。好消息是，这件事并没有正确的答案。无论你怎么做，都不会毁掉一个优秀的故事。学会运用你的判断力。

现在，你已经有了一个优秀故事的基本结构。它的主要构成是背景、行动、和结果——CAR。它起始于主角（Subject）、宝藏（Treasure）和阻碍（Obstacle），故事的结论包括正确的教训（Right lesson）以及你讲述故事的原因（whY）。在这里，你获得了助记法：CAR=STORY。那些更喜欢按照"菜谱"工作的人，可以翻到附录，其中的模板总结了故事的组成部分以及每部分的关键元素。在你编写故事的具体内容前，先使用它来建设好你的故事大纲。

◇ ◇ ◇

前面，我们已经学到了"背景、行动、结果"框架。现在，让我们通过一个故事的三种不同写法，来了解这一框架的重要性。缺少经验的故事讲述者往往从行动开始。下面是这种方法在故事中的具体表现，我们用一个高尔夫球品牌营销的案例作为示范。

版本 1：行动、背景、结果

行动：在 21 世纪初，泰特利斯（Titleist）面向普通和休闲高尔夫球手推出了 NXT 高尔夫球。NXT 的设计目的是减少球的旋转，它拥有柔软的触感，能为球手提供更高的一致感——这正是 95% 的目标消费者想要的。而且，它没有像泰特利斯特的旗舰高尔夫球 ProV1 那样的短时赛旋转、触感和控制，优秀的高尔夫球手并不会考虑使用它。

背景：泰特利斯特推出 NXT 是为抓住新兴的、不断增长的高尔夫球手群体。该品牌在 15 差点的高尔夫球手中已经占有 75% 的市场份额。但 15 差点的高尔夫球手只占全国高尔夫球手的 5%。它在其他 95% 的高尔夫球手中只占有 20% 的份额。NXT 的面世是一个大胆的行为，因为它违背了传统营销方式：为了吸引较低级别的高尔夫球手，应该推出高端高尔夫球 ProV1 的低价版（当然质量也有所下降）。传统营销方式的问题在于，他们觉得一些购买 5 美元 ProV1 高尔夫球的精英客户可能会发现新的低价版已经足够好了，并将自己的球都换为了 3 美元版。

结果：推出 NXT 是一个更好的决定。泰特利斯特的市场份额翻了一倍还多，从 20% 上升到了 43%，其在普通球手和精英球手中的份额都在增加。

结论：泰特利斯特意识到，普通消费者不是非买高端消费者产品的缩水版不可，进而实现了销售的显著增长。这两个群体有着完全不同的需求。我们要深入消费者的内心，设计一个能让每个不同群体都满意的产品。

嗯，这并不是个坏故事。但是，它犯了故事讲述中最常见的结构性错误——颠倒了背景和行动的顺序。当你听到自己犯了错误时，你可以很容易地分辨出来。演讲者从行动开始讲述故事。听众们会感觉很困惑。此时，演讲者停下来说："对不起，让我补充一下……"然后解释了必要的故事背景。听众们的脸上亮了起来，那表情就是："哦，我明白了。现在我明白你说什么了。"然后演讲者再回到故事中，此时他已经进行到行动部分的一半了。

为什么我们会经常犯这个错误？因为行动是整个故事中我们记忆最深刻的部分。它是我们经历中最激动人心的部分，或者是我们听到的故事中最精彩的部分。在分享故事的兴奋心情中，我们常常会跳过故事的开头，直接进入高潮部分，全然没有考虑到缺乏背景信息的听众们的感觉。如果我们幸运，听众脸上的表情或温和的抗议会提醒我们停下来，回到背景中去。如果我们没那么幸运，那么我们的故事会变得平庸、无聊。

下面是同样的故事，但这次的结构顺序是正确的。

版本 2：背景、行动、结果

背景：在 20 世纪 90 年代末，泰特利斯特在全国最优秀的高尔夫球手（15 差点或以下）中占有 75% 的市场份额。但精英球员只占总数的 5%。泰特利斯特在其他 95% 的高尔夫球手中仅占有 20% 的市场份额。为了打入这 95% 的市场，传统的营销理念要求它推出高端产品 ProV1 的低价版（质量也有所下降）。这种营销理念的问题在于，他们认为，一些购买 5 美元 ProV1 高尔夫球的精英客户可能会发现新的低价版已经足够好了，并将自己的球都换为 3 美元版。泰特利斯特最后怎么做的呢？

行动：在 21 世纪初，泰特利斯特面向普通和休闲高尔夫球手推出了 NXT 高尔夫球。NXT 的设计目的是减少球的旋转，它拥有柔软的触感，能为球手提供更高的一致感——这正是 95% 的目标消费者想要的。而且，它没有像泰特利斯特的高端高尔夫球 ProV1 那样的短时赛旋转、触感和控制，优秀的高尔夫球手并不会考虑使用它。

结果：推出 NXT 是一个更好的决定。泰特利斯特的市场份额翻了一倍还多，从 20% 上升到了 43%，其在普通球手和精英球手中的份额都在增加。

结论：泰特利斯特意识到，普通消费者不是非买高端消费者产品的缩水版不可，进而实现了销售的显著增长。这两个群体有着完全不同的需求。我们要深入消费者的内心，设计一个能让每个不同群体都满意的产品。

这次故事是不是流畅了很多？

现在，让我们再看看第三个版本。这个版本保持了"背景、行动、结果"的顺序，并且加入了很多你在其他"实操指南"章节将会学到的故事讲述元素。请注意这个版本的第二和第三段落。这些段落分别包含了第十二章和第十七章中提到的现实主义和惊奇元素。

版本 3：（加强）背景、行动、结果

背景：在 20 世纪 90 年代末，泰特利斯特在全国最优秀的高尔夫球手（15 差点或以下）中占有 75% 的市场份额。但精英球员只占了总数的 5%。泰特利斯特在其他 95% 的高尔夫球手中只占有 20% 的市场份额。为了打入这 95% 的市场，传统的营销理念要求它推出旗舰产品 ProV1 的低价版（质量也有所下降）。这种营销理念的问题在于，一些购买 5 美元 ProV1 高尔夫球的精英客户可能会发现新的低价版已经足够好了，并将自己的球都换为 3 美元版。泰特利斯特应该怎么做呢？

考虑一下：如果我告诉你，市面上有了一种新的高尔夫，保证能飞 350 码远。唯一的问题是，你必须把球打得笔直，否则树林区会阻止球的前进。你会买吗？当然，答案是：取决于你的高尔夫球水平。如果你是一名零差点球员，那么你肯定会喜欢这个球！如果你打得普通或较差，那么你不会有兴趣把钱浪费在注定会丢失的球上。

相反，如果我有一个高尔夫球，不管你打得有多差，它都会沿着球道直直飞行，这次怎么样？唯一的问题是，它最多只能飞 225 码。你会买这个球吗？答案还是和以前一样：看情况。普通球手会买一整袋这样的高尔夫球。精英球员则会无情地嘲笑它。

行动：这就是 10 年前泰特利斯特公司打破传统观念，推出 NXT 时的想法。虽然它不能保证每一球都飞在球道上，但它的设计目的是减少旋转，它拥有柔软的触感，能为球手提供更高的一致感——这和目标消费者——95% 高尔夫球

手的需求一致。而且，它没有像泰特利斯特的高端高尔夫球 ProV1 那样的短时赛旋转、触感和控制，优秀的高尔夫球手并不会考虑使用它。

结果：推出 NXT 是一个更好的决定！泰特利斯特的市场份额翻了一倍还多，从 20% 上升到了 43%，其在普通球手和精英球手中的份额都在增加。

结论：泰特利斯特意识到，普通消费者不是非买高端消费者产品的缩水版不可，进而实现了销售的显著增长。这两个群体有着完全不同的需求。我们要深入消费者的内心，设计一个能让每个不同群体都满意的产品。

通过固定结构和添加其他元素，我们已经把一个故事从好变成更好，直至最好。

◇ **总结和练习** ◇

1. 一个优秀的商业故事和一部浪漫的好莱坞电影并不一样。商业故事的结构更简单。结构中的顺序很重要，以下是正确排序：背景，行动，结果（CAR）。如果你以行动开始故事，你的听众将陷入困惑，你不得不再次回到背景中。（如泰特利斯特的三个故事。）

2. 背景常常被跳过，或者被草草一提。背景提供了所有必要信息，它会吸引听众们的注意力，让听众相信你的故事是有意义的，并且让他们兴奋起来，期待后面的情节。

3. 背景必须回答这四个问题：

a. 故事发生在何时何地？这会让观众知道，你讲的是个真实故事。故事一定要是你自己的，否则你会失去身为故事讲述者的信誉。（"没关系，那不是我的车。"）

b. 谁是主角？（主角）故事中的英雄必须和听众相关——他不能是超人。

c. 主角想要做什么？（宝藏）必须让你的听众感觉这个目标是熟悉的、有价值的——他们正在追求或者未来会去追求的。

d. 谁或什么在阻碍主角？（障碍）这就是故事里的反派。如果没有反派，你的故事就毫无价值。你能成功完全是幸运。

4. 行动，是英雄对抗反派的地方。这是大部分故事讲述者记忆最深刻的地方，因为这里叙述的是他们做过的事情，以及他们经历过的挫折。

5. 结果应该解释三件事：

a. 故事的结局怎样——英雄是赢还是输？

b. 表明听众们应该吸取的正确教训。你可以把故事的主旨挑明，以免被误解。

c. 解释你讲述这个故事的原因。这也是你想要你的听众们去做的事情。

6. CAR = STORY：Context（背景）＋ Action（行动）＋ Result（结果）＝ Subject（主角）＋ Treasure（宝藏）＋ Obstacle（障碍）＋ Right lesson（正确教训）＋ whY（原因）。

第二部分

故事创作技巧（Ⅱ）：故事风格和讲述技巧

在第二部分中，"IBM 主席被拦住的故事""被雨淋的首席执行官"等精彩商业故事将帮助你创建公司文化、展现价值宣言、制定公司规则，你将借此成功设定公司的品牌和环境。

第二部分包括两个故事创作技巧章节。第一个章节首先强调了在讲故事时，应做到用具体形象代替抽象概念，你的故事会因此令人印象深刻、易于理解、更容易被听众接受并付诸行动。另外，本章还介绍了利用简单的语言、隐喻和坦诚的行动，让故事更触动听众的方法。

在第二个章节中，作者将从伟大的开端、写作风格、文学技巧这三方面，定义恰当的商务故事风格，并传授将一个好故事变成伟大故事的写作方法。这会让你的故事拥有极具吸引力的开场、像对话一般的语言风格，以及有效的文学技巧。

第七章 情境6：创建公司的文化

"（一种）文化是由其清晰的声音创造（或摧毁）的。"

——艾茵·兰德

2011 年 1 月 25 日，埃及多地城市爆发了抗议活动。数以百万计的抗议者走上街头，要求自由选举，并要求政府就警察暴行、高失业率、政治腐败和通货膨胀采取措施。

抗议活动以和平方式开始，但很快升级为与穆巴拉克安全卫队之间的暴力冲突。在随后的几天里，数百人死亡，数千人受伤。其首都开罗就像战场一样。人们纷纷逃离这座城市。来自辛辛那提的宝洁公司外派雇员拉苏尔·马达迪 (Rasoul Madadi) 也是其中之一，他身边还有他的妻子和 6 岁的儿子。

1 月 30 日星期天，拉苏尔带着家人赶往开罗机场。去哪儿并不重要，只要能离开埃及就行。两天前，政府宣布了（从日落到日出的）宵禁。这使得交通几乎停滞。飞行员和机组人员无法到达机场，导致大量航班取消。一些外国航空公司叫停了入境航班，这导致更多的出境航班被取消。机场人满为患，食物和水很快就耗尽了。恐慌开始蔓延。

不过，拉苏尔比大多数人都要冷静。这是因为他是在一家视员工为最重要资产的公司工作——在那个不同寻常的周末，宝洁公司证明了这一点。

由于航班被取消，机场里的许多人已经没有了机票。他们等待着，希望其他航班能有空余座位。有些幸运儿拿到了自己的机票。但是如此多的航班被取消，即使是这些幸运儿，离开的机会也并不大。拉苏尔操弄着三部手机，打电话给两家与宝洁公司有合作的旅行社，希望能多买几张票。他知道，离开这里的最佳办法，是多买几个航班的机票，总有一架飞机能带他们出去。但是这意味着大量的金钱，但在冲突爆发后，人们已经无法取到钱。

幸运的是，拉苏尔从前一天（星期六）就开始了寻求帮助。他给自己公司的当地经理打了电话，寻求动用公司资金帮助他的妻儿获得安全的许可。经理的回应是："先照顾好你的家庭。做对你最有利的选择。我许可了。我一直与迪拜及约翰内斯堡的宝洁全球安全联系人保持联系，无论你降落在哪个国家，我们都会给你相应的行动建议。"接着，拉苏尔接通了一位英国的人力资源经理寻求建议，对方的答复是："坐上第一班你能坐上的飞机。我们会替你搞定其他事。"他们的确做到了。

一位海外同事打来电话，询问他的情况并试图提供帮助。"我需要旅行方面的帮助。"拉苏尔说。于是这位同事联系了自己的主管——一位极其擅长处理全球旅行事务的人士。接着，她花费了周六的大部分时间，寻找并预订所有可能的航班及住宿地。

在所有这些帮助下，拉苏尔为三名家庭成员买到了五个不同航班的机票。他看着很多旅客绝望地联系着自己的公司办事处以及其他任何可以帮助自己的人，但都一无所获。而他们，只需等待。第一班飞机在原定起飞时间前几分钟被取消了。第二班飞机也很快就被取消了。其他旅客都问拉苏尔，为什么他能够连续排在好几个航班的队伍中。"你怎么弄到那么多机票的？"

五小时过去了。现在主航站楼的食物和水已经彻底消耗光了。前四班航班取消后，拉苏尔和他的家人得知，他们的第五班飞机，也是最后一班飞机机票即将生效——新加坡航空公司飞往迪拜的航班将很快起飞。这是当天第一或第二个从开罗起飞的商业航班。

但他们的痛苦还没有结束。在迪拜降落后，拉苏尔的妻子无法凭加拿大护照入境。不过，一项新规定允许加拿大人以游客身份进入迪拜，但必须持有离开迪拜的已付费机票。拉苏尔又开始疯狂地给公司合作旅行社打电话。他们当场为他妻子买了一张机票，并传真给移民局。当然，这笔账又被记在公司信用账户上。一小时后，他们全家进入了迪拜。

在入住公司团队安排的酒店后，拉苏尔联系了当地的人力资源经理，解释了他现在的困境：没有现金，他埃及的银行账户没有办法取钱，信用卡马上也要被刷爆了。对方告诉他，无须担心。"我们知道你可能会来这里。我们会照顾好你和你的家人的。告诉我你们需要什么。"

拉苏尔知道成为一家公司最有价值的资产意味着什么。今天，他建议人们在评估一家公司的价值时，要把眼光放在薪水和福利之外。许多公司说他们的员工就是他们最宝贵的资产。也许拉苏尔在开罗机场遇到的那些不太幸运的人，就在这样的公司里工作。他的经历说明了那些只会嘴上说说和真正去做的公司的区别。管理学大师舒曼特拉·高沙尔（Sumantra Ghoshal）称公司最有价值的资产是"公司的味道"。这种"味道"让员工感觉有价值、充满活力，愿意投入工作中——但其实是感觉到自己有价值。重复讲述宝洁员工拉苏尔的故事，有助于每个人都了解自己公司的文化，以及彼此的期待。

一个组织的文化是由其成员的行为来定义的，并且通过故事不断加强。这种行为和故事比任何公司规章、政策或首席执行官的讲话都更有力。你不能只是嘴上说说："我们对待员工就像对待家人一样。"然后期待事情就真是这样。你必须像对待家人一样对待他们，并且希望他们也这么做。

但是，除非你的公司只有少数几名员工，并且所有人都在一个房间里工作，否则人们不会很了解他人的情况。这时，就需要故事了。当然，首先是要有相应行为的发生（例如，像对待家人一样对待他人）；其次是通过故事传颂这些行为，进而创造并加强公司的相应文化。所以，像拉苏尔这样的故事很重要。这些故事通常会自行传播，但也并非总是如此。如果你想在组织中创建一种更强大的文化，那你就要找到那些符合这一文化的故事，并尽可能大范围地分享它。

◇ ◇ ◇

不幸的是，关于不良行为的故事也可以定义公司的文化。你肯定不会喜欢它的结果。下面是来自《建立跨文化能力》（*Building Cross-Cultural Competence*）一书中的两个案例。在书中，作者查尔斯·汉普登-特纳（Charles Hampden-Turner）和冯斯·强皮纳斯（Fons Trompenaars）谈到了在面对雇员违反公司政策时，两名首席执行官截然不同的处理方式。

露华浓公司负责人查尔斯·雷夫森（Charles Revson）要求所有员工上班时，都要在前台日志中写下自己的到岗时间。一位刚刚进入公司不到一周的接待员，注意到一个她以前从没见过的男人进入前台接待区，然后拿着日志离去。她赶忙追上去说："对不起，先生。日志是不能带离的。公司对此有严格指示。"这个男人就是雷夫森。据称，当时他转过身盯着前台接待员，说道："当你今晚去领最后一份薪水时，问问他们我是谁。"

与此形成鲜明对比的是美国国际商用机器公司（IBM）主席汤姆·沃森（Tom Watson）的故事，当时他正和一群公司高管走入 IBM 的高保密区域。一个 19 岁的女保安拒绝了沃森的进入，因为沃森没有佩戴自己的安全徽章。一位高管对她嗤之以鼻说："你不知道他是谁吗？他是公司的董事会主席！"但是沃森让所有人都停下，然后派了一个人回去取他的徽章。"她说得很对，"沃森说，"我们制定了规则，我们就要遵守它。"

像这样的故事可以在公司中传播几十年。不管官方的规章制度如何，这些故事都定义了一个公司的文化和行为准则。如果你想要一种人人都遵守规则的文化，那么你就需要像汤姆·沃森这样的故事。

◇ ◇ ◇

这是否意味着，关于不良行为的故事，就不能传播呢？当然不是这样。你可以让故事中的人因为不好的行为而被谴责或惩罚，这样就可以了。下面的故事就是个很好的例子。这个故事在投资巨头摩根士丹利的公司里流传许久，已经成了传奇。帕特里夏·比亚德（Patricia Beard）的《蓝血与阴谋：摩根士丹利的灵魂之战》（*Blue Blood and Mutiny*）一书中，首次讲述了这个故事。

20世纪90年代的某天早晨8点，当时的公司总裁约翰·麦克（John Mack）通过走廊时，注意到一位外卖员正拿着一份早餐等在外面。30分钟之后，他再次通过走廊时，看到外卖员依旧站在那里。于是他问道："你等的人还没来吗？"

"是的。"外卖员回答道。

约翰向他要来了这位早餐顾客的电话，并通知对方到公司大门来。面对姗姗来迟的员工，约翰对他进行了一番训斥："你看看，这个人和你一样，都靠工作谋生。你不能让他在这里一等就是30分钟。不要让这种情况再次发生。"

在这种情况下，谴责成了故事的一部分。但坏的文化故事中就不会有这样的情节。在这些情况下，你仍然可以使用这个故事，只要你指出坏行为造成的损害——比如员工士气下降或让有价值的员工离开。你不想传播的，是没有详细说明负面后果的坏故事。

◇　◇　◇

工作文化的另一个要素是通过员工自身行为定义的**隐性规则**（而不是公司政策或规定）。这些隐性规则比公司政策还要强大。最好的例子就是：工作时间。比如，公司规定下午5点下班。但是，如果所有人都6点才走，你5点下班就会感觉很尴尬，于是你会很快地将工作时间调整到6点。

这里还有一个更加有现代企业感的例子（在这个例子中，"讲故事"更加重要），是关于"灵活工作安排"政策的。这种安排包括减少工作时间或允许在家工作。大家都知道，公司拥有"灵活工作安排"的政策，与公司拥有"灵活工作安排"的文化，这两者有着巨大的区别。现今的大部分公司都有"灵活工作安排"政策。但是在一些组织中，不成文的规定，即隐性规则（实际支配员工行为的公司基础文化）禁止人们自由享用这些政策。有些组织的管理层会公开劝阻人们不要使用这一政策。其他组织则虽然不会表现得这么明显，但员工们也担心因为使用这一政策而被公司视为不够忠诚，担心自己的职业生涯会因此受到影响。

你如何才能确定，你所在的组织文化真正接受"灵活工作安排"政策？你要公开称赞那些使用这一政策的人，并分析他们的故事。例如，2011年6月，宝洁公司网站上播放了一段短片，讲述了该公司在哥斯达黎加圣何塞的三名员工——西尔维亚·波拉斯（Silvia Porras）、安妮特·罗德里格斯（Annette Rodriguez）和玛丽亚·蒂诺科（Maria Tinoco）的故事。

西尔维亚于2000年3月加入宝洁公司驻圣何塞办事处，担任成本会计专家。她于2002年11月结婚，2005年有了第一个孩子——安东尼奥。所有的父母都知道，孩子的出现会对你的时间和精力提出更多的要求。西尔维亚和她的丈夫奥兰多接受了这些变化，并且很快做好了再要一个孩子的准备。但是他们没有料想到的是，他们的二胎是三胞胎！由于三胞胎巨大的孕期风险，西尔维亚在怀孕5个月时就请了病假。2007年6月6日，维多利亚、卡特琳娜和伊莎贝尔加入了这个大家庭。

带着4个不到3岁的孩子，西尔维亚忙得不可开交。她请了一整年的产假，经理们也都很乐意批她的假。但是，职业生涯依然是她人生计划的重要组成部分。于是，公司管理层再次做出安排，帮助她在工作和家庭中取得平衡。

离开工作15个月后，西尔维亚回到了她原来的工作岗位上，这样她不必为了新岗位而去重新学习。此外，她每周有3天可以在家工作。这样，她可以与孩子们保持最亲密的关系——而不是雇用一名全职保姆替代自己。在这几天里，西尔维亚可以在早晨给孩子们洗澡，在中午给孩子们喂食，并且在这些活动的间隙完成自己的工作。

安妮特和玛丽亚也都因为自己的特殊情况，需求工作时间或地点上的灵活变通。她们的故事同样辛酸，公司的"灵活工作安排"政策也的确满足了她们的需求。在公司网站的主页上分享这些视频，数千名员工都能看到。对于那些浏览公司网站的员工来说，他们不仅看到公司提供了"灵活工作安排"政策，而且还看到了背后支持这一政策的文化。如果你的组织也存在成文规定与隐性规则脱节的现象，那么你可以找寻那些遵守（你想推行的）规范的人和故事，然后在尽可能大的范围内宣扬它。

◇ **总结和练习** ◇

1. 工资并不是员工重视的唯一因素。文化或者说"公司的味道"是个更好的指标。管理行为产生了这种味道的种子。而他们所讲的故事，则把种子传播到了整个组织。

2. 明确领导者想要鼓励的文化并找到相应的故事，然后广泛地传播。例如，埃及航班的故事以及IBM主席汤姆·沃森被拦住的故事。

3. 坏行为的故事也可以转变为对积极文化的倡导，只要犯错者在故事中受到谴责。（比如，摩根士丹利的早餐订单。）

4. 由员工定义的隐性规则（不成文规则）才是真正的行为准则，而不是公司政策（比如，"灵活工作安排"政策）。明确你想要倡导的规则、行为，找到相应的员工故事，称赞并广泛地宣扬它们。

第八章　情境7：定义公司的价值观

"我们重视诚信"，这样的话毫无意义。但是，讲述一名前雇员因隐瞒自己的错误使公司损失数千美元的故事，或者一名销售人员承认自己犯的错误并因此为公司赢得了更多信任、获得双倍订单的故事，这才是对员工们的诚信教育。

——安妮特·西蒙斯，《故事思维》（*The Story Factor*）

玛格丽特·帕金是一位英国培训家、教练和畅销书作者。她在书中讲述过一家大型超市连锁店的故事，这家公司声称该故事已经成为他们广为传颂的一段佳话：

公司刚刚任命了一位新的首席执行官，这位首席执行官坚信"顾客第一"的原则。他上任后的一项新措施是调整超市停车场的使用权。在此之前，停车场使用权是按公司等级划分的。高级经理的停车位置离超市入口最近。基层员工的车就要停在较远的地方。新的公司政策要求所有员工都要把车停在停车场最远的一端，将离超市入口最近的地方留给顾客。这一举措还让管理层每天都有机会直接了解停车场及周边场地的状况。

不久之后，这位首席执行官前往某家超市巡查，当他到达时外面下起了瓢泼大雨。没有雨伞，他陷入了两难境地。他是要把车停在停车场的最远处，毁了自己那身昂贵的西装？还是把车停在离入口最近的地方，并辩称这是合理的特殊情况？你可以想象到当时的情景，员工们紧张地等在超市里，看着首席执行官的座驾驶来，猜测他会把车停在哪里。几分钟后，他们得到了答案。他们看到一个穿西装打领带的黑影从 100 码外的大雨中跑向超市的入口，进来时已经全身湿透。

幸运的是，这家超市有男装出售（虽然都是廉价品牌），可以让这位首席执行官先买一套干衣服换上。但是，看到公司首席执行官上气不接下气地从大雨中跑来，淋了个落汤鸡，肯定会在背后引来一阵笑声。没过多久，大家看到他穿着一套廉价的不合身西装走了出来。这个故事如野火般蔓延开来。虽然大部分都是奚落首席执行官的玩笑，但这些故事也传达出了铁一般的事实：他的确把顾客放在第一位，即使这么做会让他损失一套昂贵的新西装，以及他身为首席执行官的尊严。

在确立"顾客第一"的公司价值观上，这个故事比所有的公司备忘录、演讲、培训和政策文件加起来还管用。这一切的代价，只是一套西装。

每个公司都有自己的价值宣言。有时候它们被称为公司价值观、原则或者是"我们的理念"。但在经受住测试之前，这一切都只是文字而已。也就是说，直至某人身陷进退两难的困境，必须在"艰难的正确"和"容易的错误"之间做出选择前，这些只是空话。"容易的错误"在短期内更具吸引力：它利润更高，更方便，可以帮助你摆脱尴尬境地，或者让你看起来更好。

前面故事中的首席执行官则选择了"艰难的正确"。因为选择了"艰难的正确"，他为自己和公司赢得了"顾客第一"的声誉。这个故事还表明，在这项政策面前没有人可以例外，即使是首席执行官也是如此。将"顾客永远优先"这句话放在公司价值宣言里，然后打印出来贴在休息室的墙壁上——这么做对实现这一价值观没有任何帮助。而反复讲述首席执行官的故事，则可以做到这一点。

这就是为什么说当你在组织中确立价值观时，故事是唯一必需的。正如前面所说，对价值观的真正定义是在进退两难的艰难处境中进行的，只有故事才能表现出这一情景。安妮特·西蒙斯称这些故事为"行动体现价值"。这些故事展示了将价值观付诸行动所带来的结果。

让我们来看一个非常典型的公司价值观：诚信。

在大多数公司，每个价值观都会有个小小的内涵定义列表。宝洁公司也是这样定义诚信的。与其他公司没有太大不同。

诚信

- 我们总是试着去做正确的事。
- 我们会诚实、率直地对待彼此。
- 我们按照法律的规章和精神行事。
- 我们会在每一次行动和抉择中，都坚持宝洁的价值观和原则。

不管从谁的标准来看，这些都是非常好的品质。但如果你必须做出一个艰难而正确的决定，这些内涵定义真的能帮助到你吗？想弄清这个问题，我们先来看看美国西北相互人寿保险公司（Northwestern Mutual Life Insurance Company）的这个故事。它应该能让你清楚地了解到，在西北相互人寿，诚信意味着什么。

1857 年，西北相互人寿于威斯康星州密尔沃基成立。两年后，威斯康星州出现了一次灾难性的火车事故，造成了 14 名乘客死亡，其中包括 2 名西北相互人寿的投保人。他们的索赔总额为 3500 美元。不幸的是，公司当时的资产只有 2000 美元。这让公司总裁塞缪尔·达格特（Samuel Daggett）和公司受托人陷入了艰难的处境。他们应该限制每个家庭的赔付金额，还是让公司借债赔付？但谁又会把钱借给一家刚开业两年就已经破产的公司呢？达格特先生和公司受托人们做了他们必须做的事。他们通过个人名义借到了足够的钱，然后跳过了通常要经历的 90 天理赔期，迅速将全部理赔金支付给了遇难者家人。

这是西北相互人寿代代相传的故事，至今仍有员工在讲述。西北相互人寿的员工们经常会遇到这样的选择：是保护投保人的应有权益，还是为公司获取更多利益。解决这个问题的答案也很简单：记住这个故事。

这样的故事传递出了价值宣言的真正意义，这是价值观的内涵定义无法做到的。在你公司的某个地方，也存在着这样的故事。找到它们。宣扬它们。分享它们。

◇ ◇ ◇

正如我们所看到的，故事是展示价值观的理想之选。但是，如果公司的价值观不涉及对错时，那该怎么办呢？请阅读这则来自约翰·白波（John Pepper）的《无欲之争》（*What Really Matters*）一书中，关于世界上最成功的零售商的故事。思考从这个故事中，你看到了怎样的企业价值观？

1905 年，连锁零售商 H-E-B 于得克萨斯州圣安东尼奥市成立。如今，H-E-B 已成为该地区最大的零售商之一，在得克萨斯州和墨西哥北部拥有超过 315 家连锁店。H-E-B 成立后 57 年的 1962 年，山姆·沃尔顿（Sam Walton）在邻近的阿肯色州开了他的第一家商店（后来称之为沃尔玛）。20 年内，沃尔玛在全国范围内迅速扩张，并超越 H-E-B 成为得克萨斯州最大的零售商。这个故事发生时，H-E-B 的首席执行官（创始人的孙子）查尔斯·巴特（Charles Butt）和山姆·沃尔顿正是一对竞争激烈的对手。

为了向已经发展壮大的竞争对手学习，查尔斯·巴特打电话给山姆·沃尔顿，询问对方是否可以带领自己的领导团队到沃尔玛总部进行学习。山姆说自己不确定是否能帮上忙，但他很乐意为他们提供这个机会。在约定时间里，查尔斯·巴特和他的执行管理团队来到了山姆的一家门店。走进大门时，他看到山姆在一条长长过道的另一头，正在与一位购物者深入交谈。查尔斯不想浪费时间，和他的团队一起沿着过道走向山姆。山姆看到了他们，他说道："查尔斯，我马上就来。我在和这位年轻女士交谈。"他正试图将一块熨衣板罩布卖给对方。

又聊了几分钟，这位女士把熨衣板罩布放进了购物车，然后朝收银机走去。山姆转向查尔斯，认真地说道："查尔斯，你知道这个国家有多少破旧无法使用的熨衣板罩布吗？我们这个月要卖出 100 万块这样的罩布！"

查尔斯后来评论说，他毫不怀疑沃尔玛会卖掉 100 万块熨衣板罩布。事实上，沃尔玛的确做到了。这就是与客户密切接触的惊人效果——这只是查尔斯·巴特和他的团队那天学习到的诸多宝贵经验之一。

现在，假设你是沃尔玛的现任员工。你能从这个故事中了解到关于公司价值观的哪些内容？以下是我的想法：

1. 其他零售商是我们的竞争对手，而不是敌人。我们同处一个行业，有着共同的目标：为客户服务。如果我们可以在不泄露公司内部机密的情况下互相帮助，我们就应该这样做。

2. 顾客第一。H-E-B 的首席执行官及其首席管理团队不远万里来诚意拜访山姆·沃尔顿，他却选择让对方等待，继续与顾客交谈。

3. 了解客户的需求是很重要的。山姆怎么知道这个国家有这么多破旧熨衣板罩布的？他问出来的。

4. 坚持必有回报。重视"坚持不懈"这一价值观，意味着在帮助顾客找到想要的东西之前，你不会放弃。山姆没有放弃，直到那位女士找到满意的熨衣板罩布。

5. 激情带来胜利。在沃尔玛每年销售的数十亿美元商品中，山姆为熨衣板罩布设定了一个具体的销售目标（这个月是 100 万块），他显然对这个挑战感到很兴奋。激情具有传染性。传播你的激情，它带来的巨大影响会让你惊讶。

我想说的是，即使是很简单的故事，也能传达出许多不同的价值观。你要决定你的组织拥有哪些价值观。然后寻找相应的故事，去展现它们。

◇ ◇ ◇

只通过故事来定义价值观，这并不够。坚守公司的价值观，需要的不只是决心和努力。在某些情况下，即使你想做正确的事情，也很难做到。所以，你还需要一点创造力。像下面这样的故事可以让人们了解到如何在困难的环境中坚持公司价值观。

马丁·尼歇顿（Martin Nuechtern）是奥地利人，他在英国工作过几年。在获得工商管理博士学位后，他加入宝洁，担任助理品牌经理。27 年后退休时，他已经是公司全球某业务部门的总裁。他在个人生活和工作方面都很自律。他办公室门上曾经有个牌子，上面写着："我在周一至周五，早晨 8 点到晚上 6 点工作。其他时间我都和家人待在家里。"这句话的暗含信息是，在那些时间之外，你也应该和家人待在家里，而不是在办公室工作！

"领导者应该公开且明显地践行公司价值观"是他的领导理念之一。他认为，这是确保组织中其他成员拥有相同行为的最佳方法。"如果你出差时吃昂贵的晚餐，住高档酒店，你手下人也会这么做。如果你每天都下午3点回家，他们也这么做。"

有一次，他出差去纽约与一家广告公司会谈，随后对方邀请马丁去纽约大都会歌剧院看剧。他们知道马丁是歌剧迷，只要身在纽约，他就从不错过一场演出。但是歌剧票很贵，好的位置票价更贵。这次他们邀请马丁看歌剧的位置就非常好。但是，宝洁公司政策不允许收超过25美元的礼物。如果超过25美元，礼物接受者必须自掏腰包。但并不是每家公司都有如此严格的公司政策，赠送给客户一套演出门票也并不罕见。

在这个故事中，当马丁和客户经理一起进入剧院时，他看不到票价。他询问了好几次价格，但对方一直闪烁其词，决心让马丁把这张歌剧票当作礼物接受。回家后，马丁给歌剧院打了个电话。他询问了门票的价格，还问了他们有没有类似"歌剧之友"的接受慈善捐款的组织。一周后，那位客户经理收到了一封从歌剧院寄来的信，信看起来很正式。但信不是寄给她的，而是寄给她的狗——吉尔达。信封里有一张会员卡，上面写着吉尔达的名字，还有一封信，感谢吉尔达给艺术界的慷慨馈赠。不管怎样，马丁找到了为门票付钱的方法。

每隔六个月，吉尔达就会收到大都会歌剧院的一封演出预告信。这也是对它主人的温和提醒：做正确的事。当马丁把这个故事讲给别人，提醒他们做正确的事情并不容易时，他自己也笑了起来。虽然并不容易，但只要有一点创造力，就可以把不可能变成可能。

本章的主题是：公司价值观是由员工的行为，以及描述这种行为的故事决定的，而不是那些隐藏在文件柜中的公司价值宣言。在你的员工（他们是价值观影响的最重要部分）心目中，如果你没有强有力的公司价值观故事，那么你就没有强有力的公司价值观。

◇ 总结和练习 ◇

1. 除非经受住测试，否则价值观就只是一纸空文。讲述经受过测试的价值观故事，比如被雨淋的首席执行官，这可以让所有人都看到公司的价值观。

a. 你公司的价值观和原则是什么？拿一张纸，写下公司历史上能够完美展示这些价值观和原则的每一件事、每一个人。他们将成为你的公司价值观故事。

b. 挑战自己，每周至少讲一次这些故事，不管它们现在有多么粗糙。然后你会发现，好的领导者经常有需要运用这些价值观故事的地方。

2. 价值观的内涵定义无法定义公司价值观。只有故事才可以。（比如威斯康星州的火车事故。）

3. 一次，宝洁公司首席执行官约翰·白波在采访中被问道：在招聘新员工时，最重要的是哪种技能及品质。是领导力吗？分析能力？问题解决能力？合作能力？战略思维能力？还是其他什么？他的回答是诚信。他解释说："其余的能力，等进入公司我们可以教他们。"

a. 你最重要的公司价值观是什么？

b. 有哪些关于这些价值观的故事被讲述过？

c. 这些故事是否很好地展示了这些价值观？

4. 不知道如何创造好的价值观故事？利用以下"跳板"问题寻找你的故事。回忆一下你或公司里的其他人是否：

a. 进行过真正艰难的选择。

b. 做出承诺，但难以兑现。

c. 必须拿出公司政策手册来确定正确的做法。

d. 在做出艰难决策之前，不得不向人力资源部或公司道德官寻求帮助。

e. 被要求做一些你感觉不好的事情。

f. 以一种让公司创始人感到骄傲的方式行事。

g. 对两种不同的价值观感到矛盾。

5. 故事还可以帮助你坚持那些难以定义的价值观，比如努力工作、坚持不懈和把顾客放在第一位。（比如山姆·沃尔顿的熨衣板罩布故事。）

6. 决定你的组织要拥有怎样的价值观。然后寻找相应的故事，去展现它们。记住，如果你没有成功的公司价值观故事，你就没有强大的公司价值观。

7. 实现公司价值观，还需要一点点的创造力，如马丁·尼歇顿的歌剧票故事可以帮助人们在做正确事情时更加灵活且富有创意。

第九章　情境 8：密切合作关系

"团结是开始，团结是进步，团结是成功。"

——亨利·福特

　　一件经常发生的事情，发生了。一个小型区域经营部门被重组，一位来自大城市的新经理被调入。前任部门经理在位多年，现在却成了新经理的助理。新经理还没上任，团队成员们已经开始不喜欢他了，特别是经理助理。"他很可能是一个语速很快、自以为是的傲慢家伙，肯定对我们的工作一无所知！"很快，位于华盛顿州的总公司为这个部门安排了一次为期两天的团队建设及战略计划活动。幸运的是，他们邀请的活动主持人，就是你在第三章中遇到的伊夫林·克拉克。

　　伊夫林开始让部门成员们讲述自己的生活故事，但要以一种有趣的、创造性的方式进行。她拿来了几十本杂志、图画纸、剪刀和胶水，让他们用这些东西创作代表自己过去、现在和未来的拼贴画。尽管大家都是成年人，但他们还是像兴奋的学童一样专心致志地创作着自己的作品，从头到尾聊个不停。随后，他们轮流用文字和图片讲述自己的故事。这样，所有人都对彼此有了更加深入的了解。受活动影响最大的，是新经理和经理助理这对潜在的对手。尽管他们有很多不同，但他们也发现了双方一些重要的共同点。当他们知道彼此都有着相同的信仰时，他们之间的紧张关系开始缓和。当他们知道彼此都将家庭放在第一位时，他们便开始热络起来。随着故事越讲越多，他们对对方的理念和价值观也有了深入了解——与活动刚开始时相比，这可是巨大的转变。午餐时，他们坐在一起，进行一对一的交流；下午的活动开始时，他们已经像老同事一样一起工作。

此后的活动和会议效果非常棒，超出了包括首席执行官在内所有人的预期。这对伊夫林来说也获益颇丰。这个故事向她证实，当人们发现彼此的共同价值观时，他们就能够建立更高效的合作关系。这个故事展示了个人故事如何帮助他们发现彼此的共同价值观。你可以在下次的公司团建活动中尝试一下，看看会发生什么。

◇ ◇ ◇

寻找共同价值观是通过讲故事建立合作关系的一种方式，但不是唯一方式。下一个故事将会告诉我们个人故事如何在同事间创造情感的纽带。同时，它也解释了为什么这些情感纽带可以帮助领导者变得更高效，帮助团队获得更好的绩效表现。

开始新的工作是一个少有的，可以帮助你重塑自己、获得巨大成长的机会。你的新同事们对你没有先入为主的想法，这就好像在空白的画布作画一样，你可以尽情描绘新的自己。每个人心中都有自己觉得可以改进的地方——那些功成名就、努力工作的人也是一样。这正是杰米·约翰逊（Jamie Johnson）在 2008 年加入 Seek（俄亥俄州辛辛那提的一家研究公司）时的想法。

杰米是一位有才干的消费者研究员，具有很强的职业道德感。他很爱笑，有着大家都喜欢的温暖的笑容。但据他自己说，他在办公室里有点呆板，不喜欢把工作和个人生活混为一谈。"我来这里不是为了交朋友，而是为了完成我的工作。"他想。因此，他在工作中建立的人际关系很亲切，但也很浅薄。即使是与同事们的闲聊，他也会很敷衍——无论是天气，还是昨晚的球赛。从进入 Seek 的第一天开始，他就暗下决心，一定要改变自己。他想和每天都要共度 8 小时的同事们建立更多有意义的联系。出于好意，他以友好的态度和热情的表现开始了他的新工作。

杰米改变得如何呢？"一年过去了，没人喜欢我。"当然，这句话有点谦逊。但事实是，他的工作人际关系并不比以前更亲密。"为什么我做的一切都毫无作用？"他很想知道原因。"我是一名专业的消费者研究员。我每天都要让人们对我敞开心扉，告诉我他们内心的想法和感受，他们的希望和梦想。而这些只是我20分钟前才认识的陌生人！为什么与同事相处时，我却做不到呢？"

这才是该问的正确问题。杰米的确有一些专业交流技巧，可以让人们对他敞开心扉。比如，很有效的自嘲式幽默。"这个问题我问过你了吗？对不起，我这人脑子比较慢。"有时他也会寻找共同兴趣。"嘿，我也有相同披头士唱片。从我妈那里偷来的哟！"但最有效的方法是敞开自己的心扉，让自己显得脆弱，比如分享自己的弱点或不安。

但杰米只会对采访对象这么做，对同事从不这样。所以他决定试一试。几周后，Seek迎来了成立10年的纪念日，大家庆祝了一番。在游览完整个城市，参观了他们以前的办公地点后，他们利用下午剩余的时间在会议室里进行了一场团建活动。杰米的机会来了。公司创始人对大家说："请大家分享一些关于自己的事情。那些让你感到舒服或者不舒服的事情。"杰米站起来，分享了一个非常私密的故事。

他和他的弟弟——史蒂文，拥有相同的父母，在相同的房子里长大。虽然生活并不完美，但杰米有个美好的童年。他有一个充满爱的家庭，有自己的好朋友，他在学校里表现也很好——总之，他自己感觉很好。但是，他的弟弟患有双相情感障碍（也被称为躁郁症）。这意味着他弟弟的情绪和行为会出现极端的波动情况。第一天，史蒂文可能感觉自信满满，仿佛登上了世界之巅；第二天，他可能就因为抑郁和焦虑瘫倒在床上无法动弹。如果不加以治疗，史蒂文就无法承受这种情绪的过山车式的波动。2001年4月16日，19岁的史蒂文驾车西行。穿过两条州际公路，耗尽所有汽油后，把车停在了公路边。然后他拿出一把枪，朝自己的头上开了一枪。杰米说，这体现了这个了不起的年轻人对家庭最后的敬重。他不想让父母在家附近发现他的尸体。

虽然这场悲剧让杰米很痛苦，但也有一些好的事情发生。他告诉同事们："我意识到我把生活中的一切都视为理所当然。那之后，我不再有这样的想法。"接着，杰米更加感恩自己接收到的所有祝福。他花费更多时间进行志愿服务。他为社区里的孩子们进行排球和足球培训指导。他还加入了一个组织，利用节假日为困难家庭提供帮助。毫不奇怪，他还与全国各地的自杀预防组织合作，帮助他们筹集资金、提高社会认知度。"对我来说，这是一种缅怀我弟弟的积极方式。"

杰米讲完了他的故事，房间里有一半的人都哭了出来。会议结束时，大家停止了一贯的击掌庆祝，几个人还跑过来拥抱了杰米。事后，他的同事们说，他们从不知道杰米有如此多的灵魂和情感。"突然间"，一位同事评论道，"杰米有了深度！"他的故事甚至让他赢得了办公室里最看淡苦难的人的尊敬。那位同事轻轻一拳打在他肩上，钦佩地点点头，像兄弟般地对他说："坚强啊，伙计。"这些行为告诉他，他已经真正融入了这个圈子。没有几天，他发现和同事们的聊天已经从天气、运动这些浅薄的话题，转为了对他的生活、他的梦想的深入交流。

当然，杰米更喜欢自己的工作了，因为他与同事们的关系更好了。不过，他的融入对他的领导能力有何影响呢？"我的团队现在表现更棒了。当人们与自己关心的人一起工作时，他们就不会感觉到枯燥无味。"他开始获得大量第一手资料，因为当你和别人建立起有意义的关系后，获得他们的分享会更加容易。对他来说，这种有意义的关系始于一个故事。

杰米的故事说明，最有效的团队建设活动也可以非常简单。让人们围坐在一起，谈论自己——故事越私人越好。正如杰米从消费者和他同事身上学到的：那些通过显示自己的不安、描述自己艰难经历或昂贵教训，展示自身脆弱性的故事是最有效的，也就是那种大家不想跟办公室里的陌生人讲的故事——这是重点。我们陷入了一个恶性循环的怪圈：我们不讲个人故事，因为我们的同事只是陌生人；同事依然是陌生人，因为我们不讲自己的个人故事。你必须打破这个循环。

挑战人们，让他们讲述自己的故事，这样你就再也不会与陌生人共事了。

◇ ◇ ◇

现在，我们已经建立了"要在工作时分享个人故事"的公司价值观。但个人故事并不是唯一能够促进合作关系的故事。我们的工作经历也会对人际关系产生类似的影响，而且会直接为公司带来收益。汤姆是一家大型全球咨询公司的合伙人，他对这些故事的价值了如指掌——正如他的故事展示的那样：

"对不起，汤姆。我们不得不取消你的顾问费——起码暂时是这样。"

对于像汤姆这样的咨询顾问来说，这是从客户那里听到的最糟糕的话。这相当于解雇宣言。而且，被解雇的不仅仅是汤姆，还有和他一个团队的其他15名顾问。

"出什么事了？"汤姆问道。他认为，一家《财富》100强企业做出这样的举动，背后肯定有很严重的原因。事实是，他是对的，事情的确很严重。他的客户无法达到本季度利润的预期，而且差得不是一点点——差额大到足以引起华尔街的担忧。

他的客户详细地解释了公司面临的困境。在20年的职业生涯中，汤姆从未遇到过这种特殊问题。但他知道在这种情况下，他的客户需要帮助。他绝不能拍拍屁股一走了之。很明显，客户公司需要应对这一问题的专家。但这个问题并不寻常，因为所有公司都不会公开这类事件。所以很难找到之前的案例。

于是，他对客户讲述了"每月挑战"活动——汤姆公司里顾问们之间的一种友好竞争活动。每个月，所有人都会围绕某家不具名客户的具体问题集思广益，寻找解决方法。他们会带领自己的团队出去找家餐厅，一边聚餐一边讨论问题，提出建议。就在那一小时里，数万名顾问致力于解决同一个问题。但是只有一小时，他们没有时间进行研究或数据分析。他们能做的只是分享一些故事和创新性想法。他们会分享自己以前遇到过的类似情景，以及自己当时做了什么，最后结果如何。聚餐结束后，所有人又会回到自己的客户工作中。而拿出最优解决方案的团队将会得到整个公司的认可。

这样的竞争活动有很多好处：有问题的客户得到了咨询公司所有顾问的智慧与支持；为该客户服务的咨询团队解决了一个难题，工作得以继续推进。而且竞争也有助于促进顾问之间的合作，加强彼此的工作关系。餐会活动还为团队成员提供了一个"围绕同一目标，所有人共同努力"的机会。心理学家很早就知道这是建立人际关系纽带最快的方法之一。一小时的故事分享时间，其效果对一群一起工作的成人来说，和一群围坐在篝火旁的夏令营孩子没什么两样。它也有助于在世界各地不同办公室的顾问之间建立更好的联系。通过竞争在同一个问题上进行合作，会产生共同的经验和见解，这些经验和见解可以在今后的几年中一直被讨论和借鉴。想想看，这家咨询公司的员工遍布全球数十个国家。他们中的大多数人永远不会见面，甚至永远不会为同一位客户工作。现在，这些极具多元性文化和经验的人群，为了战胜同一个挑战而努力，这将迸发出多么巨大的力量。仔细想想后面的原理，这个活动真的很聪明。

汤姆立即把这位客户的问题作为"每月挑战"发给了所有的公司合伙人。48小时内，数万名顾问开始着手研究这一问题。三周内，他们确定了另两个经历过同样问题的非竞争性客户，并获得了来自全球的三个创造性解决方案。汤姆向他的客户展示了这些解决方案，并通过精诚合作解决了这一问题。

汤姆的挑战及解决方案被添加到了公司的"每月挑战"列表中。这个列表随着时间不断地壮大，这也让他们的咨询公司越来越强大。对于他的客户来说，这个季度依然十分艰难。但如果没有汤姆的帮助，他们早就被华尔街遗弃。而且自那之后，汤姆再也没听到过取消他顾问费的话。

尽管全新的商业挑战偶尔会出现，但我们在日常工作中遇到的大多数问题都是前人们经历过的。不管是新问题还是旧问题，汤姆"每月挑战"都是全球性最佳解决方案的最佳收集渠道。建立一个固定时间、固定地点的活动，交换关于商业挑战的故事，你一定会发现很多闪光的智慧。你不必非要身处咨询行业，才能从与同事的故事交换中获益。无论你从事什么业务，这样的活动都会带来新的想法，以及更具协作性和凝聚力的员工队伍。

◇ ◇ ◇

前面的例子说明了如何使用讲故事来创建协作环境。本章的最后一个例子将向你展示如何让组织外部的人相信组织内部存在彼此合作的环境：那里没有那么可怕，那里的人也没有那么可怕。这个问题并不少见，尤其是对那些接近公司阶层顶端的人来说。

大公司等级森严，就像军队一样，所有现代公司的领导结构都是仿效军队的。军官或经理级别越高，领导的士兵或雇员队伍就越大。更高层级通常也会带来更多的权力、更丰厚的薪水，以及来自下属的更多的尊重。但是这些差异，也导致最高层的人无比孤独。这是因为出于对老板的尊重以及说错话的恐惧，高层领导者们常常被视为难以亲近的、没有人情味的。对必须指派军队进行殊死搏斗的军官来说，这些特点是必需的，也是无可指责的。但是，在商业环境中，这些特点则弊大于利。如果一名领导者在其他人看来是很难接近的，那么他就很难进行领导。

卡罗尔曾经就是这样。她是一家全球《财富》500强公司的战略总监，也是该公司战略领导团队的一员，她直接向全球战略官（GSO）本汇报。她非常聪明，工作勤奋，胸有大志。但对许多人来说，她是个令人生畏的人。她的工作要求她说服公司内数千名经理，采用她新研发的业务模型。部署新业务模型，意味着她要到全球各地的区域办事处对当地业务团队进行指导培训。成功的培训课程通常意味着成功的工作部署。然而，一次旅行的返程（而不是培训课程），对全球战略官的团队及其领导的能力产生了巨大的影响。

作为公司高层管理人员，本被赋予了最令人瞩目的一项特权——使用公司的飞机。这些高管不必乘坐商业航班，他们可以选择带上任何人乘坐公司的湾流（Gulfstream）G-4喷气式飞机出行。这次特别旅行的目的地是公司位于欧洲的总部。由于这次任务很有争议，所以他们都很紧张。然而一天下来，他们的培训取得了巨大成功。参与培训的人员反馈相当好，对所有培训师都给予了高度赞扬。

那天晚上，卡罗尔和同侪们决定痛快放纵一晚，好好庆祝他们的成功。于是，他们享受着最好的法国葡萄酒，在酒店的赌场里玩到半夜。第二天一早，他们踏上了回家的旅程。等大家都在飞机舒适的座椅上坐好，本开始询问前一天的培训情况。他没有注意到这几个人脸上的宿醉迹象。"本，我们现在无法汇报。我们浑身难受，无法保证高质量的工作。我们能明天回办公室再进行吗？"对某些人来说，这种回绝几乎等同于不服从命令。但他的团队昨天获得了巨大成功，所以本很高兴地同意了他们的请求。

飞机起飞后不久，四只夜猫子就睡了过去，而他们的老板则一直在工作。途中，飞机停在了新斯科舍补充燃料。第二次起飞后，本准备午睡一会儿，但这时另外四个人醒了过来。此时，管理层级的重要性体现出来了。公司飞机是由公司层级足够高的管理者支配的资产——在这个故事中，就是全球战略官。其他人都只是客人。如果老板想在飞机上睡觉，按照礼节你得让他安静地睡。但是本的客人们都醒了过来，回味着昨晚的赌博游戏不能自己。于是他们决定继续昨天的庆祝活动——打扑克，而且声音非常大。

尽管被吵得无法入睡，本却没有抱怨，一句话也没有。但他的四个直接下属却有很多话说。等他们回到家后，这段故事迅速传播开来——他们如何恭敬地拒绝了本的汇报要求，又如何用吵闹的扑克牌游戏让本无法入睡。这个故事向人们传达了三条重要信息。第一，它告诉大家，这四位高层领导者也是普通人，也有和其他人相同的欲望和弱点。他们不再是衣冠楚楚的公司形象代表者。这个故事赋予了他们人性。第二，这个故事表明他们尊重老板，但对待他的方式与对待其他人没有什么不同。如果四个人想玩扑克而一个人想睡觉，那他们就玩扑克。少数服从多数。第三，本容许他们这样对待自己，不抱怨也没有秋后算账。

简而言之，这一个小小的故事。将那些令人生畏的战略大师重新塑造成一个有趣的、平易近人的、不会自视甚高的群体。所以，其他管理者们更愿意与他们合作，接受他们的指导和建议。他们无法创造出更好的信息——这正是关键所在。你不需要为它准备舞台。它们会自然发生。关键是当他们这样做了以后，得有人向大家讲述这个故事。飞机上只有五名乘客，本肯定不会告诉他人这个故事。

一定是其他四个人做的。但是，想象一下，如果他们没有这么做呢？想象一下，如果他们出于对形象的维护，将那夜的狂欢和空中的小睡作为秘密隐藏起来呢？那么这个故事永远没有人知道，他们的部门可能仍被视为一个不可接近的精英的大本营，而不是一个获取优秀建议的合作之地。

是的，公司的等级制度是建立在森严的军事结构上的。但是有了这样的故事，你就不会再有这样的感觉了。

◇　**总结和练习**　◇

1. 我们不讲个人故事，因为我们的同事只是陌生人；同事依然是陌生人，因为我们不讲自己的个人故事。你必须打破这个循环。

2. 让人们围坐在一起，谈论自己——故事越私人越好。一旦人们发现彼此有共同的价值观，他们的合作关系就会更紧密。分享个人故事可以引导出这些个人价值观。

a. 在下一次公司团建活动中，你要安排时间来讲述这些故事。想想你与大城市来的新老板的合作会有多顺畅。

b. 另一种方法是分享自己的弱点、不安或痛苦的经历。在众人面前显示自己的脆弱，就像杰米·约翰逊在 Seek 做的那样。（杰米有深度！）

3. 分享工作故事也可以建立合作关系，就像为全球性咨询公司工作的汤姆一样。你也可以在你的公司中进行类似提议或挑战。当你建立一个合作性更强的团队时，你的企业和客户也将从中受益。

4. 故事还可以让组织外的人相信，组织内存在双方合作的环境。这有助于招聘和留住人才。通过分享例如"飞行中的狂欢与小睡"的故事来展示合作，你会得到更多的合作机会。

第十章 情境9：打造多元的工作环境

"我们看到的所有数据，以及我个人的所有经验，都让我相信，一个多元化的组织会比文化单一的组织更深入地思考，更超前地创新，获得更好的工作成果。胜利将来自对我们多元化文化的利用。"

——雷富礼，宝洁公司前首席执行官

贝弗利·基翁（Beverly Keown）1955年出生在阿肯色州斯通的一个种植园里，家里有8个孩子，她排行第四。贝弗利的父亲是个佃农，她的母亲是一家农户的家仆。每到夏天，贝弗利和她的兄弟姐妹们都要一起锄棉花苗。

在20世纪60年代的美国南方长大，贝弗利受尽了会震惊现代人的侮辱。她要从后门进入餐馆，不能是前门。她只能从标有"有色人种"的饮水器饮水，因为旁边的饮水器标着"仅限白人使用"。她不能去白人朋友的生日聚会，也不能在白人朋友家过夜。她甚至不敢去城里唯一的电影院。但是在那个年代、那个地方，这一切都很正常。所以贝弗利认为自己只能这么做。

在她九年级的时候，所有的纯黑人学校都关闭了，黑人学生和白人学生开始一起上学。4年后的1973年，她以班上前20%的成绩毕业，在一家衬衫制造公司找到了一份机器操作员的工作。过了一段时间，她被晋升为办公室秘书。这使她成为公司里仅有的两名非裔美国人带薪雇员之一。之前在机械车间里，她周围都是和她同肤色的工友。所以，生命中的第一次，她被不同肤色的人包围住。很明显，她很不同——这种不同有时会带来痛苦。"其他管理人员当着我的面嘲笑我，好像我没有感情一样。他们取笑我的外貌和我说话的方式。他们让我无法不去注意我的肤色和发质。我心里想：'如果我是白人，他们就不会这样对待我了。'"3年后，当贝弗利辞职时，她的母亲恳求她"去求他们把工作还给你"。但贝弗利拒绝了。

她的下一个雇主并没有好多少。她依旧受到轻蔑的对待。进入公司25年后，贝弗利的丈夫找到了一份新工作，他们需要搬家。幸运的是，她的雇主在他们的新家那里也有一个工厂，所以她调职到了那里。她得到了一份管理131名机械操作员工资的工作。但在她离开之前，她的老板把她叫到办公室里，给了她一些建议。"在你要去的地方，你的脸皮得足够厚。"贝弗利不明白他的意思。老板解释说："你将是整个工厂里唯一的黑人。人们会对你说三道四，有时甚至会把你当成目标。"贝弗利仍然不知道老板这番话到底意味着什么，不明白这与她过去25年的经历有什么不同，但她还是去了。

她很快就明白了那些话的含义。上班的第一天，新老板发现她作为一名25年工龄的雇员，一年居然享有5周的假期，他很生气，"我都没有那么长的假期，我可是你的老板！"每次她休一天的假，老板都会对她说很多刻薄的话。他还不断地质疑贝弗利的工作。"我觉得我必须向他证明我足够好。"贝弗利说道。

她每周都要手工处理131张工资支票，错误不可避免。贝弗利说："当错误出现时，你会觉得这就是世界末日。"她的老板会冲进她的办公室，砰地关上门。"你到底怎么搞的！"他开始大喊大叫。贝弗利惊讶得说不出话来，老板却滔滔不绝地咒骂着她。这只是一个关于100美元的错误，几分钟内就可以解决。贝弗利无法理解他的愤怒。"你听见我在和你说话吗？我说你到底怎么搞的！"

贝弗利试图寻求工厂经理的帮助，但她最终意识到这一切只能由她自己扛。忍受了两年的不公待遇，她向平等就业机会委员会（EEOC, Equal Employment Opportunity Commission）提起了诉讼。

工厂的反应则令人遗憾。区域经理从新泽西州跑过来告诉贝弗利，她的老板，以及部门里的其他人，都不同意她的说法。然后，在一份明显针对贝弗利的公司声明中，他提醒了所有人要明白谁是部门的老板，并说道："无论老板说什么，你们都得听着。如果有人不喜欢，你可以离开。"几天后，贝弗利的一位同事告诉她说，公司里有几名员工曾是 3K 党（美国种族主义代表性组织）的成员。不管是真是假，这消息的确吓住了她。

幸运的是，几个月后公司申请了破产，这让她避免了长期的法律诉讼流程。她得到了一笔丰厚的遣散费作为放弃诉讼的回报。经过 27 年敬心敬业的工作，贝弗利·基翁失业了。那一年是 2002 年。不是 1952 年或 1962 年，那是 2002 年。46 年来，贝弗利只被这样对待过。

2005 年 2 月，贝弗利在阿肯色州费耶特维尔的宝洁公司找到了一份行政工作。上班的第一周，她就感觉到了不一样。"我以为我降落在了另一个星球上。只要看看人们的脸，我就知道肤色不再会成为我的障碍。我不再是唯一一个为了完成（平等就业）配额而被雇用的非裔美国人。我遇到了来自中国、日本、乌克兰、英国和美国各地的人，比如波士顿和辛辛那提。他们对待我与对待他人的方式没有任何不同——这让我感到震惊！"

贝弗利说，这感觉就像"把一个饥饿的人从贫穷的国家直接带到了美国。就像一股新鲜的空气。大家一起吃午饭，一起笑，一起工作。我不必为自己是黑人而感到羞耻。是的，他们能看到我皮肤的颜色，能听到我的口音。但更重要的是，他们看到了我、我的技能、我的激情、我的潜力和我对归属的渴望。有些时候，我快乐地想哭出来！"

多元化和包容性的环境对贝弗利的工作表现有什么影响呢？"每天上班时，我都处于最佳状态！这让我更想把工作做好。我热爱我的工作，我为我的团队感到自豪。在我的职业生涯中，我第一次为身为一名黑人女性而自豪！"

如果你问贝弗利，她 2005 年第一次进入这个更加友爱的环境时是如何反应的，她会告诉你："我试着不表现得那么惊讶，但我的脸可能出卖了我……现在可能依旧如此。"在宝洁工作了 6 年之后，她已经习惯了被公平地对待。这与她的团队成员们的表现密不可分，这些她都牢记在心里。

贝弗利的故事提醒我们，工作环境会对一个人的自我价值和工作表现产生巨大的影响。是的，在过去的 50 年里，美国企业的多元化和包容性有了巨大的改善。但正如贝弗利的故事表现的，这种进步不是普遍的、彻底的。如今的年轻管理者们可能缺乏对这一挑战的理解和同情。因为他们从未亲眼见过这样的情景。这就是为什么我们要分享贝弗利这样的故事。

正如哲学家、诗人乔治·桑塔亚纳（George Santayana）所说："那些不记得过去的人注定要重蹈覆辙。"你要了解与你共事的人的过去。你会发现类似贝弗利的故事层出不穷，多到让你惊讶。

◇ ◇ ◇

并不是所有的多元化问题都像贝弗利的故事那样显而易见。一些最常见的错误做法往往就发生在我们的眼皮底下，而做错事的人却一无所知，继续自己的错误。下面是来自硅谷罗技公司（Logitech）总裁布拉肯·达雷尔（Bracken Darrell）的亲身经历。

在进入罗技公司之前，布拉肯有一位30多岁的白人男性老板，让我们叫他杰克好了。杰克受过良好的教育，游历广泛，是一个有着现代化思想的人。换句话说，他就是那种你觉得肯定会对所有人都一视同仁的人，不管对方性别或种族如何。据布拉肯所知，杰克的确也是这么做的。布拉肯的工作小组包括了他自己，一位非裔美国人——让我们叫他唐好了，和一位白人女性——我们称她为萨利。每次杰克来到办公室，都非常真诚地与他们三人进行交流。

一天午饭时，布拉肯对唐谈论起了杰克作为一名领导者的优秀能力，称赞他与整个团队合作时体现的包容性。但是唐却反对他的说法，这让布拉肯很意外。"你没看到我看到的东西，"唐说，"你看到的是他平等地对待我们。我看到的则不是这样。我看见他先到你桌边，跟你开了几个玩笑，拍了拍你的后背，听你的故事然后大笑。接着他走到萨利的办公桌前，问萨利：'你的家人身体如何？你的丈夫还好吗？'以及'你孩子这周都干什么了？'最后他来到我的办公桌前，微笑着对我说：'你好，唐。'"

当然，他对每个员工都是真诚的。但是，他与萨利和唐的关系，与和布拉肯的关系有很大的不同。他和布拉肯在一起时就像是兄弟一样。和萨利在一起时，他与对方的交流内容仅限于对方身为妻子和母亲的角色。"你的丈夫还好吗？你的孩子还好吗？"好像这是她唯一的价值所在。和唐在一起时，他甚至没有话题可谈。

如果你是唐或萨利，你认为杰克部门的竞争环境如何？如果你必须和布拉肯竞争，你认为你获得加薪或升职的机会有多大？今天，布拉肯分享这个故事，帮助大家理解我们的日常行为可能会对他人产生的微妙的、意想不到的影响。分享这个故事，你会创造出更多有意识的包容性管理者，也许就从你开始。

◇ ◇ ◇

这两个故事可以帮助人们理解问题所在。这是必要的第一步。而下面两个故事则告诉我们，故事也可以成为解决方案的组成部分。

一些商学院教授知道，他们的学生可以从当地商界领袖的实践经验中学到很多东西。泽维尔大学（Xavier University）的阿特·施莱伯格博士（Dr. Art Shriberg）就是其中之一。他定期邀请当地公司的高级管理人员与学生交谈。泽维尔大学位于辛辛那提市，距 9 家《财富》500 强公司的总部只有几英里远，有大量高知名度的公司高管可供他选择。

21 世纪初期的一堂领导力课程上，施莱伯格博士邀请了一位《财富》500 强公司的首席执行官作为客座演讲人，为学生们讲授自己的经验。快下课的时候，一位年轻女孩举起手来问了一个问题："你觉得平等就业机会委员会怎么样？"

"我讨厌它！"首席执行官怒吼道，"政府没有权利告诉我可以雇用谁，不可以雇用谁！这太不美国了！"提问姑娘吓得睁大了眼睛，坐在旁边的同学们都惊呆了。连阿特·施莱伯格也在紧张地猜测着首席执行官会如何把场面圆回来。

但首席执行官没有这么做。他继续着自己的抱怨："大约 4 年前，我的律师告诉我，如果我们不雇用更多的妇女和少数族裔，我们会在平等就业机会委员会那里遇到大麻烦。我很不喜欢别人告诉我该怎么做，但我不想和美国政府打架。所以我打电话给人力资源经理，让他雇用这些人。"

他解释说，在一两年内，他们的雇用情况就达到了平等就业机会委员会的标准。但在下一届政府上台后，平等就业机会委员会的标准有所放松。"但我并没有进行相应的改变，"他说，"因为那时，我们赚的钱比以往任何时候都要多！我们雇用的女性教会了我们如何向女性推销，其效果大大超出我们的预期。随着公司人才的多元化，我的产品开发团队比以往任何时候都更具创造性和创新性。"

"我还是不喜欢别人告诉我该雇谁。"首席执行官承认，"但我们获得的成功无法辩驳。"

有时，最有效的多元化和包容性倡导者来自最不可能的地方。如果你公司的平权行动联盟或亲和关系网络的负责人公开表示支持这一事业，那当然是好事，但这并不意外。但来自（施莱伯格博士课程邀请的）一位怀疑论者的故事会更令人信服。施莱伯格博士邀请这位首席执行官来给他的学生们上一堂领导力课程。但学生们实际学到的东西更有价值。

施莱伯格博士的故事向我们展示了说服人们"多元化不仅仅是公平"的最佳方式——它还有商业上的益处。如果你碰上了对多元化持怀疑态度的人，给他讲讲这个故事。

◇ ◇ ◇

另一种可以传递包容性价值的故事来自民间。精心设计的民间故事可以向人们展示多元化中体现的智慧，并鼓励人们这样做。从本质上讲，这些故事没有涉及任何具体的人，因此它可以被复制到任何人身上。人们很容易在传说人物中看到自己，并将在故事中学到的经验应用到自己的生活中。考虑到这个话题的敏感性，关于具体人物的真实故事往往被忽略，因为"这不适用于我，我和故事里的人一点也不像。我绝不会那样做的。"

下面的这个民间故事改编自西非的古老故事《旅行者》，几乎所有人都能领略其中的智慧。下面的文字来自我给一个大约500人的团队做的演讲。通过分享这个故事，我想展示如何在真实工作环境中使用民间故事。

从前有一位智慧的老人，他常常坐在村外的树荫下，独自思考。有一天，一位旅行者走到他面前，说："老人，我已经走了很远。我见过很多东西，见过很多人。你能告诉我，如果我进入这个村庄，我会遇到什么样的人呢？"

智者回答说："我很乐意回答你的问题。但你要先告诉我，你在旅行中都遇到了什么样的人？"

旅行者回答说："哦，你不会相信的。我遇到了最可怕的人！对陌生人既自私又不友善的人，不关心自己或他人的人。我遇到了一些愚蠢的年轻人，从他们身上我什么也学不到，而那些看不到希望的老人则会让你更加沮丧。"

当旅行者说话时，智者以一种"我早知如此"的方式点着头，悲伤在他的眼睛里浮现。"是的，"智者说，"我完全了解你所说的那种人。我很抱歉地告诉你，如果你去我的村庄，你会遇到的就是这样的人。"

"我就知道！"旅行者嘲弄地说道，"到哪儿都一样。"他踢了踢脚下的泥土，然后冲上大路，毫不犹豫地绕过了村子。

几小时后，又有一位旅行者来到了智者面前。"好心的先生，"他说，"我已经走了很远。我见过很多东西，见过很多人。你能告诉我，如果我进入这个村庄，我会遇到什么样的人呢？"

智者回答说："是的，我很乐意回答你的问题。但你要先告诉我，你在旅行中都遇到了什么样的人？"

旅行者回答说："哦，你不会相信的。我遇到了最了不起的人！对陌生人和蔼大方的人，像家人一样互相关心的人。我见过年轻人，他们的智慧超越了他们的年龄；我见过老人，他们对生活充满了热情，给他们遇到的每个人都带来了快乐。我从他们身上学到了很多。"

当旅行者说话时，智者以一种"我早知如此"的方式点着头，灿烂地笑着。"是的，"智者说，"我完全了解你所说的那种人。我很高兴地告诉你，如果你去我的村庄，你会遇到的就是这样的人。"

"那就来吧，"旅行者说，"把我介绍给他们。"

当然，我们从中学到的是：我们在人们身上看到的，在很大程度上是由我们的期望决定的。所以，当你明天回到办公室，和你的直接下属、同事、商业伙伴、老板一起工作时，在他们身上寻找你最想看到的特质，我相信你会大有收获。

我之所以这么肯定，是因为我相信我们在一家拥有最优秀人才的公司工作。对新员工和蔼大方的人，像家人一样互相关心的人。我们有年轻人，他们的智慧超过了他们的年龄；我们有经验丰富的人，他们对自己的工作充满热情，即使在最糟糕的日子里，也能激励他人。我从他们身上学到了很多，我知道你肯定也学到了很多。当我们分开后，你会拥有一段快乐时光，你可能会遇见一些你以前从没有见过的神奇人物。我鼓励你留下来。如果你愿意，来找我。我会把你介绍给他们。

◇ ◇ ◇

本章的最后一课是针对所有负责提高组织多元化和包容性的管理者。召集并领导一个承担如此重要而微妙任务的团队，是件令人生畏的工作。也正是因为这种情况，才会产生这样的俗语："不打破鸡蛋就做不了蛋卷。"除非人们开始深入谈论痛苦的个人话题，否则你不会有任何进展。当你需要大家聚在一起讨论多元化这样的话题时，你需要一些方法让他们走出自己的心房。最佳方式就是让他们讲述自己的相关经历——与和自己不同的人发生冲突或陷入危机的故事。这看起来有点像杰米·约翰逊在上一章中所做的，只是故事的主题有所不同。所有人都需要敞开心扉才能成功。但是作为领导者，你必须先做到这一点。

◇ 总结和练习 ◇

1. 当人们觉得自己不受重视或不属于团队时，他们就无法使出全力。

2. 尽管在过去的 50 年里我们取得了很大的进步，但我们的社会仍然是不平等的。刚进入职场的年轻人可能无法体会到他人在过去和现在所经历的奋斗。在你的组织中寻找贝弗利·基翁的故事（佃农的女儿）。你会惊讶于这些故事的数量。

3. 今天，一些最常见的错误做法往往就发生在我们的眼皮底下，而做错事的人却一无所知，继续自己的错误。与其他人分享布拉肯·达雷尔的故事（"你没看到我所看到的"），这样他们就能理解自己的行为会带来的意想不到的影响。

4. 多元化不仅仅是"正确的事情"，它对公司收益也有着非常积极的影响。分享施莱伯格博士领导力课程嘉宾的故事（"我讨厌平等就业委员会！"），人们会立刻明白其中原因。

5. 如果你想让人们欣赏隐藏在工作场所多元化背后的智慧，民间故事可以帮助你。使用旅行者的故事帮助人们寻找他人的优点。

6. 多元化和包容性是人们很难去谈论的话题。它们既敏感又充满私密性。当你把大家聚集起来讨论这一话题时，你需要与会者们迅速打开心扉。最好的方法就是讲述你自己的故事。一旦你讲了自己的经历，他们也会乐于与你分享自己的故事。

第十一章　情境10：制定公司规则

"没有人会阅读政策手册——除了编写政策手册的人，他们也仅仅是为了薪水才这么做。但有相当一部分员工会去读好的故事。"

——大卫·阿姆斯特朗，《鲜为人知的黄金故事》

（*Once Told, They're Gold*）的作者

把5只猴子关进一个笼子，把一束香蕉吊在笼子顶部。在香蕉下面，放一个刚好能够到香蕉的梯子。如果有猴子想要爬上梯子，就用冷水喷洒整个笼子。很快，猴子们就会学会避开梯子，放弃对香蕉的渴望。

然后把其中一只猴子从笼子里拿出来，换进一只新猴子（6号猴子）。新猴子当然不知道围绕梯子设下的陷阱，所以它很快就奔向了梯子。此时，其他4只猴子会一起攻击它，避免冷雨的侵袭。新来的猴子并不知道自己为什么会被攻击。不久后，又换进来了一只新猴子，同样的事情再次发生了——这次连6号猴子也参与了攻击。

继续换进新猴子，一次一只，直到最开始的5只猴子都不在了。不过，笼子里的5只猴子依旧会避开梯子，攻击任何试图爬上梯子的新猴子。它们都遵守同样的行为规则，哪怕它们根本不知道原因。

这就是公司政策的形成方式。

这个故事以多种方式在很多地方被讲述着。原作者是谁已经没人知道。但这个故事大体上是以G. R. 史蒂芬森（G. R. Stephenson）在1967年进行的恒河猴实验为原型的。这个故事的关键是，公司规则并不会管理组织中的行为。行为

是由奖励或惩罚决定的，哪怕相应规则的最初原因早已被遗忘。无论这些奖惩是被他人当面见证还是通过故事转述，都是有效的。当然，在猴子被关在笼子里这种情况下，你必须亲眼见证。在人类的企业环境中，这种奖惩通常是一个包含相关信息的故事。这里有一个很好的例子。

在辛辛那提市中心派克街和哥伦比亚公园路的拐角处，宝洁全球总部的对面，矗立着一栋有100年历史的八层建筑。今天，它是一栋业主拥有的公寓。但在20世纪80年代和90年代，这是一座商业办公楼，以其最大的租户波尔克公司（R.L.Polk & Company）的名字命名。当时宝洁的每一位新员工对波尔克大厦都非常熟悉，因为大厦的一层租给了宝洁，成了公司的培训中心。所有新员工至少要在这里学习一个星期。这也是我在宝洁听到的第一个故事的发生地。

波尔克大厦宝洁培训中心的理念是：远离街对面办公室的干扰，让学员们全身心地沉浸在学习中，这才是最优秀的培训。因此，宝洁在该楼层配备了一个自助餐厅，为所有学员提供免费午餐和点心，以此让他们留在培训中心专注学习。因为该层进出的只有学员和培训师，这个自助餐厅甚至不需要收银机。

在进行第一次免费午餐时，一位培训师给我们这些新员工讲了几个关于公司的故事。其中一个很吸引人，主角是早我们几年进入宝洁的员工。这两个刚刚大学毕业的年轻人进入了宝洁公司，并在波尔克大厦接受了培训。几周后，其中一个年轻人上班时忘了带钱包。他不想整个下午都饿着肚子工作，但也不想向同事借钱，于是他想到了街对面的免费午餐。随后，他走进了波尔克大厦，来到了自助餐厅，享用了一份不花钱的午餐。这名年轻人对自己的智慧感到非常满意，他和自己的伙伴分享了这一心得，并说服对方第二天一起去吃免费午餐。

第二天，他们一起走进了自助餐厅，悠闲地吃着免费的饭菜，没有人提出疑问，甚至没有人多看他们一眼。没有保安阻止他们，没有签名，也不需要任何证明他们学员身份的名牌或徽章。

此后的一个礼拜内，他们又去了两次；一个月内又去了数次。在这么长的一段时间内，这两张面孔不断出现，让自助餐厅的服务人员起了疑心。因为即使是课程培训师，每个月出现的时间也不会超过一周。而且他们每次用完餐后都会回到街对面的宝洁大厦。于是，自助餐厅的工作人员打了儿通求证电话，求证这两人是不是宝洁公司聘请的首届全职培训师。很快他们就意识到，这两个人是"午餐小偷"。

尽管这两个年轻人以无知作为自己的借口，但故事还是以他们离开公司而告终，其中的细节在故事讲述者的夸大下显得非常有趣。大家听着故事，笑声不断，最后创造出了一个新短语："被波尔克了"（being Polked）——意思是以一种愚蠢的方式从公司偷东西而被解雇。

我们一直不清楚这个故事是真是假。但是真是假并没有关系。它深深地印在了学员们的脑子里。公司政策手册中没有任何章节告诉我们，如果我们没有培训课程却在波尔克大厦吃午餐就会被解雇。但听完这个故事，我们中没有人会重蹈覆辙。更重要的是，这个故事让我们知道：有很多公司没有具体告知的不良行为可以让我们被解雇。这个故事教会了我们要遵从对与错的常识。我们不需要一本规则手册。如果你做得对，好事就会发生；如果你做错了，就要为相应后果负责，包括被解雇。这个故事，以及由此产生的新短语，成了我和同侪们的一种自我监督机制。如果我们中有人说了或做了稍微可疑的事情，他们很快就会收到来自其他人的审视和警告："小心，天才。再这么做，你就会'被波尔克了'。"

正如在本章开头大卫·阿姆斯特朗所说，很少有人真正阅读过公司政策手册。手册的目的在于确定公司行为的合法性。如果公司被起诉"非法解雇违反规定的员工"，公司律师可以拿出政策手册，在陪审团面前引用该员工违反的条款。但是，如果你的目标是让员工们从一开始就不违反规则，那么政策手册对你的帮助就微乎其微了，因为没有人会阅读它。

那么，员工如何学习组织规则呢？一种方法是通过自身的行为和经验。如果他们因为某件事受到惩罚，他们就学会了不再那样做。因为这种行为肯定违反了规定，不管是不是成文的。如果他们得到奖励，他们则会继续。但是没有人可以参透所有的规则。因此，人们学习规则的主要方式是通过他们听到的故事——关于那些违反规则并获得惩戒的人，以及那些遵从规则并且得到奖励的人。所以，除了法律需要的政策手册，你真正需要的是一些好故事。在上一个故事中，有人违反了规则并付出了代价。不过，积极的故事也可以产生积极的效果。下面的故事来自一家历史悠久的、备受尊敬的美国公司。

莎拉·马修（Sara Mathew）于 2001 年 8 月加入了邓白氏公司（Dun & Bradstreet），担任首席财务官一职。不到一年后，公司的销售预测出现了轻微下降。但自从她来后，公司并没有任何明显的改变。那么为什么销售预测会下降呢？答案就在一些神秘的会计规则中。

作为首席财务官，萨拉上任的第一步行动是组建了一个新的财务团队，这样她就可以确保财务报告是严格按制度完成的。由于该行业的交易比较复杂，有好几种会计方法可以选择。找出最好的会计方法不仅过程复杂，还要取决于具体情况。如果政府监管机构进行规则上的调整，财务计算方式也会随之改变。显然，莎拉的新团队使用的方法比其他的要慢一些。因此，销售预测有所下降。但这让萨拉很好奇。她确信她的方法是正确的。所以她让她的团队研究了公司过去使用的方法。结果，他们发现了一些使用了错误方法的项目。其中一些问题要追溯到近 10 年前——这绝不是一位刚刚上任不久的首席财务官想看到的。

莎拉知道，公司不得不重述财务状况。这意味着要更正过去报告中的所有不当收入和利润，将涉及数百万美元。而且，这件事发生在最糟糕的时候。就在几个月前，由于财务造假，安然公司申请了历史上最大的破产案。

莎拉直接找到了首席执行官。

她还记得首席执行官听到这个消息时脸上的错愕："重述！就像安然公司的重述？"

"是的，"莎拉回应道，"就像安然的重述。但我不认为我们是财务造假，我们只是出了些错误。在进行彻底调查之前，我无法确定会涉及多少钱。"

"这需要多长时间？"首席执行官问道。

莎拉心想："见鬼，我才不知道要多长时间。我以前从来没碰到过这种情况。"然而，从她嘴中说出来的是："我们的下一个盈利报告将在六周内发布。到时候我会把它做完的。"当时，她还不知道，这种规模的重述从没有在六个月内完成过。

随着工作的开展，莎拉开始担心问题的规模。她希望这是个小而无关紧要的问题，不会引起华尔街的负面反应。当然，她也担心问题会严重到影响公司股价。

在这种情况下，领导者有三种应对方式。选项一是忽略问题。毕竟，他们现在使用的是正确的会计方法。可能并不会有人发现过去的错误。选项二是继续重述工作，但当问题大到华尔街无法忽视时，就立刻停止。对于邓白氏这种规模的公司来说，这个数字大约是 5000 万美元。选项三是完成所有工作，不去考虑问题的大小。不计后果，一做到底。莎拉选择了第三个选项。

她的财务团队夜以继日地工作，终于在承诺的 6 周内完成了这项工作。随着下个季度的利润发布，邓白氏公司调整了 10 年内的收入数据。调整金额达到了 1.5 亿美元，但并未发现作假行为。尽管数额巨大，但公司股价稳定。重述规模之大和宣布速度之快，这些让华尔街确信，邓白氏公司没有任何不可告人的秘密。莎拉和她的团队因在创纪录的时间内完成重述而获得了赞誉及金钱奖励，这种方式让投资者对公司及其管理层充满了信心。

莎拉和财务团队的行动定义了邓白氏公司财务部门的行为准则。公司会计政策由美国财务会计准则委员会编写的规则手册定义。但是，邓白氏公司如何遵循这些政策，则是由公司首席财务官定义——即使她离开，这一原则仍将继续。

今天，莎拉已经成为邓白氏公司的首席执行官兼董事长。她通过分享这个故事，帮助员工们在了解会计政策的同时，也了解到它的行为准则。做正确的事会得到邓白氏公司的奖励，这是一项莎拉相信自己无须重述的公司政策。

◇ ◇ ◇

到目前为止，本章的前提是你需要故事帮助你设立公司政策——因为没有人会去阅读公司政策手册。但还有另一个可能更重要的原因。规则往往会导致意想不到的后果，有时它造成的损害比它预防的还要大。故事则很少会这样。下面的故事向我们讲述了规则的反作用性。

在英国白金汉郡的 Circulus 公司担任财务主管顾问和教练之前，菲尔·伦肖（Phil Renshaw）曾在银行和公司财务部门工作了17年。他十分了解临时创建规则的缺点。他最喜欢的反面案例之一是：让高级管理者亲自审批所有开支，公司认为这是减少开支的好方法。当然，这种做法可能会成功地减少开支。但并不意味着这是个好主意。

根据菲尔的经验，事情通常会这样发展：一家公司刚刚进入该财年的最后一个财务季度，但是他们离预定的盈利目标还差了不少。为了省钱，公司设定了一条临时规则：高级管理人员，如副总裁，必须亲自审批所有开支，无论数额有多么小。这条公司政策带来了一系列荒谬的结果。一名副总裁手下可能有数百名，甚至数千名员工。亲自审批所有费用每天需花费数小时，这会大大降低副总裁投入本职工作上的时间和精力。他试着坚持了几天、几周，但他的工作效率已经大打折扣——这是第一个荒谬的结果。最后，副总裁将任务委托给了一名管理员——这是第二个荒谬的结果：开支审批现在委托给了一名不具备审查资格的管理者，而不是在新规则出现之前一直负责该工作的专业管理者。

第三个也是最糟糕的结果是，这条规则剥夺了中层管理者保持组织高效和积极性的能力。例如，上个星期，3名员工一直在为一个紧急项目奋斗，他们每天工作15小时，并以破纪录的时间完成了该项目。一天晚上10点，项目终于完成并提交，经理想带这些员工出去吃顿饭以示感谢。然后，她想起了新规则。现在只有副总裁才能批准餐费。想要报销这餐餐费，她需要对副总裁进行一番冗长的解释，而且副总裁可能并不会批准。经理决定不去冒这个险，她只是简单地感谢了员工们的辛勤工作，然后让他们回了家。公司省钱了，但代价是什么？员工们士气低落，经理的信誉也受到了损害。菲尔的建议是，如果你不相信你的经理会做出正确的决定，那就不要雇用他们。相反，他建议公司将季度成本或利润要求嵌入绩效激励中，比如奖金、期权，甚至是额外的休息日。然后让管理者们自行决定哪些费用值得花，哪些不值得花。你同样会达到你的收益目标，而且不会出现这一系列荒谬的后果。

如果你正在考虑制定新的规则，你首先要考虑是否会出现计划外的后果。

问问你自己，菲尔·伦肖会如何看待你的规则。如果你恰好是高层管理者们有害规定的无辜受害者，你要给他们讲讲菲尔的故事，这或许能让他们重新考虑一下。

◇　**总结和练习**　◇

1. 政策手册无法控制组织内的行为。行为是由奖励或惩罚决定的，哪怕相应规则的最初原因早已被遗忘——就像笼子里的猴子一样。

2. 没有人可以参透所有的规则。他们通过他人的故事——行为及其奖惩——进行学习。你要确保组织内的故事对你希望的行为有强化作用。你应该有正面的故事（邓白氏公司的财务重述）以及负面的故事（"被波尔克了"）。

3. 规则会导致意想不到的后果。当你想要推行新的规则时，想想菲尔·伦肖的费用审批故事。你可以用讲故事代替新的规则。

4. 如果你的老板想要推行一项有害的规定，给他讲讲菲尔的故事。你的老板或许会重新考虑一下。

第十二章　故事创作技巧：从抽象到具体

"我们说的很多话听起来很专业，让人眼花缭乱，但实际上它们与听众的距离很远。"

——琼·刘易斯（Joan Lewis），
宝洁公司全球消费者和市场知识官

市场营销界普遍认为，如果你面向所有人设计你的产品或服务，结果是你不会有客户。你做出了一系列的妥协，却没有取悦任何人。因此，从理论上讲，你应该选择客户群的一个子集来设计你的产品。如果你选择得好，你将拥有一个足够小的群体，这个群体的需求很容易被识别和理解，他们会成为你业务的最大潜力。在行业术语中，这被称为**"市场细分"**，是宝洁对其自有品牌的定位基础，也是它为零售合作伙伴们提供顾客服务的建议。

许多零售商很快就接受了市场细分这一想法。另一些则认为这是一个外来概念，很难理解。为了帮助这些人理解这一概念，宝洁公司会使用最简单的市场细分模型作为切入点——他们称之为高潜力顾客。这一细分模型基于经典的帕累托法则（Pareto principle，又称为"二八法则"）。研究表明，在任何一家商店，都是20%~30%的购物者贡献了70%~80%的购物额。如果你想围绕某个群体设计你的商店，从这个群体开始肯定错不了。许多零售客户很快就采用了这种细分模型，因为它难以置信的实用和简单。

但还是有些人不肯相信，无论怎么解释都不行。但加拿大的宝洁团队一直在研究如何化解这些抵抗。

在对一位大零售客户的最后一次沟通尝试中，宝洁团队拿出了他们以前多次提出的相同论点，并做了一个简单的改变。消费者研究经理莫妮卡·简布罗薇克（Monika Jambrovic）删除了"高潜力顾客"这个模糊的标签。取而代之的是一个名为"丽莎"的女性名字和一张女性照片。她把"高潜力顾客"这一抽象概念具体化了。

她把"高潜力顾客"的人口学统计数据及其态度看法都放在了丽莎身上。实际上，他们使用的演示材料和以前几乎一模一样，只是把所有"高潜力顾客"的文字都替换成了"丽莎"，外加一张普通的加拿大妇女的照片。

他们获得了巨大的成功！零售商的管理层立即接受了这个想法，并开始使用"丽莎"作为他们的主要设计目标。在那之后，只要宝洁有其他建议——更重要的是，当零售商有新想法的时候——他们都会来宝洁询问："丽莎会怎么想？"

这说明他们完全采纳了"围绕特定目标客户进行设计"的想法。这一切都要归功于莫妮卡使用具体形象代替了抽象概念。

在商业世界中，我们经常被教导要将我们的想法"逐步提升"到最高层次。这可以让我们的想法"更大"，因为我们可以将它们应用于更广泛的环境中。如果你还处于形成自己想法的过程中，那么这是一个很好的建议，可以让你看到这个想法的最大潜力。但是，当你与他人交流时，这个建议则会让你的想法变得更加抽象，让你的听众们一头雾水。

使用具体的、正确的术语描述你的想法总是会更有效，原因有两个。第一，它可以帮助人们更容易地理解你的想法。毕竟，当人们在理解一个复杂的想法上遇到困难时（你已经解释了好几分钟），他们会怎么做？他们会要求你举例示范。随着你对示例的讲述，他们的眼睛会越睁越大，好像一束光射进了他们的大脑。你已经解释了所有的抽象理论，此时，你的举例会让他们瞬间融会贯通。对于消息接收者来说，在抽象概念中挣扎是件令人沮丧的事。在一番痛苦的理解过程后得到一个非常简单的示例，有时甚至会引起听众的反感，比如，"为什么你不一开始就这么说？"如果你先给他们示例，他们的理解速度可能更快，因为这个示例就是你抽象想法的具体化版本。

第二，具体化可以帮助人们把你的想法应用到自己的处境中。"如果这就是某某使用这个想法的方式，那么如果我在这里进行一些微小改变，它可能对我同样有效。"如果你不知道从哪里开始，将抽象想法应用到个人情况中是很困难的——而具体示例给了人们开始的起点。

◇ ◇ ◇

说到将抽象概念具体化的巨大力量，这里还有另一个更具说服力的案例。这个故事发生在美国一家顶级零售商身上。与加拿大的宝洁团队案例不同，这家零售商一直是业内市场细分领域最重要的实践者。

2006 年，这家零售商向宝洁公司寻求研究帮助，目标是他们最重要的市场细分领域："成功的妈妈"。这是一个阿尔法性格（雄心勃勃、脾气暴躁、干练利索、性格外向）的女性，她对待家庭事务与经营企业一样认真。

宝洁的研究人员汇编了大量的资料，准备面对这家零售商的管理层团队进行一场大型汇报演讲。但是，宝洁的团队负责人迈克·拉塞尔（Mike Russell）决定放弃传统的汇报方式（幻灯片演示及精心设计的流程），他打算尝试一些不同的方法。在汇报开始时，他在会议室中央放了一把椅子——他请来了一位"成功的妈妈"。坐在椅子上的是宝洁公司的营销总监朱莉·沃克（Julie Walker）。

朱莉本身就是位成功的妈妈。她搜集了大量的、精确契合其个人情况的市场细分问题。然后，她还吸收了调查团队围绕"成功的妈妈"获得的所有研究成果——所有那些他们本应在幻灯片演示环节中倾倒给听众们的火爆内容。但客户们都认识她，她是宝洁公司的营销总监朱莉·沃克。宝洁团队用以下问题对客户进行不断引导："你们想问她什么？"

起初大家都很迟疑，问题提出得很慢，但他们很快就进入了轨道。"你多久到我们的商店购物一次？你在我们这里买了什么？你还会去哪里购物？你在他们那里买了什么？你为什么不在我们店里购买这些东西？"朱莉则详细地回答了这些问题。有时候答案来自研究，有时候是她的个人想法。但是她每回答一个问题，客户的痴迷度都会增加一分，他们不放过她回答中的每一句话、每一件事。

当会议结束时，他们对"成功的妈妈"有了深刻的理解，比他们来之前所期望的要彻底得多。迈克冒险使用了这个不同寻常的演示技巧。它起作用了，而且是难以置信的好。他们想让零售商的经理们询问他们感兴趣的问题，而不是宝洁想要他们询问的问题。零售商的管理团队参与了整个发现过程。最重要的是，他们面对面地与自己的目标客户进行了交流。"成功的妈妈"是个抽象概念，但朱莉·沃克很具体。

这家零售商十分专注于"成功的妈妈"和其他细分市场，并围绕它们重新组建了管理结构。它为每个目标细分市场都创建了一个高级副总裁职位，所有负责相应细分市场产品线的营销人员都被划分到这些高级副总裁旗下，直接向这些高级副总裁汇报。这可能是一家企业对客户细分策略最认真的投入。

你认为他们想聘用谁担任"成功妈妈"细分市场的高级副总裁？当然是朱莉·沃克。在高层管理者的心目中，她已成为"成功妈妈"的化身。非朱莉不可。身为一名出色的营销专家，一名完美的战略制定者，这并不是朱莉第一次被邀请离开宝洁，去这家零售商那里工作。过去她都礼貌地回绝了这些邀请，零售商也尊重她的选择。但这次完全不同了，因为只有朱莉·沃克能胜任这项工作，其他人完全不予考虑。

几次邀请无果后，这家零售商的首席执行官甚至联系了宝洁的首席执行官雷富礼先生，请求临时"借调"朱莉帮助他们启动这个部门，他们随后再寻找其他人替代她。经过一系列协商，宝洁公司终于投降了。朱莉会担任"成功妈妈"部门的高级副总裁6个月。

正如迈克·拉塞尔的直觉所示，具体化可以让你的观点更真实，更容易被理解，更加有吸引力。而朱莉·沃克的经历告诉我们，它也可以帮你找到一份新的好工作。

前面两个故事教导我们，你总是可以把那些抽象的东西变成具体的东西。丽莎的故事表明，你可以把抽象的术语（"高潜力顾客"）变成具体的词汇（"丽莎"）。朱莉·沃克的故事展示了如何把整个活动（如信息的展示）变成具体的交流（对一个真实人物的访谈）。当有疑问时，你要保持真实。

幸运的是，讲故事本身就是一种具体的活动。你无法讲述一个模糊的、概括的故事；只有抽象的概念、想法和术语可以让你这么做，但这些都不是故事。故事必须是关于特定人和特定事件的。在第一章中，为了让大家了解如何设立未来愿景，我讲了一家造纸公司的发展故事——我既没有笼统地讲述未来愿景的设立要点，也没有笼统地讲述这家造纸公司的历史——我讲了一个诺基亚如何从一家造纸公司成长为一家国际通信巨头的具体故事。在第三章中，我们讲述了特朗·阿明的故事——不是一个关于"如何将坏消息转化为公司变革动力"的一般性讨论。这是一个具体的故事，讲述了他如何使用一篇关于公司的负面文章来激励他的团队实现组织变革。讲一个支持你想法的故事，这是让你的想法更真实的第一步。

◇ ◇ ◇

现在让我们再来看几个例子，学习如何利用语言、隐喻和坦诚的行动，把已经是真实的故事变得更加真实。

许多年轻的研究人员（以及一些年长的研究人员）会兴奋地向他们的非研究型业务伙伴讲述自己计划进行的"人种学研究""态度研究"，或者上个月刚刚完成的"行为分析"。但是，如果不进行一番解释，他们的听众可能会对这些专业术语一头雾水不知所云。

和其他人一样，我们都希望身边人认为我们很聪明。因此，我们会抛出一系列专业术语或者行业用语，让自己显得与众不同。这么做有时的确有效果。所以，如果你的目标只是让你的听众觉得你很聪明，那就尽情使用这些廉价词汇吧。

但如果你的目标是让他人理解自己，那就不要使用这种语言。你可以使用更清晰易懂的词语。不要说什么"人种学研究""行为分析"，告诉他们你打算"观察人们的行动"并"计算他们购买的商品"。不要说"态度研究"，告诉他们你会"询问人们的想法"。

用你故事中的想法来打动你的听众，而不是用你的词汇。

下表将抽象表达与具体表达进行了比较。左侧可能是你的沟通目的，右侧则是实现这一目的的具体行为（之一）。

抽象	具体
让你的听众了解摩洛哥农村的消费条件	让他们和一个贫穷的摩洛哥家庭一起生活一周
告诉你的听众，许多美国人每周的可自由支配收入不到 100 美元	让他们为自己做一个只有 100 美元的一周生活预算
教导他们阅读公司损益表的原理	让他们根据自己的会计记录进行计算、学习
听某人解释某个新事件	向别人解释这一新事件

让我们通过两个真实的故事，了解以上工具的具体应用。其中一个来自 20 世纪 90 年代最受欢迎的美国律师事务所。另一个则涉及很多人在创业初期会遇到的最大挑战——发不出工资。你要注意这两个故事中的"具体化语言"的应用。

成为法庭陪审员，有点像在不知道规则的情况下当篮球比赛的记分员。罚球和 3 米跳投分数一样吗？最后一秒的半场外投篮计分吗？假如你是场上某队的教练，面对这名不知所措的记分员，你要如何解释场上的行为，才能让你的球队获得正确的分数，并获得最终的胜利呢？

杰瑞·琼斯 (Jerry Jones) 就是使用这样的方式与陪审员们交流，帮助委托人获得最好判决结果的。杰瑞在阿肯色州小石城的罗斯律师事务所做了 20 年的律师，曾与希拉里·克林顿 (Hillary Clinton) 和文斯·福斯特 (Vince Foster) 等著名合伙人一起工作。他说，在所有证词和结案陈述完成之前，法官通常不会向陪审团发出指示；即便发出，这些指示仍然留给陪审团很大的自由裁量权。最后陪审团会退入陪审室，表决并计算比分。所以，杰瑞总是在开场词中向陪审团解释计分的规则，这一招很管用。

像所有的优秀法庭律师一样，杰瑞也是一名经验丰富的故事讲述者。他会巧妙地运用隐喻和具体示例让自己的信息更加清晰、引人注意。比如，杰瑞经历过一个特殊的案例，当时他代表原告处理一起合同违约案件。一家价值数百万美元的公司违反了与客户（一家规模小得多的公司）签订的特许经营协议，造成了杰瑞客户的收入损失。陪审团的看法有利于他的委托人，但最后他们还要决定这家大公司要赔多少钱给他的委托人。除了实际发生的损失外，杰里还就对方的恶意违约行为提出了惩罚性赔偿。这就是得分的地方：这家公司应支付的惩罚性赔偿金额（很大程度上）由陪审团决定。杰瑞需要告诉陪审团成员们一种公平的，但也不会对被告造成太大损害的计算方式。所以杰瑞给他们讲了一个他们深有体会的故事。

"你们还记得几年前的那场暴风雪吗？"杰瑞问道，"雪下了有5英寸厚，我想。"陪审团成员们都点了点头。阿肯色州下雪次数不是很多，所以对这场暴雪大家都还记忆犹新。"很好，那你们肯定记得有很多人无法离开家去上班或上学，这种情况整整持续了5天。"陪审团成员们的头点得更厉害了。"是的，这几天的日子很难过。但经过这场灾难，我们也变聪明了些。因为下一次天气预报说要下大雪时，你们都做了什么？你们储备食物、水和电池，甚至有人还弄了一台发电机，不是吗？

"嗯，我们想对这家公司做同样的事。我们不想罚到他们破产。我们只想让他们记住今天的教训，以后不会再重蹈覆辙。根据他们的年度报告，现在他们每天的利润约为20万美元。所以，如果像我们几年前经历的那样，因为5英寸厚的雪在家里待5天的话，他们的损失就是100万美元。同样的，一场10英寸厚的暴雪可能让他们损失200万美元。你们的工作就是决定下多少雪。我相信你们会选择一个合理的数字。"

杰瑞希望陪审团能判罚对方一到两个星期的利润。这就是他们要做的。

暴风雪和被困家里的时间是一个很好的隐喻，它帮助陪审团理解了惩罚性赔偿的价值以及对被告的教训。通过公司总体利润计算每日利润，让这些数字更加真实易懂，而且这还与陪审团成员们的日常生活相关（特别是联系到暴风雪的经历时）。整个故事都围绕着这一点展开，这种描述工具的组合在杰瑞手中非常有效。通过这些工具，他引导了陪审团如何计分。他的球队最后也确实赢得了比赛。

◇ ◇ ◇

我们的第二个故事可以追溯到互联网的出现及快速成长期，它波及了所有类型的企业家，有些赚得盆满钵满，有些则黯然离场。安德鲁·穆尔菲尔德（Andrew Moorfield）就是其中之一。

1999 年，安德鲁已经在银行和企业融资领域工作了 10 年（如花旗银行，帝亚吉欧等公司）。但是，网络革命带来的机遇浪潮太大了，这让很多有奇思妙想的人无法抗拒。安德鲁也是个有奇思妙想的人。2000 年 6 月，他辞职创办了 bfinance.co.uk，一个总部位于伦敦的小型企业在线贷款平台。"当时，我既兴奋又恐惧。"他说。和许多小型初创公司一样，他有时会陷入迷茫，不知道公司是否能获得成功。现金流就是一切；有时，他们手里的钱还不够支付账单。

"第一次发不出工资时，情况最糟糕。"安德鲁解释说，"我必须决定哪些员工可以拿到报酬，哪些拿不到，这让我心力交瘁。"经历过大公司培训的领导者，此时会使用一种来自企业律师的委婉技巧。首先，秘密决定每个员工应得的报酬。然后私下里与每一名员工进行一对一交流，解释在现金流改善之前对方会被扣发的工资数额。重要的是，绝不泄露其他员工的所得数额。但是老板通过眨眼点头，让员工们相信自己的收入超过了整体平均水平。但这种秘密感反而会引起员工们的怀疑：我的收入不会比别人都少吧！最后，公司里充斥着怀疑和嫉妒，信任感荡然无存。

对 bfinance 员工来说幸运的是，安德鲁并没有这么做。相反，他把所有 25 名员工拉进了会议室，残酷但诚实地解释了他们的困境。他在白板上写下一个数字说："这是我们月初的银行账户余额。"在下面，他写了几个其他的数字，并解释说："这些是我们本月预期获得的收入，以及我们为维持业务而必须支付的费用。"然后他进行了一番计算，写下了结果，然后说道，"这就是月底我们能发的工资总额。"他把可发工资总额圈了起来，然后在它右边又写了一个数字，并圈了起来，"这是你们每月应得工资的总额。"安德鲁停顿了一下，让员工们自行评估当前的严峻形势。很明显，右边的数字比左边的要大得多。他们的钱只够支付大约三分之一的工资。如果说有人可以用数字而不是文字来讲故事，那就是安德鲁了。

然后他又做了一些在大公司里不可能发生的事情。他向全部 25 名员工询问，他们认为他应该怎么做。他认为最公平的做法是付给每个人三分之一的工资。但是团队给了他一个不同的建议。他们认为最好的办法是给三分之一的员工发放足额工资，另三分之二则一分不拿。安德鲁吓坏了。他怎么可能决定哪些员工能拿到工资，哪些不能？但团队向他提出了第二个令他惊讶的建议：他们会自行决定谁拿谁不拿。他们的判断标准很简单：看谁最需要钱，谁可以等上一两个月。于是，安德鲁离开了会议室，让团队自行讨论。当他们做出决定时，安德鲁得到了当天的第三个惊喜。名单上得到当月足额报酬的那些人，与他的预期大不相同。他认为薪水较低的年轻雇员处境更困难。但团队决定，让那些年纪更大的人拿全额工资——那些拖家带口的、有贷款需要偿还的人，他们经济上的需求更迫切。年轻人则可以继续和父母住在一起，或者选择更便宜的公寓，毕竟他们没有家人需要养活。他们自愿将机会留给他人。

安德鲁感谢他们的理解和合作。他尊重团队的决定，并支付了相应的薪水。

安德鲁从这次经历中学到了宝贵的一课：当进行一个注定要让人们失望的决策时，你需要做两件事。首先，开诚布公地告诉他们真实情况。详细地列出所有事实和数据。不要隐藏，也不要用含混不清、晦涩难懂的术语来描述，否则听起来会是这样的："不幸的是，公司目前的财务状况要求我们在一段不确定的时间内调整员工的工资和福利。管理层将与每位员工单独会面，并确定所需的适当临时调整。公司资产负债表的关键指标一旦回归正常后，员工们的薪酬也将恢复正常水平。"就像前面故事中所避免的法律术语一样，这种企业用语传递的也是一个又一个模糊的抽象概念。我们究竟处于怎样的财务状况？究竟要对我们的工资进行怎样的"调整"——加薪还是降薪？如何确定这些调整是适当的？我有发言权吗？为了获取足额薪水，资产负债表哪些指标必须回归正常值？

公司发言人有时更喜欢这种模糊的讲话方法。如果公司做了一些与这一计划不同的事，员工们很难，或者说根本不可能证明他们没有遵循原计划，因为原计划根本就没有任何具体内容。这让公司免于法律的约束。但不幸的是，对员工们来说，这些话语毫无真实性可言，这会让他们更加沮丧，进而产生不信任感。对 bfinance 的员工来说幸运的是，安德鲁·穆尔菲尔德和他们一样不喜欢这些鬼话。

安德鲁学到的第二件事是询问受影响的各方：如果将决定权交给他们，他们会怎么做？在安德鲁的故事中，他们提出了一个他永远无法想到的解决方案。但即使没有发生这种情况，当他们把自己放在你的位置上，并且掌握了所有真实情况时，十次里有九次他们可能会做出和你一样的决定。此时，无论是你做出决定，还是他们接受决定，都会容易得多。

安德鲁的创业最终获得了成功。自成立第一年以来，公司的所有权发生了两次变化。此后，安德鲁又回到了稳定的银行业，现在他是伦敦劳埃德银行（Lloyds Bank）的常务董事。但 bfinance.co.uk 仍在事业的上升期。今天，它是欧洲最大的资产管理服务提供商之一。当团队中有人面临艰难抉择，或需要向客户传递坏消息时，安德鲁就会分享这个故事。很少有人会经历过这样的艰难抉择：给哪些员工发工资，哪些员工暂时不发。安德鲁的故事让他们几乎直接体验到了这一情景，并从中学到了宝贵课程。对于一名银行家来说，向客户解释暂时无法批准对方申请的贷款或信贷额度，也是件同等困难的事情。不过按照他的方法，客户更愿意接受这一消息，因为他们很满意对实际情况的了解，也很欣赏银行家开诚布公的态度。因此，他们仍然是劳埃德银行忠诚的客户，而安德鲁·穆尔菲尔德从不需要决定要暂扣哪些员工的工资。

◇ **总结和练习** ◇

1. 具体的想法比抽象的想法更令人难忘。如果你有一个抽象的想法，那就用一个具体的示例来解释它。讲故事本身就是一种具体的活动。你无法讲述一个模糊的、概括的故事，只有抽象的概念、想法和术语可以让你这么做。故事必须是关于特定的人和事件的。

示例：诺基亚的故事（第一章）；关于 Bounty 的《商业周刊》文章（第三章）；高潜力顾客"丽莎"；朱莉·沃克，成功的妈妈。

2. 避免使用听众们可能不懂的技术术语。

3. 把数字或事件与你的听众们联系起来——通过他们日常生活中的事物，例如法庭上的暴风雪。

4. 面对艰难抉择或事务时，一定要坦诚。避免现今很多管理者会使用的空话、套话。

第十三章　故事创作技巧：故事风格和讲述技巧

"你要怎么讲故事？充满激情。"

——大卫·阿姆斯特朗，

《通过故事进行管理》（*Managing by Storying Around*）

没有什么比19世纪浪漫小说中的过度描写更能让商务人士云里雾里了："那是迪拜的一个8月，中午的酷热像热蜡一样从屋顶上滴落下来。空气中的压抑，和当地人民的绝望一样浓郁。"

同样蜷缩在自己最舒服的老板椅上，但这样的文字他们更希望出现在晚上9点的睡前读物里，而不是在早晨9点的会议室内，或者是工作邮件和备忘录里。"哦，求求你！直截了当点儿好吗！"他们会这么想，甚至会无意中说出来。

这并不意味着忙碌的高管们无法阅读故事，前提是他们可以阅读。吸引他们阅读的工作文字与业余读物是完全不同的。在办公室里，最重要的是可以点明故事主题的简洁语言，而不是华丽的修辞技法。在本章中，我们将花费大量时间来定义、学习什么是合适的商务写作风格。我还会分享一些经过验证的，可以将好故事变成伟大故事的写作方法。现在，让我们从文章开头开始。

伟大的开端

你应该如何开始你的故事？正如前面所言，答案绝不是一系列华丽的形容词和副词。相反，在故事刚开始时，有三种方法可以吸引商界听众们的注意。

第一种方法是惊奇。你将在第十七章学到这一点，所以我不在这里赘述了。

第二种方法是制造谜题。谜题是非常吸引人的故事元素。听众之所以保持专注，是因为他们想解决谜题。例如，在第四章关于尿布业务的故事中，一开始就提出了销售量和利润之间的奇怪关系，以及以1983年为界出现的奇怪改变。直到故事最后这个谜题才被解开。在第一章的故事中，一位女士偶然发现一个建筑工地，她想知道工人们在建造什么。作为读者，你肯定也很想知道他们在建造什么。但是和故事中的女人一样，直到故事最后你才会获得答案。谜题是伟大故事的伟大开端。在开场就提出问题，这对故事的推进来说十分重要，而且谜题保持越久越好。

第三种方法是最强大，也是最简单的方法，你已经在本书中看到很多这样的例子。吸引商界听众们注意的最好方法是快速引入一个让他们可以联系到自身的主角，并将这个主角置于一个具有挑战性的情境或困境中。其实这些只是你在第六章学习到的"背景"中的内容。介绍（与听众有联系感的）英雄（主角）、宝藏和障碍物，而且速度要快，不要在前面插入其他内容。

例如，前言开头的故事是这样开始的：在我第一次向首席执行官汇报时，我学到了一个很有价值的教训。几乎每一名商界工作者都希望或已经向首席执行官进行汇报。所以这个故事的主人公与听众们是高度相关的。挑战性情境是我犯了一个错误，听众们可以从我的错误中学习，避免自己再犯类似的错误。

在第九章，你读到了商务顾问汤姆的故事。在第一句话中，你知道他的委托人想取消他的顾问金——换句话说，解雇他。在成人世界里，恐怕没有比解雇更让人恐惧的事情了。所有人都能理解这一点。所有故事的开头都有一个与所有商界人士高度相关的主要角色，以及商界人士们通常会面临的困境。当以这种方式开始故事时，听众们会渴望听下去，希望自己能够学习应对这一困境的方式并在自己的工作中获得成功。所以他们会认真倾听。

在你编写的每一个故事中，至少要使用上述一种开场方法。

写作风格

讽刺的是，即使是天才演讲者，让他们把自己的绝妙想法变为文字时，他们也会搞得一团糟。写作的正式性会让我们搞砸整个故事。我们总是会使用长长的、充满术语的句子。这样不对。这么做的结果会和下述内容相似，这段文字讲述了两位经理获得模范绩效奖的原因。（我真不是故意搞砸的。）

"阿什丽和德纳的商业模式组合重塑并推动了一个更大、更平衡的综合战略，包括精细化、最优支持的新产品发布，以及不断增长的商业主动性和基础业务活动，从而实现了品类增量销售和投资回报的最大化。这种重新设计的投资组合解决了过去在产品研发中的一系列问题，例如每年上马 10+ 个新产品项目，且只有次优支持，无重组机会，无持续两年的媒体跟进，无基本业务支持。结果，2007 年的计划捆绑销售增长了 29%，利润增长了 109%，项目数量则大大减少。"

("Ashley and Dana's business model portfolio reinvention that drove a fewer-bigger-better-balanced-integrated strategy with boutiqued, optimally supported new launches balanced with increased commercial initiative and base business activity led to maximizing category incremental sales and return on investment. This reinvented portfolio strategy addressed opportunities such as 10+ new initiatives per year with suboptimal support, few restages, no year two sustaining media, and no base business support. As a result, 2007 initiative bundle sales were up 29 percent, profits were up 109 percent, all with fewer initiatives.")

你以前肯定见过这种文章，甚至可能写过一两次。对作者来说，这段话是完全有意义的。但读者必须多次阅读才能理解。这不是有效的沟通。你曾面对面地跟另一个人说过这种话吗？肯定没有。你的听众不会让你得逞的。他们会说你疯了，或者你是个没有大脑的机器人。想要解决这类错误，有一种最有效的方式：按照你的说话方式进行写作。

当然，这看上去有点简单，但它肯定有效。与其过于复杂和正式，不如让你的故事变得简单和非正式。让我们再把上一段文字重新编写一下：

"过去，我们每年会推出 10~20 种新产品。但大多数新产品的营销支持太少，第二年的支持甚至还要更少。所有人都认为新产品会让该品类商品不断发展。所以我们推出了太多的产品，多到我们无力去支持。与此同时，我们完全忽视了我们的基础业务。但阿什丽和德纳说服管理层尝试一种新的业务模式：他们建议加大项目规模，减少项目数量，同时为所有项目提供更多的营销支持。第二年也依旧继续，同时他们还建议重组基础业务，以此保持母公司品牌的增长。最终，他们的提议获得了成功——而且还非常好！2007 年的销售额增长了近 30%，利润翻了一番，同时项目活动大幅减少。恭喜你们，阿什丽和德纳！"

("Historically, we've launched 10 to 20 new products a year. Most had too little marketing support, and even less support in year two. Everyone thought new items kept the category growing. So we launched a lot of them—more than we could afford to support. And we neglected our base business entirely. But Ashley and Dana convinced management to try a new business model. They suggested bigger initiatives, but fewer of them; more marketing support for each, even in year two; and restages of the base business to keep the parent brand growing as well. And it worked— amazingly well! Sales in 2007 were up almost 30 percent and profits doubled, all with fewer initiatives. Congratulations, Ashley and Dana!")

现在，你们对阿什丽和德纳的获奖原因有了更好的了解吗？为什么第二版比第一版更好？首先，我的重写是按照背景、行动、结果的故事结构进行的。注意，第一个版本是从行动开始的——阿什丽和德纳的工作，"阿什丽和德纳的商业模式组合重塑并推动了……"；然后才带入背景——在阿什丽和德纳行动之前的情况，"这种重新设计的投资组合解决了……"；最后公布结果。

我的版本则将背景放在了最恰当的位置——开场，"过去，我们每年会推出10~20 种新产品……"；然后我再继续描写阿什丽和德纳的行动，"但阿什丽和德纳说服管理层尝试一种新的业务模式……"；最后公布结果。

我做的第二件事是，在编写时"好像和某人对话一样"。这就是我面对某人，解释阿什丽和德纳为什么会获得这一奖项时会说的话。为了理解这一点，让我们来看看大多数人的写作方式和说话方式之间的区别。这里的"说话方式"，是指人们在最佳状态下的表达，一个轻松的、深思熟虑的谈话。而不是仓促的、漫无边际的独白，也不是紧张的"嗯""那个"。良好的言语表达会使用以下策略：

1. 短句。最初版的"阿什丽和德纳"中，平均每句话 27 个英文单词。修正后的版本平均每句话小于 13 个单词。大多数专家建议每句话使用 15~18 个单词，这样的商业文章效果最好。如果你的句子多于这一数字，可以把它分为两个小句子。

2. 更简短的词语。与写作相比，我们说话时更倾向于使用发音不那么引人注意的词语。因此，写作时你必须多加注意，不要让那些晦涩难懂或不常出现的词语溜进来。那些会把听众们注意力吸引到自己身上的单词，会对故事讲述产生负面效果。它们分散了读者对故事的注意力。多用一个或两个音节的词。三个或三个以上音节的词不应超过 15%。最初版的"阿什丽和德纳"中有 83 个单词，其中 21 个是"大单词"，占比 25%。修正后的版本只有 9% 的"大单词"。正如民意调查专家弗兰克·伦茨（Frank Luntz）所说："避免使用那些人们要查字典才理解的词，因为大多数人不会去查字典。"

3. 主动语态。在谈话中，你不会说"合同是牛顿公司赢得的"，你会说"牛顿公司赢得了合同"。大多数人在写作中都会使用前者。第一个句子是被动语态。第二个句子是主动语态。在主动语态中，是主语在进行行动。在第二个句子中，"牛顿公司"是主语，"赢"是行动。在被动语态中，主语被动接受行动。在被动语态的句子中，"合同"是主语，"被赢得"的行动是被动发生在它身上的。

被动语态使你的文章听起来有些做作，不自然。例如，在下面的句子中有三个被动短语："这件事没有被董事会忽略，因为建议没有被最高管理层认同，因此他们的建议没有被批准。"（It did not go unnoticed by the board that the recommendation lacked top management support, and therefore, their approval was withheld.）将其转换为主动语态，再进行比较。"董事会注意到最高管理层不支持这项建议，所以他们拒绝了。"（"The board noticed top management didn't support the recommendation, so they rejected it."）主动语态句更直接、更自然，传达的信息相同，字数却减少 38%。在你的文章中，90% 以上的句子都应该是主动语态。这本书 95% 的句子都是主动语态的。

4. 动词尽早出现。回去读一读英文第一版"阿什丽和德纳"中的第一句话。你必须经历 32 个单词，然后才能读到动词！这让人十分痛苦，因为你必须将 31 个词保存在短期记忆中，猜测它们会发生什么事。将这句话与英文修正版中的第一句进行比较。在修正版中，第一句话的第二个词就是动词。实际上，前三个句子的动词都在第二个或第三个单词中出现。如果你的动词出现在句子的中间或结尾，你要将它们向前移动。你的观众会感激你的。

这些方法其实并不新鲜。你在经典写作指导书籍中都能找到类似技巧，比如斯特伦克和怀特（Strunk & White）的《风格的要素》（*Elements of Style*），以及《读者文摘》（*Reader's Digest*) 的《写作、会话要诀》（*Write Better, Speak Better*）。那为什么我要在这里重复这些内容呢？因为没有多少商业领导者会阅读这些书——可能有 20 年了吧。不管怎样，它们都值得重复。如果你想获得短小、现代的商务写作风格，我推荐汤姆·桑特（Tom Sant）的《成功之语》（*The Language of Success*）。

有没有更简单的字数计算方法，可以帮助我们了解自己文章的可读性？当然有！一些文字处理软件可以计算文章的平均句子长度，及被动语态的使用次数。更有用的是，有些软件还可以给出文章的可读性评分。例如，微软的 Word 可以自动计算文章的弗莱士 - 金凯德（Flesch-Kincaid）可读性等级。[在拼写和语法检查选项中，选择"拼写和语法"及"显示可读性统计信息"，运行拼写和语法检查后，将弹出一个可读性报告的窗口。警告：在本文撰写时，有些版本的可读性等级计算存在缺陷。当得分超过 12 分时，可读性报告得分只显示 12。如果你遇到了这一情况，请使用"弗莱士易读度"（Flesch Readability Ease）分数代替。它的范围从 0（几乎无法阅读）~100（非常容易阅读）。争取获得 60 或更高的分数。] 这个程序会计算出你的句子有多长，文章中有多少"大单词"。

更多的"大单词"，冗长而复杂的句子，这些都会让文章获得更高"等级"。但与学校考试不同，这里的高分并不是好事。这里的分数与文章中的思想和智慧无关，它只反映出作者写作风格的复杂性。所以高分并不意味着你很聪明，只意味着你是个糟糕的作家。

相比之下，《华尔街日报》和《纽约时报》的文章得分通常在8~10之间。对于有效的商务沟通而言，这样的得分刚好。像约翰·格里沙姆（John Grisham）和汤姆·克兰西（Tom Clancy）这样的流行小说作家，他们的作品得分通常为7~8，这也是他们的书如此畅销的原因之一。你正在读的这本书，得分为8。

不幸的是，许多商业人士的文章得分为12~15，它们太复杂了。你应该让你的读者能轻松愉快地阅读你的作品。阅读不应该成为难事。你要帮助他们节省脑力，去思考你想法的意义和影响。不要让他们浪费时间来琢磨你的语法。作为示例的第一版"阿什丽的德纳"，得分为21。修正后的版本得分为8。一般来说，分数超过15的文章是无法阅读的。超过20的文章，要么咄咄逼人，要么杂乱无章。

对于那些无法使用电脑软件计算可读性评分的人来说，还有一种由美国军队提出的简单方法。在《陆军领导者高效写作》（*Effective Writing for Army Leaders*）手册中，有一个"清晰度指数"规则，具体内容如下：计算所有句子的平均字数——目标是在15左右；然后计算多音节词（包含三个及三个以上元音或汉字）的整体占比——目标是15%；把这两个数字加在一起，就得到了清晰度指数。最佳得分是在30左右。20分以下的文章过于生硬，40分以上的文章则很难理解。

最后还有一条在口语中不太明显的建议：简洁。斯特伦克和怀特经常提到简洁，即尽可能"去除不必要的词"。这意味着如果用一个短语可以说明白，就不要使用一个句子；如果用一个词可以说明白，就不要使用一个短语。

对于这点，我最喜欢的例子来自我的大学室友艾德·坦圭（Ed Tanguay）。有一次，他在收听大学城的地方电台时，忽然大笑起来。我只听到了电台在像平常一样播报天气预报，于是问他为什么笑得这么开心。

艾德回答说："你知道那个家伙是怎么报天气预报的吗？他说：'康威镇中心电台播报站这里当前的气温读数是65度（华氏）。'丹佛电台的人也做了天气预报，但他们只是说'现在气温65度'，然后就又播放音乐了。"换句话说，大城市电台的主持人将20个字替换成了4个字。想想看：你为什么要说"当前的气温读数……"？听众会不会感到困惑，以为你说的是昨天的气温？为什么要说"康威镇中心电台播报站这里……"？该台的广播半径约为5英里，在这个范围内不可能出现明显的温度差。这些话都不是必要的。现在气温65度。这样就好了。

法国作家、诗人安东尼·德·圣－埃克苏佩里（Antoine de Saint-Exupéry）曾说过："设计师知道自己的作品已经完美了，不是因为没有东西可以继续添加，而是因为没有东西可以继续削减。"你也要这样对待你的文章。一次去除一点。当你无法在不破坏原意的情况下继续删减时，你的文章就完成了。加尔·雷诺兹（Garr Reynolds）在《演说之禅》（*Presentation Zen*）中讲了一个类似的印度民间故事。

维杰开了家新店，店门口挂了一块牌子："我们这里卖新鲜的鱼（鲜鱼）。"他的父亲经过时看了一眼说："'我们'这个词强调的是卖方而不是顾客，而且这个词真的没有放上的必要。"所以维杰将标牌改为了"这里卖新鲜的鱼（鲜鱼）"。

他哥哥走过来，建议将"这里"两个字删掉。这两个字的确很多余。维杰同意了，将标牌改为"卖新鲜的鱼（鲜鱼）"。

接着，他妹妹走过来，说牌子上应该只写"新鲜的鱼（鲜鱼）"。很明显，它们就是被出售的，否则它们待在这里干什么？

再后来，他的邻居过来祝贺他，并对他说，所有路人都能很容易地看出这些鱼真的很新鲜。标牌上"新鲜"这个词让人感觉鱼的品质有些隐藏的问题，欲盖弥彰。现在，标牌只剩一个字，"鱼"。

第二天，当维杰离开家前往鱼店时，他发现人们可以从很远的地方，几乎看不到标牌的地方，就闻到鱼的味道。他知道，"鱼"这个字也没必要用了。

就像生活中的大多数事情一样，"凡事都要适度"是个很好的建议。有人可能会争论，维杰是否一定要经历"从有到无"的这一系列过程。正如爱因斯坦所言："使一切尽可能简单，直到不能再简单。"在德·圣-埃克苏佩里和爱因斯坦的劝告下，维杰可能会止步于"新鲜的鱼（鲜鱼）"。这个标牌已经再简洁不过了。任何删减都会改变核心信息。你要无情地进行删减，但一定要知道什么时候停止。

◇ ◇ ◇

简洁的另一个好处是，它能让你在短时间内更容易地解释自己的想法。大家都知道，领导者级别越高，他们对某件事的关注时间就越短。这并不是说高层管理者比其他人更聪明。他们只是更忙而已。某家《财富》50强公司最近聘请了一位首席执行官。新首席执行官上任的第一周，就向很多主管提出了一对一交流的邀请，让他们分享各自部门工作的重点。主管们开始制作幻灯片，并放上他们所有的精彩项目和想法。他们准备了一小时的汇报内容，但他们都希望首席执行官会对这些内容感兴趣，然后给予他们更多的汇报时间。毕竟，在这么短的时间内，你怎么可能展示出整个部门的工作努力呢？

随后，首席执行官的助理给主管们致电安排会议时间，并告诉他们每人最多15分钟的陈述时间。大家都震惊了！

其实，讲故事不需要很长时间。本书中的大部分故事可以在2~4分钟内讲完。有些甚至不到1分钟。根据经验，我们最舒适的说话速度大约是每分钟150~180个字。所以一个500字的故事大概需要3分钟的讲述时间。

文学技巧

对话是一种可以让你的故事更吸引人的文学技巧。它对故事本身和故事讲述者都有好处。第一，它告诉听众们这是一个故事，而不是一场讲座。这是人类最自然的讲故事方式，我们从小就无师自通。你可以去听听刚刚离开幼儿园的孩子们，是如何对家长讲述自己这一天经历的，你听到的大概是这样："约翰尼说……然后简说……然后老师说……"

第二，它把对事实的枯燥叙述，变成真实人物间的交流与相互影响。人们会说出他们的想法和感受。当你在故事中引用别人的话，你就是在分享他们的想法和感受。因此，故事中的对话表达了情感。

第三，对话会吸引听众们的注意力。当你说完"然后，我的老板说……"这句话后，短暂的停顿会引起一些想法或感觉，让听众们带着预期去关注接下来的内容。

第四，它使编写故事变得容易。如果对话对你的故事很重要，那就少写一些你自己的解释。

让我们以一个新故事为例。这个故事是第十一章中莎拉·马修（当时邓白氏公司的首席财务官）故事的后续。

在6周内重述邓白氏的账目，让莎拉获得了巨大的成功感——虽然她刚刚担任首席财务官不久，但是这种成功感并没有维持多久。每年，邓白氏的所有员工都要完成一次员工满意度调查。莎拉刚刚拿到了自己部门的调查结果——她的部门是公司里满意度最低的。这是漫长的工作和坚定不移的专注力带来的代价。很快，莎拉来到了首席执行官的办公室，首席执行官很不高兴。他的开场白是："莎拉，你领导得不太好。"

当然，莎拉对调查结果也很失望。但关于围绕重述发生的所有事，她觉得这都是不可避免的。她认为最终结果证明了她的做法没有错。她的反应也表达出了这种信念。"你必须做出选择，"她问首席执行官，"你想要哪个——成功的结果，还是快乐的员工？"

首席执行官的回答简单而深刻："伟大的领导者能两者兼得。"

这些话像飞驰的火车一样撞醒了莎拉，迫使她反思自己的工作方法和对他人的影响。像大多数人一样，她也知道自己的缺点。她是一位强大的战略思想家，一位天生的问题解决者，但她也是个糟糕的倾听者。她总是直截了当，毫不犹豫。

她很坚强，要求很高，并且努力争取胜利。一旦坐上谈判桌，她就会变得很吓人。但她认为这只是她自己的一部分，也是她完成工作的必要表现。

但她的老板说服了她。她决定与员工进行几次圆桌讨论，收集大家对她领导风格的直接反馈和改进意见。这是一个痛苦的、备感羞辱的过程。但她不只是收集反馈，她还立刻接受了这些批评并采取了相应行动。两年后，她的员工满意度得分位居榜首。

今天，莎拉仍会与大家分享这个故事，教导大家身为一名学习型领导者的价值。即使是老板也需要不断学习，不管她是首席财务官、首席执行官还是董事会主席——这些都是莎拉担任过的职务。如果她身为首席财务官时没有领悟这一教训，那么她也不会有机会担任后两个职位了。

如果这段故事中没有对话，听起来会怎样？想象一下，如果在第一段结束时这样说："首席执行官给她的办公室打了电话，表达了自己对她的员工满意度调查分数的不满。"这样的效果远不如莎拉听到老板说："莎拉，你领导得不太好。"当你听到老板告诉她，她的工作做得不好时，你会把自己放在她的位置上。如果没有对话，这个故事就少了很多情感联系，其意义也会大打折扣。

同理，莎拉的回答也是如此："你想要哪个——成功的结果，还是快乐的员工？"向首席执行官提出这样的问题，真的是非常大胆。从对话中可以明显看出莎拉的不满，以及她对自己立场的坚持。这比仅仅一句话的平铺直叙——"莎拉相信快乐的员工和成功的结果两者不可兼得，所以她坚持自己的立场"——效果要好得多。

最后，首席执行官的回答简单而富有诗意："伟大的领导者能两者兼得。"与直白的叙述对比一下，"首席执行官不同意莎拉的观点，他坚持认为莎拉可以兼具两者，如果她肯尝试的话。"对话使这个故事更引人入胜，对这点还有疑问吗？

◇ ◇ ◇

另一个实用性技巧是，如果你的故事是真人真事，那就直接使用他们的名字。真实的姓名可以让你的故事更真实、更有趣，除非你需要隐藏姓名保护他们。此外，有时你的听众也会出现在故事中。人们喜欢在故事中听到自己的名字。他们会备感荣光。

最后一个重要的文学技巧是重复，这可以大大提高故事的效果。回忆一下第一章中建造大教堂的故事。当女人询问男人在做什么时，故事都重复着几乎相同的语言："……她问对方在做什么……她又问第二个男人……于是又问第三个男人。"我们可以使用更简单的方式描述这段内容："她向三个男人询问他们在做什么，他们的回答是：第一个男人说……第二个说……第三个说……"重复有助于建立故事的节奏，以及对意外结局的预期。你会在第十八章，关于三位研究人员的故事中看到同样的技巧。

正如很多父母所知，讲述重复的睡前故事和童谣可以让孩子们觉得舒服、放松。成年人欣赏重复也是出于同样的原因。不要害怕使用它。

◇ ◇ ◇

本章最后，我们要谈一谈故事讲述者的态度。我看到过太多的商务经理、高管，甚至培训师和主旨演讲人都犯过这一错误：他们在讲故事前，会先道歉或请求听众们的允许。这会大大削弱他们故事的效果。你可能听过有人这么说，"对不起，下面我要讲个个人故事，希望大家体谅。"我甚至见过一位收费的职业演讲者在演讲中数次询问："我能给你们讲个故事吗？"然后在几位观众礼貌地点头后才继续讲述。

这种语言会向听众们发出一种信号，即你这个故事的价值比不上其他的演讲内容。如果真是这样，那你应该跳过这个故事，继续解释第72张幻灯片上的要点。对你的听众来说，你的故事应该是一份珍贵的礼物。他们很幸运，因为你花费了时间和精力来编写这个故事，这样他们就可以以一种更有趣、记忆更深刻的方式学习到重要内容。领导者并不会请求员工们让他领导，直接做就可以了。所以，你也千万不要为讲故事道歉或请求许可。自信地讲述你的故事，你的听众会感谢你的。

实际上，我们还可以更进一步：不要告诉他们你要讲故事。有的演讲者会先宣布自己要讲个故事，然后使用第三人称视角讲述，同时不停地提到"这个故事"这几个字——这会让很多人（包括我）生气。因为它听起来像是这样："我想给你们讲一个我大学时的故事，所以故事是这样的……然后故事变得有趣了，因为……在故事的结尾，我……"

不要没事乱提"这个故事"这几个字，直接讲就好了！

毫无疑问，你已经注意到本书几乎所有章节都是以故事开头的。它们没有事先对接下来要出现的故事进行解释，也没有提示你故事的出处。它们甚至没有告诉你，下面会出现一个故事。作为读者，你会突然发现自己已经置身于故事之中。就应该这样。如果你发现自己有一个讲故事的最佳时机，那就直接开始吧。

◇ **总结和练习** ◇

1.伟大的开端。使用以下三种技巧中的一种开始你的故事：

a.惊奇（见第十七章）。

b.谜题（见第四章"1983年的发现之旅"；第一章"修建教堂"；第十八章"三位研究员"）。

c.挑战——将（与听众）有联系感的主角置入艰难或尴尬境地（如前言中"面向首席执行官的汇报"；第九章的"取消顾问费"）。

2.写作风格。按照说话的方式进行写作：

a.使用短句（每句15~17个字）。

b.使用简短的词语（两个音节以上的单词不超过15%）。

c.使用主动语态（被动语态句子只占15%或更少）。

d.快速引入动词（把动词放在句首）。

e.省略不必要的词语（如"鲜鱼"）。大多数故事的字数应控制在250~750个字之间，或者口头讲述2~4分钟。

---

f. 在电子邮件和文字处理软件中找到自动拼写检查的选项。保持选项一直处于运行状态。

g. 在文字处理软件中找到语法检查选项。将其应用在你写作的所有文章中。

h. 将语法检查中的可读性评分模式（如弗莱士－金凯德可读性等级）设置为自动运行。在微软的 Word 中，单击"工具"菜单，然后单击"拼写和语法"选项卡，然后单击"选项"按钮。勾选"检查拼写语法"和"显示可读性评分"这两项前的复选框。

i. 可读性评分等级应为 8~10。如果你的文章评分高于此值，请重写并再次检查。

3. 文学技巧：

a. 使用对话。

b. 使用真实姓名。

c. 重复某些字词或短语（如第一章"建造教堂"；第十八章"三位研究员"）。

d. 不要在讲故事之前做出说明或道歉，直接讲。

第三部分

故事创作技巧（Ⅲ）：惊奇元素

如果你想激发团队的开拓精神和工作热情，培养团队面对挑战的勇气，那么请认真阅读第三部分，与团队分享林肯、费曼的名人逸事，品客和宝洁的品牌故事，它们会助力你实现高效激励。

在第三部分的故事创作技巧一章中，你将体会到惊奇元素在故事中的重要作用。惊奇元素不仅在故事的戏剧性和刺激性等方面发挥作用，它对于故事讲述目的的实现与否、结果好坏也起着重要作用。在开场加入惊奇元素，可以吸引听众的注意力，而结尾处的惊奇会让听众留下更深刻的长期记忆。

第十四章　情境 11：激发团队的积极性

> "聪明、冷静，但枯燥的领导力无法激励任何人，无论他们多么正确。"
>
> ——杰夫·斯特朗（Jeff Strong），
>
> 太阳产品（Sun Products）执行副总裁

　　东非国家坦桑尼亚是远离墨西哥城的另外一个世界，约翰·史蒂芬·阿赫瓦里（John Stephen Akhwari）就来自那里。但正是在 1968 年 10 月的墨西哥城，阿赫瓦里发现了自己——那时他正代表自己的国家参加夏季奥运会的马拉松比赛。不幸的是，阿赫瓦里在比赛中摔倒了。那不是在草地上的轻轻一摔。他重重地摔在粗糙的水泥地上，右腿严重擦伤，膝盖脱臼。医务人员迅速赶到，包扎了他的伤口，但是膝关节脱臼需要更多的深入治疗。他需要去医院。然而阿赫瓦里拒绝了他们的建议，他站了起来，跟在其他跑步者的后面继续前进。

　　由于伤势严重，他无法以正常的速度奔跑。于是他把慢跑、小跳和走路结合起来，慢慢前行。比赛进行到 2：20：26 时，埃塞俄比亚的马莫·瓦尔德（Mamo Walde）率先冲过终点线。剩下的大多数选手也在数分钟后完成了比赛。但阿赫瓦里还离得很远。

　　一小时后，奥林匹克体育场里只剩下一少部分人。马拉松是一天中的最后一场赛事，此时太阳已经下山。墨西哥城对马拉松选手真的很残酷，比赛场地在海拔超过 7400 英尺的地方，空气中的氧气含量比海平面低 23%。因为这一点，74 名选手中有 17 人未能完成比赛。而阿赫瓦里早已血迹斑斑、伤势累累，但他下定决心一定要完成比赛。

在警察的护送下，阿赫瓦里终于抵达体育场。在极度痛苦之中，他一瘸一拐地走上跑道，松开的绷带从腿上垂下。在人们难以置信的欢呼声中，约翰·史蒂芬·阿赫瓦里绕着跑道走了一圈，最后在 3∶25∶27 越过终点线。剩下的几名记者冲进赛场，问他为什么要在这种状态下继续比赛。阿赫瓦里的回答很简单："我的国家送我来到 5000 英里外的这里，不是为了让我开始比赛的。他们送我到 5000 英里外的这里，是要我完成比赛的。"

阿赫瓦里的献身精神激励了数百万人，并为他赢得了"无冕之王"的称号。直到今天，他的故事仍在奥运会运动员和民众中传颂。

"是的，这是一个鼓舞人心的故事。"你可能会抗议，"但我又不跑马拉松，我在做生意。这个故事对我有什么帮助？"

我也不是马拉松运动员。但我一直在使用这个故事。这里有个应用示例：在许多公司里，经理们每隔几年就要按计划轮换一次工作。这种轮换可以帮助他们发展更高级别职位所需的技能，并为公司业务带来新的思维和视角。经理们可能会提前两到三个月知道他们的下一步安排。每当此时，他们不可避免地在情感和精神上脱离当前的责任，提前进入轮换后的工作。所以，他们的老板面临着一个挑战：如何让他们始终专注于当前工作，直至离开。

作为一名老板，我曾多次面对这样的挑战，我经常把约翰·史蒂芬·阿赫瓦里的故事讲给那些殷切期盼下一职位的初级经理。我对他们解释说，一旦你的下一职位被公布，其他人就都知道你的情绪会受到影响。他们知道你在带伤前进。但他们也知道开始比赛的人与完成比赛的人的区别。如果你在最后三个月里松懈下来，大多数人会出于同情而原谅你。但如果你想给人留下一个长久的好印象，那就要坚持到底。人们会注意到的。

讲述这个故事的另一个好处是，他可以帮助你检查受伤的选手，并温柔地提醒对方保持专注。你要做的就是问一句："嘿，约翰，你的膝盖怎么样了？"

◇ ◇ ◇

123

阿赫瓦里的故事可以帮助人们保持积极性，专注于自己的平常工作。但如果你要求他们做一项不平常的工作呢？如果是让他们就任一个偏离了标准职业道路的职位，或是完成一项"特殊任务"呢？不确定性和缺乏相关经验，使人们很难接受这些工作，也很难让他们留下来。如果你正面临这样的情况，那么你需要好好读读下面的故事。

德莱恩·汉普顿（Delaine Hampton）总是能超前时代好几年，或者更准确地说，总是能赶在所有人之前。在20世纪80年代的大部分时间里，宝洁公司都是根据漫长且昂贵的市场测试结果，决定是否推出新品牌。到1990年，该公司授权一个小团队在全球范围内模拟市场测试。这种方法只使用几百人和产品样本，而与实际市场测试相比，时间成本和金钱成本都会大大节省。德莱恩被任命为该团队的领导者。

10年后，模拟市场测试已经司空见惯，而德莱恩也在继续前进中。现在她正在研究虚拟测试功能，目标是让模拟市场测试效果更加强大。当然，它无法取代所有传统方法。但它不仅可以评估新产品的发布，还可以评估竞争对手的反应。

德莱恩说服管理层为她提供一个小团队，让她将这一愿景变为现实。她从10年前的模拟市场测试研究团队中抽调了一些人，然后又添加了一些新鲜血液。这个新团队很快就投入了勤奋的工作中。但德莱恩知道要保持团队的积极性是很困难的。这种研究需要很长的时间，而保密制度意味着他们的工作是孤独的。相比之下，其他团队则不断地推出新产品，获得切实的市场反馈和肯定。迎接他们的是频繁的庆祝活动，以及大把的物质奖励。

所以每6个月，德莱恩就会把她的团队聚到一起，庆祝他们已经完成的阶段性任务。在庆祝活动中，她经常分享故事并拿自己的团队进行类比。团队成员们最喜欢听的就是下面这个故事。

19世纪，有两种人勇敢地离开了舒适的美国东海岸，前往中西部定居，他们是开拓者和定居者。开拓者是第一批站上未开发土地的人。那里的地形不确定，每棵树周围都潜伏着危险。他们的工作是找到可居住的空间，包括可耕种的土地、水源，以及可以制造房屋的木材。他们擅长穿越湍急的河流，在茂密的森林中前行。他们最重要的资产是自身的勇气以及抵御饿狼的能力。

在开拓者建立了一个新的定居点后，定居者们就会进来。当时，定居者们并不骑马，他们会乘着蓬车到达——这是一种奢侈的交通工具。他们的工作是勘测土地，扩建开拓者建造的简陋建筑，并与东部的商人建立贸易连接。他们的技术比开拓者们还要精湛。他们有工匠、铁匠、农民和银行家。

一旦定居者们进驻，开拓者们的生活就会发生改变。很少有人需要他们的技能。街上的人群让他们觉得很拥挤。他们的日子变得很慢，缺乏挑战。最后，他们会收拾行囊，继续前进。他们会在星空下快乐地绘制着下一个边境城镇的位置，为男人和女人们创造下一个希望。

"你们，"德莱恩用她最认真的声音告诉团队，"就是开拓者。我们要去没人去过的地方。我们的工作，就是到达那里，并建设一条通路。"

这个故事无论你听了多少遍，对身为开拓者的自豪感还是会油然而生。在职业生涯的某个阶段，大多数商业人士都会发现自己要领导一个与德莱恩的使命类似的团队——去创造一些新的东西，或尝试一些以前从未尝试过的事情。当你这样做的时候，记得把这个故事放在手边。你需要它。

◇ ◇ ◇

前面的两个故事有助于保持团队的前进动力。在正常情况下，这已经很困难了。如果有更坏的事情发生呢？如果你的组织遭受重大挫折或损失，你又要如何保持团队成员们的积极性呢？此时，上面的故事就不合适了。你需要下面这个。

1993 年 1 月，美国第九巡回上诉法院审理了卡尔–阿蒙德公司（Cal-Almond, Inc.）诉农业部 [监管加州杏仁商会（Almond Board of California）的政府机构] 一案。作为加州杏仁商会的首席执行官，罗杰·沃森（Rodger Wasson）对听证会非常关注。案件争论的焦点是：杏仁商会的主要职能之一是否符合宪法规范。

杏仁商会代表的是杏仁业从业者们的利益。杏仁业与其他农产品行业没什么不同，所以农民也会把自己的资源集中在诸如研究、产量预测、一般广告和公共关系等方面。而案件的问题恰恰在于广告和公关。

杏仁商会和大多数其他商品商会的工作一样。所有商会成员都要捐款给商会基金，用以支付广告费和公共关系费，进而使所有成员受益。正是这种运作方式让牛奶生产商们和牛肉生产商们创作出了"喝牛奶了吗？"（"Got milk?"）及"牛肉——为你的晚餐而生"（"Beef—it's what's for dinner"）等美国家喻户晓的广告营销活动。但是，如果某个杏仁种植者和牛奶生产商不捐钱给基金，反而退出呢？这对其他成员真的很不公平。当然，这些退出者会和其他人一同从市场营销中受益，却省下了自己应缴的那一部分资金。因此，在所有这类商品的商会中，会员资格和会费的缴纳都是强制性的。但加州的一些杏仁种植者却不买账。他们的律师辩称，通过强制规定会员资格和会费，并使用这些资金支付营销费用（这也是演讲的一种形式），这违反了《第一修正案》赋予他们的自由加入工会和言论自由的权利，因此是违宪的。

法院在1993年12月做出裁决，对罗杰·沃森来说这不是个好日子。法院支持这些商会退出者。杏仁商会被勒令停止所有营销活动，并退还自1980年起杏仁经营者向其支付的所有费用。罗杰被迫取消了市场营销和公关工作。失望的不仅是杏仁商会，还有大多数的杏仁种植者和经营者。20世纪90年代初，不断升高的杏仁价格造成了杏仁树种植面积的不断增大，进而出现了杏仁产品供大于求的情况。为了避免种植者遭受大规模的经济损失，他们需要增加需求——但在广告和公关活动都被禁止的情况下，这几乎是一项不可能完成的任务。

但这些还不是罗杰收到的所有坏消息。当时，他们的总部在加州州府萨克拉门托，这也是他们最大的会员所在地。但新选出的董事会坚持让他和他的员工们搬到莫德斯托，一个位于旧金山以东大约90英里的偏僻地方。他的员工们都不愿意离开萨克拉门托，所以他失去了几乎整个团队——最后只剩下了两名员工。

罗杰现在要怎么办？几乎所有雇员都走了。他公司的一项主要职能被认为违宪。对我们大多数人来说，这是一个润色简历的好时机。但对罗杰来说不是。这只会增强他的决心。他把办公室搬到莫德斯托，并立即开始招聘新员工。他甚至雇用了新的营销和公关专家！当然，他们还无法进行任何实际的营销活动，罗杰暂时为他们安排了其他工作。董事会的大部分注意力都转移到了对杏仁有益健康的研究上。但他仍然相信，法院的判决会在上诉中被推翻。至少罗杰是这样告诉自己和其他人的。对罗杰来说，没有其他的道路可走。要么大胆地向前走，要么给别人让路。罗杰已经全力以赴。莫德斯托办公室的很多员工，是在知道自己的本职工作已被法庭禁止的情况下，加入杏仁商会的。现在，他们和罗杰一起努力着。

该案于 1995 年 5 月上诉，先前的部分判决被撤销，但其他部分依然保持原样。最终，上诉提到了美国最高法院。1997 年 6 月 25 日，罗杰的赌注有了回报。在 5 票对 4 票的表决中，法院裁定支持杏仁商会，恢复其进行杏仁产品营销活动的权利。员工们已经整装待发，罗杰将他的团队切换到高速挡，实施他们在过去几个月里形成的理论上的计划。杏仁商会批准将资金增加 5 倍，使该计划得以实现。结果替他们说明了一切。1995~2002 年的 7 年中（当罗杰离开杏仁商会时），加利福尼亚州的杏仁年销售额从 3.67 亿美元增至 11 亿美元，增长了两倍。

罗杰和杏仁商会的工作人员在短短几年内就取得了巨大成功——这是大多数组织要花费几十年时间才能做到的事情。杏仁种植者和经营者都收获颇丰。数百万美国人的饮食中添加了健康的杏仁。

企业遇到法律问题并不罕见。竞争对手可以质疑你的广告的准确性，让你的努力打了水漂。监管机构可以对你罚款。安全委员会甚至可以强制临时关闭一个制造厂。受到影响的人会感到沮丧无比，举步维艰。就是在这种情况下，你要帮助他们保持专注力和动力，这就是领导者的工作。这样的故事可以告诉人们，其他人是如何打破困境获得成功的，这对他们来说会有帮助的。我不是律师。但在我看来，如果用一条线来代表法律的严肃性，停车罚单位于这条线的一端，那么被宣布违反了美国宪法的工作则处于另一端。如果罗杰·沃森和他的团队都能顶着巨大的压力和阻碍获得成功，那么你的团队没理由败给任何法律问题（或其他任何挑战）。

◇ ◇ ◇

杏仁商会的故事可以帮助你在坏事情发生后对团队进行激励。但是，有没有一种方法可以激励团队，在一开始就避免坏事的发生呢？是否有一个故事可以激励你的团队把每一个机会都当成是最后的机会，绝不把失败视为理所当然呢？幸运的是，确实有。事实上，我相信有很多。下面是我最喜欢的故事。

2004~2005 年赛季注定是阿肯色州费耶特维尔高中（Fayetteville High School）男子篮球队的重生之年。首发阵容中的大多数人都是新生。实际上，整个队伍只有一个归队的高年级队员。人们对这支球队并不看好。正如大家预期的那样，上半赛季，费耶特维尔斗牛犬队（Fayetteville Bulldogs）比分起起落落，整体成绩一般。但进入下半赛季，他们有如神助，几乎赢得了所有比赛，顺利进入了州季后赛。这群孩子做梦都没想到能走到这里，他们激动坏了。

季后赛的第一轮获胜让他们感觉，自己能站在这里并不是侥幸。随后斗牛犬队以两位数的优势赢得第二场和第三场比赛，很明显他们拥有获得州冠军的实力。当他们赢得半决赛并进入决赛时，那场景像极了《篮坛怪杰》（Hoosiers）。最后的决赛，这支年轻的高中新生队面对的是去年的卫冕冠军——一支满是高三学生的球队。这是一场大卫对歌利亚①的比赛。

比赛很紧张，甚至上演了双加时。离比赛结束还剩 15 秒时，斗牛犬队接住了球，并叫了暂停。比赛重新开始后，斗牛犬队把球传给了他们的明星球员，这位控球后卫打得很好，很少犯错。他的任务是在比赛恢复的前几秒钟控制住球，让球队获得最后一次投篮的机会。然而在兴奋中，他犯了一个错。他让防守队

---

① 大卫和歌利亚的战斗是《圣经》中的典故，此处借指比赛的激烈程度。——译者注

员离他过近，却超过5秒没有传球。对手西孟菲斯队在剩下不到10秒的时间里取得了控制权。他们的明星球员冲到篮下，因被犯规获得罚球机会，最后两罚两中赢得了比赛。

在获得了一连串不可思议的胜利之后，他们挺进了决赛，但最后却与冠军失之交臂，这让他们和他们的支持者都很痛心。杰夫·斯特朗（Jeff Strong）是他们的支持者之一。他女儿是其中一名球员的好朋友，所以他对每场比赛都充满期待。杰夫问球员："那么，你们觉得比赛怎么样？"

这些年轻人的反应出奇的冷淡："没什么大不了的。我们都是新生。我们明年还会回来，一定会赢的。"

这正是孩子们获得失败后，父母们安慰他们的话语。毫无疑问，在比赛的几小时内，所有队员都在心里重复着这句魔咒。杰夫对这个男孩的看法表示同意，并表达了自己对他们明年比赛的信心与期待。但是私下里，他认为这支球队已经没有获得州冠军的希望。或许，牛头犬队这次只是不幸才错失良机。但进入州冠军赛的决赛，即使是最伟大的球队，也并不是件容易事。

第二年，斗牛犬队又以去年的阵容归来，但这次他们是高年级学生了。现在，轮到他们成了夺冠大热门及其他球队的眼中钉了。正如大家所料，整个赛季中，斗牛犬队战无不胜，成了州冠军赛的头号种子队。季后赛的通常赛事安排为：让最高种子队与最低种子队最早对战，让最优秀的球队们都有机会进入决赛。不幸的是，在第一轮比赛中，斗牛犬队输了。此后，他们再也没有第二次机会进入州冠军决赛。

这个令人失望的结局是否意味着，一年前安慰男孩们的善意建议有问题呢？肯定没有。机会失去了就是失去了，它再也不会回来。但如果有人在机会失去之前就抱有这种态度呢？如果人们认为"总会有其他机会的"，这将对他们产生怎样的影响？答案是：他们不会再那么努力。如果总是会有其他机会，那么让面前这个机会溜走也没有什么损失。这就是杰夫在去年州冠军决赛斗牛犬队惨败后的想法，因为他在商界里看到过太多这样的事情：人们没有去努力抓住机会，因为他们认为"总会有下一次的"。这段经历告诉杰夫的是，很多事情，并不会有下一次。

今天，作为盐湖城 Sun Products 公司的执行副总裁，当遇到那些不够专注、努力的员工时，杰夫就会讲述这个故事。失败就是失败。你可能会在明年赢回业务，但你永远也挽回不了今年的损失。杰夫的故事可以让人们更珍惜今天拥有的机会，将"下一次机会"从他们的脑中抹去，激励他们像对待冠军赛决赛一样努力。

◇　**总结和练习**　◇

1. 有无数的事情可以分散人们的工作注意力。要想保持他们的积极性，让他们专注于自己的工作，需要激励型领导。下一次，当你的员工面临巨大干扰时，与他分享约翰·史蒂芬·阿赫瓦里的故事。这样，他们就可以分辨出开始比赛的人与完成比赛的人的区别，从而学会坚持到底。

2. 让人们欣然接受开拓者型的特殊工作，这是项艰巨的任务。你需要德莱恩的开拓者与定居者的故事。

3. 在一帆风顺的环境下保持员工们的积极性，已经不是件容易事。在困难时期，情况会更加艰难。当你的业务被法庭判定为违宪时，你的工作会遭受毁灭性影响。但是罗杰·沃森和杏仁商会都能突破困境获得成功，你的公司也可以的。分享罗杰的故事，让大家学会专心工作。

4. 故事甚至可以帮助你的团队，从一开始就避免困难的出现。杰夫·斯特朗关于费耶特维尔斗牛犬队的故事，激发了他组织内部的积极性，让大家像面对最后一次机会一样面对每一次机会。它也可以同样地帮到你。（不是总会有下一次的。）

第十五章　情境 12：培养面对挑战的勇气

"你可能必须不止一次地战斗才能赢得胜利。"

——英国前首相玛格丽特·撒切尔

（Margaret Thatcher）

7 岁时，他和他的家人被迫离开他们的家和农场。像其他同龄人一样，他也被要求工作帮助养家。

9 岁时，他的母亲去世了。

22 岁时，他所在的公司破产，他失去了工作。

23 岁时，他和其他 12 位候选人一起竞选州议会议员。他排名第八。

24 岁时，他借钱和一个朋友做生意。当年年底，他们的生意失败。当地治安官没收了他的财产用以偿还债务。他的合伙人很快就去世了，他身无分文，还要承担合伙人的债务。接下来的几年中，他一直在偿还这笔债务。

25 岁时，他再次竞选州议会议员。这次他赢了。

26 岁时，他订婚了。但他的未婚妻在婚礼前去世了。

在接下来的一年中，他身陷抑郁，精神崩溃。

29 岁时，他试图成为州议会的议长。但他失败了。

34 岁时，他代表选区竞选美国国会议员。他又失败了。

35 岁时，他再次竞选国会议员。这次他成功了。他去了华盛顿，工作做得不错。

39 岁的时候，他的任期结束，他又失业了。因为他的政党有个"一任限期"的规定。

40 岁时，他想要争取一份土地总局委员的工作。结果被拒绝了。

45 岁时，他代表所在州竞选美国参议院议员。他以 6 票之差落选。

47 岁时，他是所属党派全国大会中决定的副总统候选人提名之一。他又输了。

49 岁时，他第二次竞选同一个美国参议院席位。他再一次输了。

两年后，51 岁的亚伯拉罕·林肯（Abraham Lincoln）在经历了一生的失败和失望之后（在他的家乡伊利诺伊州之外，他的知名度仍然很低），终于当选为美国第 16 任总统。

尽管他已经获得连任，但在 1865 年 4 月遭遇刺杀离世前（这是他最后一次失败），他只当了 4 年的美国总统。但在这短短的 4 年时间里，林肯总统成功地带领国家渡过了最大的内部危机（美国内战），保留工会，结束奴隶制，将国家精神重新定位为平等、自由和民主。

所以下次因为失败心生退意的时候，问问你自己：如果亚伯拉罕·林肯在第一次失败后不再尝试，美国会有什么不同？如果他在第五次失败时止步呢？第十次失败时呢？

失败之后继续努力，这的确需要很大勇气。林肯的故事无疑帮助了数百万人鼓起勇气，去面对自己今后数十年的斗争和挫折。

关于林肯经历的这段文字，原作者未知，但这段文字在无数的报纸、杂志和书籍中都以各种形式出现过。当我的团队经历多次挫折，需要大家鼓起勇气再冲一把时，我会讲述这个故事。与第一章中建造大教堂的故事相似，上面关于林肯的这段故事，是我根据自己的目的进行过改写的。在第十七章中，我会解释对这个故事我进行了哪些修改。

◇ ◇ ◇

当然，面对失败依旧坚持，这是政治人物必须具备的性格特征。在去华盛顿的路上你必定会经历几次失败。但这一点适用于商业领域吗？当然！最典型的例子，就是品客薯片（Pringles snack chips）了。

1968 年 9 月，宝洁在印第安纳州埃文斯维尔首次试销品客薯片，并于 1971 年开始进行全国销售。品客薯片获得了立竿见影的成功。到 1975 年，它已经成为一个家喻户晓的品牌，拥有 15% 的市场份额，每年售出 1000 多万箱。然而，一年后，品客薯片的销售额下降了 20% ——这一数字足以让任何品牌经理陷入恐慌。两年后，销售额又下降了 10%。大家开始纷纷猜测，这个品牌是不是要被卖掉了。宝洁从未见过如此急剧的销售下滑，而且这种下降势头还在继续。

又过了一年，又有 10% 的销售额消失了。你能想象，在销售直线下降、谣言四起的情况下，品客想要招聘员工有多困难吗? 到了 1979 年，品客薯片的销售量已经呈自由落体式下滑了。当年，销售量再次下降了 30% 以上，仅有 400 多万箱——4 年跌了 60% 的销售量! 现在必须划出底线了。宝洁高管宣布，他们要么在 5 年内修复该品牌，要么就出售它。

在接下来的 18 个月里，管理层进行了几次重大变革。他们进行了一项新的研究项目，加深对消费者的了解。对品客薯片进行产品调整，增加了不少新的口味和品种。新广告开始大肆宣传马鞍形薯片的独特优势。降价让品客薯片面对传统薯片时更具竞争力。一个全面的成本节约项目帮助品客分担了降价和产品改进的投入。

品客的销售量仍在继续下降，但这次速度慢多了。1980 年，销售量下降了 50 万箱，达到 340 万箱。1981 年，他们跌到了 300 万箱的谷底。1982 年，销售量开始增长——一开始很慢，然后迅速上升。到 1984 年，品客薯片的销售量达到 500 万箱。1986 年达到了 700 万箱。到 1989 年，品客的销售量恢复到 1975 年 1000 万箱的峰值。20 世纪 90 年代末，品客的销售量超过 5000 万箱。

1984 年 12 月，就在转型刚刚开始后不久，宝洁公司销售主管迈克·米利根 (Mike Milligan) 面向员工、股东和新闻界人士发表了一次演讲。在这次演讲中，他分享了公司从这次事件中获得的五个重要经验教训。在事后看来，前三个没有什么令人惊讶的地方: (1) 知道你的消费者想要什么; (2) 开发产品和营销广告来满足这些期望; (3) 组织一个强大的团队来实现预期结果。第四点有些趣味: 设定切合实际的目标。他们设定了一个五年计划，而不是一年计划。

他们意识到品客需要进行的改变太大，无法在几个月内完成。尽管如此，他们还是提前两年获得了成功。

迈克解释的最后一点最重要，这也是我想说的重点。他用了一个短语来概括："不要停下。"不要过早放弃。想象一下，要宝洁的管理层放弃品客是多么容易的一件事。20世纪70年代末，他们可能已经考虑过多次。但结果恰恰相反，他们选择了坚持。他们经历了6年令人毛骨悚然的销售下滑，并最终恢复了该项业务。相比之下，如今痴迷于季度利润的首席执行官们，总是在麻烦的苗头出现时就退缩不前，向华尔街卑躬屈膝，承诺迅速退出。

正是由于坚持不懈的精神和勇气，品客才能成为宝洁旗下的明星品牌。

托马斯·爱迪生（Thomas Edison）曾说过一句话，可以用来说明亚伯拉罕·林肯和品客薯片故事中所体现的坚韧不拔精神和智慧："生活中的许多失败，是因为人们在放弃时没有认识到自己距离成功有多近。"我的建议是：不要成为他们中的一员。

◇ ◇ ◇

当然，反复失败后的坚持不懈并不是企业中唯一需要勇气的地方。更典型的情况是：我们都因为未来失败的恐惧而痛苦挣扎。我们害怕去解决那些看似不可能完成的任务，所以我们永远不会开始。如果你的组织中有人是这种情况，请分享下面的故事。

从前，在遥远的地方，住着一位非常聪明、深受大家信赖的年轻女子。她在为村子做了自己所有能做的事之后，走上了探索他方的路程。过了一段时间，她来到了一座被巨大的城墙包围的大城市。"我肯定能从这里的人身上学到一些新的东西。"她自言自语道。但进入这座城市后她发现，这里的人们太害怕、太沮丧，无法与她分享任何智慧。"为什么这里的每个人都这么悲伤？"她问道。

一位市民颤抖着回答说："今天是巨人来的日子。"

"巨人？"她嘲弄地表示不相信，"根本没有巨人这样的东西！"

"哦，但是真的有，"市民回答说，"他身高超过 10 英尺！他这么高，根本不可能是人类。"

年轻的女士虽然怀疑，但也很好奇："多跟我说说这个巨人的情况。"

市民紧张地向她解释说："每年的同一天的同一时间，他会从居住的山上下来。他会站在森林的边缘，向城里喊：'把你们最勇敢的人叫出来，和我战斗，不然我就把这些墙推倒，把里面的人都杀了！'每年，都有一个可怜而又勇敢的人挺身而出。他们面对巨人时，都会被巨人的巨大体型及这个不可能完成的任务震慑住。每年，巨人都会在勇士拔剑之前杀死他们。他们连动都不能动，好像被催眠了一样。"

年轻女子睁大了眼睛，请求道："我能看看这个巨人吗？"

市民说："唯一看到巨人的方法，就是和他战斗。"

年轻女子仍不相信巨人的故事，但她很想了解更多，于是她回答说："那我来和他战斗好了！"

不久之后，巨人遥远、有力的声音在城堡的墙壁回响："把你们最勇敢的人叫出来，和我战斗，不然我就把这些墙推倒，把里面的人都杀了！"年轻女子毫不动摇地走出城堡大门，面对她的对手。

她从空地向外望去，果然看到一个巨人站在山脚下的森林边缘。有那么一会儿，她只是怔怔地站在那里，远远地盯着巨人。在她和巨人之间的大地上，有块土地微微隆起，所以她只能看到巨人的腰部以上。很难说清楚巨人到底有多大，但他显然比年轻女子见过或听说过的任何男人都高。她之前的所有勇者在这一刻都感受到了同样的敬畏和恐惧。巨人是真的。与巨人战斗，她肯定会死的。年轻女子很想跑回城墙里。但她已经向城墙里的市民们承诺与巨人战斗。于是，她鼓足勇气，试探性地朝巨人走去。巨人也开始朝她走去。

在缓坡上走了几步后，她看到了巨人的整个身形。从这个角度看过去，她发现巨人并没有她一开始认为的 10 英尺高，也许只有 7 英尺高。巨人仍然很魁梧，但现在他至少进入人类范畴了。年轻女子仍然无法与巨人匹敌，但至少她是输给人类已知的事物。

当发现巨人不是未知生物后，年轻女子开始能够以正常的速度行走。再多走几步，巨人就显得更小了。这是某种奇怪的光学错觉吗？现在巨人看上去并没有比她大多少。她可能真的有获胜的机会！年轻女子看到了希望，她加快了步伐。这一切并不是幻觉，巨人在她眼前不断缩小，她跑得越快，巨人缩小得越快。

她的恐惧变成了希望，希望又变成了信心。现在她肯定能获得胜利，她全力以赴地冲向了巨人。当她走到空地中央时，她停下脚步，与巨人面对面地站着，巨人现在只有 12 英寸高，并且还在迅速萎缩。她弯腰把巨人抱了起来。年轻女子只来得及问了对方一个问题，巨人就缩成沙粒般大小，在风中消失无踪了。

"你是谁？"她认真地问道。

巨人用一种不断减小的微弱声音回答道："我有很多名字。对于中国人来说，我是恐惧。对希腊人来说，我是 phobos（希腊语，恐惧）。但对所有勇敢无畏的人来说，我只不过是一个很简单的名词而已。"

她来到这个城镇是为了学习一些东西。实际上，她也学到了。如果你直面你的恐惧，自信地朝它们前行，它们就会在你眼前萎缩崩塌。

无论是面对渴望战斗的巨人，还是使用公司新安装的收账系统，对失败的恐惧都会让人退缩。它能麻痹我们，甚至让我们无法做出任何尝试。一旦你开始在任务的道路上大步前进，困难的规模就会开始缩小。一旦我们取得了进展，无论多么微小，我们都会获得一些信心，而剩下的工作也会减少一些，每走一步气馁也会少一分。

即使在今天的世界里，仍然有巨人的存在。他们只是会以不同的形式出现。不管你的组织成员们受到了怎样的挑战，你都可以使用这个故事帮助他们打破恐惧的控制，迈出成功的第一步。

◇ ◇ ◇

现在，我们来谈谈职场上需要勇气的最后一种情况。它是基于我们所有人从童年起就存在的一种更人性的弱点——时时刻刻都在担心别人对我们的看法。

对一个 10 岁的孩子来说，这可能是其他孩子对他新球鞋的看法，他的鞋酷还是不酷？对于一个十几岁的男孩来说，这可能是女孩们对他舞姿的看法。对于成年人来说，这可能是同事们对他工作表现的看法，或者是老板对他领导潜力的看法。不管什么年龄，担心别人对你的看法都会扼杀你的创造力，消耗你的精力，让你无法去做真正重要的事情。理查德·费曼（Richard Feynman）是在他妻子的病床前学到了这一点的。

费曼是一位获得诺贝尔奖的物理学家，在科学界的知名度几乎与他的讽刺才能和邦戈鼓演奏技巧一样高。在公众场合，他是一位大胆的人物，因为 1986 年挑战者号航天飞机灾难调查中扮演的决定性角色而被人们铭记。当时，费曼拒绝接受为他和其他 11 名国会任命的调查人员安排的调查。他在与美国航天局工程师的秘密谈话中了解到此次灾难的根本原因：造成航天飞机失事的原因是燃料管上的一个小小的 O 形橡胶圈。在国会小组会议上，费曼从冰水杯中拿出一个类似的 O 形橡胶圈扔在讲台上，然后当着数百名记者和电视摄像机的面把它砸得粉碎，以此来证明他的理论。显然，起飞当天早晨的温度远低于以往航天飞机发射时的温度。由于温度太低，O 形橡胶圈无法保持弹性，并在压力下破碎。

费曼生来就是个勇敢的人吗？可能。但在他生命中至少有一个关键时刻为他勇敢的生活和科学研究奠定了基础。20 世纪 40 年代初，费曼在洛斯阿拉莫斯国家实验室为曼哈顿项目工作，这是政府建造原子弹的绝密计划。当时，费曼的年轻妻子阿琳（Arlene）正在新墨西哥州阿尔伯克基附近接受结核病治疗。每周末，费曼都会搭便车去医院看望她。

阿琳知道费曼因为她的晚期病情和自己的无力安慰深感沮丧。于是，一个周末，阿琳送给了他一个 18 英寸的木炭烤架，这是她通过邮件订购的。她非常想吃一顿家常饭，所以她让费曼给她做一份牛排。

作为一名现实主义者，费曼抗议道："我们怎么能在病房里这么做，会有很多烟的。"

阿琳建议他去医院前的草坪上。但是医院就在 66 号公路上，那是当时全国最繁忙的公路之一。费曼又一次抗议说，公路上汽车和行人太多，他不能随便在公路边就点个烤架开始做牛排。人们会认为他疯了！

"你在乎别人怎么想吗？"阿琳问。

这句话深深地触动了费曼。他不仅给阿琳做了她要的牛排，此后的每个周末他都会这样做。

费曼一定意识到了阿琳言语中的智慧。他为什么要关心别人的想法？他关心的是阿琳！她的舒适和幸福更重要。

过分关注别人的想法会分散你对核心目标的专注力，让你变得更加优柔寡断。妻子的话帮助理查德·费曼意识到了这一点。讲述费曼的故事，可以帮助你和你的听众摆脱这一束缚。

◇ **总结和练习** ◇

1. 面对反复失败依旧坚韧不拔，这是伟大品格的标志之一。不幸的是，对大多数生物来说，这是罕见的、不自然的。100多年以来林肯总统的故事都在激励着我们，而且至今其影响力仍未衰退。使用这个故事。（终其一生的失败。）

2. 品客薯片的故事展示了如何将毅力和勇气应用到商业挑战中。对于商界听众们来说，品客与林肯的故事是个完美的搭配。你的公司可能也有类似的故事。找到它！

3. "生活中的许多失败，是因为人们在放弃时没有认识到自己距离成功有多么近。"不要成为他们中的一员。

4. 对失败的恐惧是十分常见的行动障碍。前进的每一小步都会让困难的规模缩小。使用"缩小的巨人"的故事获取勇气，迈出成功的第一步。

5. 担心别人对你的看法会扼杀你的勇气和创造力。当你看到有人因为害怕尴尬或嘲笑而拒绝大胆尝试时，与他分享理查德·费曼的故事。然后询问对方："你在乎别人怎么想吗？"

第十六章 情境 13：赋予团队工作热情

"假如你命该扫街，就扫得有模有样。比如米开朗基罗在画画；比如莎士比亚在写诗；比如贝多芬在作曲。你要将街扫得足够好，以致天上地下众使者都要停下来说：'看这个把街道扫得多么好的清道夫。'"

——马丁·路德·金 （Martin Luther King Jr.）

"你要真心热爱你的工作"，你有没有听过这样的建议？这样的建议通常会来自某位过于自信的老板，他认为普通员工们会因此获得激励，或者以某种方式把他们的苦差变成有趣的体验。这种建议管用吗？肯定没用。你不能命令人们热爱他们的工作。这只会激励他们辞职去寻找更有趣的工作！所以，你最好可以帮助他们找到工作中的激情。

2009 年春天，我就需要找到那份激情。那时，我刚刚被指派担任宝洁公司纸业消费者研究部主管一职。这意味着我将负责卫生纸的消费者研究工作。这份工作听起来不是很有魅力，甚至有些无聊。此时，我对在卫生纸行业的工作产生了一系列偏见。我想不出在人们的生活中还有什么东西比卫生纸更不值得一提。此外，我是一名营销研究员，探索是我的工作；但你无法找到很多未经探索的方法来检测一张纸的柔软度和吸水性，没错吧？幸运的是，我第一个分享这一消息的对象，是我的好朋友兼工作伙伴，杰夫·布鲁克斯（Jeff Brooks）。他给我讲了一个他亲身经历的关于洗手间卫生纸的故事，这个故事帮助我以一种全新的方式看待我的新工作。

结束了为期一周的匈牙利布达佩斯商务旅行，杰夫乘坐火车去机场。坐在他身旁的，是一位定居在布达佩斯的美国女士，于是他们聊了起来。当美国女士发现这是杰夫第一次来到匈牙利时，她询问杰夫对这里的看法。杰夫非常热情地回答说，他非常喜欢这里，在布达佩斯经历了很多有趣的体验。然而，在完成这段优雅的社交回答之后，他开始慢慢吐露自己的心声。

"人们都很好，"他说，"但他们看起来都有点忧郁，甚至沮丧。这里的天气很好，所以不是天气的问题。人们只是有些易怒和不快。"他接着详细解释了自己对这一现象的看法。女士一边听，一边点头并微笑着，好像在赞同他的评价。当杰夫的故事讲完后，女士静静地转过身，沉思着望着窗外。经过好长一段时间的沉默，这位女士叹了口气，头也不回地说："我想是因为卫生纸。"

好吧，如果你当面听到这个故事会感觉更有趣。但那位女士的回答是非常认真的。事情是这样：卫生纸可能看起来像是生活中的过客，属于人们日常生活中不重要的那部分。但是想象一下，如果你使用的卫生纸又薄、又粗糙、又便宜，就像15年前布达佩斯最常见的那种，那么你的生活会是什么样子？如果这种糟糕的卫生纸是你唯一的选择，那么你可能会持续感觉到肌肤上传来的摩擦感与轻微刺痛。也许它没有你想象的那么严重，但足以让你的每一天都变得不那么愉快。这可能会让你对一名来自美国的客商，或者任何与你擦肩而过的人火冒三丈。

我找到了新工作的意义。我们也许不能治愈癌症，但我们的工作对人们的重要性，比我们意识到的还要大，甚至比他们自己意识到的也要大。我的偏见一下子消失了。卫生纸业务仍然缺少魅力，但我现在感觉更有意义了。

当我进入杰夫的办公室时，我的目的是收获同情。但离开时，我却满载对工作的热情——我甚至还没有开始工作。后来，我对几十个卫生纸业务的新人讲过这个故事。他们中的大部分都有和我一样的对卫生纸先入为主的偏见，但听完故事后，他们改变了自己的想法。最后：如果一个好故事能帮助人们对卫生纸业务感兴趣，想象一下这个好故事能为你的事业带来什么。

◇ ◇ ◇

如果你从事的行业比卫生纸业务还没有魅力呢？（是的，我实在无法想象那会是怎样的工作。但是，让我们假设有，而且你就在其中工作。）让我们假设，你无法想出任何可以帮助你的同事找到工作热情的故事。你该怎么办？你可以讲述下面这个故事。

2009 年，丹尼尔·多尔（Daniel Dorr）参加了在印第安纳州布卢明顿市举办的一次营销会议。身为一名营销业领导者，他每次都能从这些会议中学到一些东西，一些可以让他应用到自己本职工作中的东西。如果没有，他至少会激发自己对本职工作的热情。然而，在这次会议上，他两者都没得到。当他听到达乐公司（Dollar General）首席执行官大卫·贝尔（David Beré）开始讲话时，他觉得这已经是这次会议的谷底了。在达乐公司的零售店中，每样东西的售价只有一美元，或者是一美元的低倍数。丹尼尔的工作与零售业没有直接关联，所以他认为自己不会从这个人身上学到有用东西。他想不出比推销一美元的产品更缺乏激情的事了。但他依旧恭敬地听着贝尔先生讲述自己巡查一家达乐公司店铺的故事。

当然，零售商的首席执行官们经常光顾自己的商店。他们通常会巡视一番，检查商品和货架的状况，查看缺货情况，和员工谈论什么卖得好，什么卖得不好。如果你曾在某家商店里看到过一群穿着西装、戴着公司徽章的高管挤在过道上，那一定是首席执行官来了。员工们通常会提前几周做好准备，并记熟自己的谈话要点。

但是贝尔的故事并不一样。他描述了他如何进入商店，如何走到他见到的第一位顾客面前。贝尔主动提出，如果这位女士愿意让自己陪她逛逛商店并问些问题，他就帮她提购物篮。女顾客同意了，于是他们一起在货架中穿行，贝尔问了她对商店的状况、价格、商品的选择等看法。当结完账准备离开时，女顾客忽然停了下来，转身对贝尔说："我想给你看些东西，你感兴趣吗？"

"当然。"贝尔回答道。

"那好，上我的车，跟我走。"

141

这是一个不寻常的要求，许多首席执行官都会拒绝。但贝尔很好奇，他坐进了女顾客的车。女顾客开了几英里，最后把车停在了另一家达乐公司零售店的停车场里。他们下了车，一起走了进去。这家店和第一家简直是天差地别。第一家店干净整洁，这家店又脏又乱；第一家店灯火通明，这家店灯光昏暗。第一家店存货充足，收银员也很多。这家店的货架上有很多空位，仅有的几名收银员前面排着长长的结账队伍。这两家商店的差别太明显了。

"这家商店离我家只有几个街区，"女顾客对贝尔说，"但我会多开10分钟的车去另一家，因为我不喜欢在这里购物。我是个单身妈妈，赚的钱不多。我需要在你们的商店购物，因为其他商店我负担不起。但那额外的10分钟时间对我来说很奢侈。我本来与孩子们在一起的时间就很少，现在更少了。"

贝尔就这家商店的问题向她道了歉，并保证尽快做出改变。

贝尔可能还谈论了零售业的营销和其他一些战略元素，但丹尼尔并没有记住这些细节。他只记得这位首席执行官对顾客表现出的同情心和兴趣。丹尼尔意识到，达乐公司做的并不是廉价商品的销售。他们做的，是为那些需要廉价商品的顾客服务。这与达乐公司销售什么没有关系。重点是卖给谁。

丹尼尔现在明白了，对工作充满热情并不一定取决于你做了什么或者你在销售什么，它也可以取决于你为谁而做。因此，如果你或你的同事很难培养出对工作的热情，那么试着培养对客户的热情。围绕这些创造你的故事，你会点燃听众们的热情。

哦，离那位顾客家很近的商店，里面真的是一团糟……我和你赌一美元，大卫·贝尔已经把那里弄好了。

◇ ◇ ◇

前面的故事讲的是如何帮助人们找到工作中的激情。另一种帮助人们保持工作激情的方法，是拿掉那些他们不关心的事。下面的故事就展示了这种方法。

梅利莎·穆迪（Melissa Moody）是一名小企业主及4个孩子的母亲，她的员工们也知道她家里的情况，这并不罕见。一天下午，在一次例行的员工会议上，梅利莎正在讨论一位员工的工作，她讲话的内容都是围绕这名员工展开的。但从余光中，梅利莎注意到自己 30 岁的女儿布鲁克·穆迪（Brooke Moody）正慢慢滑下椅子。就像其他面对淘气孩子的好父母一样，梅利莎通过无视女儿的行为表达自己的不鼓励。

最后，布鲁克完全消失在会议桌后。梅利莎继续自己的内容，她没有对布鲁克说一句话，甚至没有往她的方向看上一眼。"如果我不理她，她最终会坐起来并打起精神的。"梅利莎想。

几秒钟后，一些出乎意料的动作出现在了梅利莎的余光中。所以这次她往布鲁克那边看了看。透过桌子和门之间的空隙，她发现她的女儿正四肢着地地爬出会议室。

布鲁克非常无聊。这一出戏剧性的退场是她独特的抗议表现。而且因为自己的妈妈是老板，所以布鲁克知道自己不会被解雇，不会被惩罚，甚至责骂也不会有。实际情况也是这样。每当有人讲述这个故事时，全家都会一起大笑。

但重点在这里：有多少员工曾迫不及待地想逃离你的员工会议？可能比你想象的还要多。其中原因可能与布鲁克·穆迪的公司没有什么不同：员工们很无聊。因为会议的大部分讨论都与他们无关。他们在房间里待了两小时，但与他们有关的内容只有 30 分钟。

为什么会这样？因为员工会议的安排通常是为了方便老板，而不是员工。老板可以通过最短的时间听到所有人的建议，并为整个团队提供指导。但老板没有意识到，她通过这种方式节省的时间（她的时间）比员工们被浪费的时间要多得多。更重要的是，这会造成士气的下降，这种损失更是无可估量。

这就是梅利莎·穆迪在那次会议中学到的教训。从那时起，她的员工会议主持风格就彻底改变了。现在她的会议都非常简短，只包括所有人都应该了解的业务摘要。然后，她会与团队成员们依次进行一对一的会议，传达与他们工作相关的详细信息。是的，这样做需要她花费更多时间。但是她的员工们更快乐、更投入，有更多的时间去做自己感兴趣的事情。

布鲁克·穆迪再也没有在会议中途溜出过会议室。

听完这个故事后，你很难不去思考你的会议安排。如果你是员工们的老板，在下次会议中问问你自己："如果我女儿在这里工作，她现在会偷偷爬出去吗？"如果答案是肯定的，你可以采用梅利莎的建议：对你的会议主持方式进行调整。如果你不是老板，而且每次开会时你都想爬出去，那就给你的老板好好讲讲这个故事！

◇ **总结和练习** ◇

1. 你不能命令人们热爱他们的工作，但是你可以通过精心选择的故事来帮助他们找到那种激情，如布达佩斯的火车旅程。是什么让你每天都来上班？把你的故事讲给别人听，也让他们把自己的故事讲给你听。挑出这些故事中最好的那些，然后分享给大家。

2. 找不到适合你产品或服务的激情故事？那就寻找对客户的激情。就像达乐公司的首席执行官一样，与顾客面对面交流，了解对方的生活，然后分享这个故事。

3. 讲述布鲁克·穆迪从会议上爬出去的故事，教导你的领导者们将那些削弱员工激情的东西全部去除。剩下的东西才更有可能产生激情、让人投入。

第十七章　故事创作技巧：惊奇元素

> "一个真正的领导者总会在袖子里藏着惊奇，这是其他人无法理解的，却能让公众们兴奋到透不过气来。"

> ——法国前总统、军事家戴高乐（Charles de Gaulle）

吉姆·欧文（Jim Owen）先生是康威高中（Conway High School）最严厉的老师，也是最优秀的老师。有一年在康威高中秋季学期开学的第一天，欧文在上一堂世界历史课，这堂课和其他新学期的首堂课没什么不同：老师自我介绍，解释课程内容，考试安排和评分机制等。大约20分钟后，4个十几岁的男孩突然冲进教室，他们都戴着面罩，挥舞着武器。"全都不许动！"他们一边喊着，一边冲到讲台前。他们把欧文先生打倒在地，从他身上搜走了钱包，又从讲台上偷走成绩册，接着就迅速离开了。这一切的发生只用了不到15秒钟的时间，学生们都惊呆了。

这时，欧文先生站了起来。"我很好。你们都还好吗？"学生们回答说自己很好。接着，他解释说我们刚刚看到的不是真的。这些男孩是他去年的学生，他们被欧文先生邀请来做一场模拟犯罪活动。显然，他们做得很好。

"你们的第一份作业，"欧文先生接着说道，"就是拿出一张纸，尽可能详细地写下刚刚发生的一切。"虽然有些同学依旧惊魂未定，但大家还是照办了。10分钟后，他把学生们的答案都收了上去，然后依次向全班大声朗读。这是这堂课上的第三次冲击，因为大家对于事实的描述有着惊人的出入。有人说有4个男孩；有人说有 3 个；还有人说是 3 个男孩和 1 个女孩。有人说这些武器都是真枪；其他人则说那些是漆成黑色的塑料水枪；有人认为其中一个男孩带了把刀；有人坚持说欧文先生在抢劫中被打了；其他同学则说男孩们没有伤害他的动作。欧文先生一直不停地念着，学生们则静静地听着。

读完最后一份答案后，他对学生说："历史是从写历史的人的角度来记录的。正如我们刚刚了解到的，作者不同，记录下的情况也大有不同。战争的胜利者讲述的故事，肯定与失败者讲述的不同。政治权力集团讲述故事的角度，也肯定与无权无势的平民不同。当我们开始我们的世界历史之旅时，请记住这一点。现在……打开你的书，翻到第一章。"

我就是这群学生中的一员。这个故事发生在 20 年前，但对我来说，这就像发生在昨天一样。

在那一年的历史课中，我学到了许多宝贵的东西。但最有价值的、最持久的一课，还是来自开学的第一天，这都要归功于欧文先生大胆而出人意料的教学技巧。（不幸的是，由于 1999 年科伦拜高中惨烈的枪击事件，欧文先生不得不停止了这一年一度的开学仪式。）

你可以看出来，这件事对学生们来说影响巨大。即使你没有亲身经历，听他人讲述这个故事也会让你深受启迪。这是因为，惊奇会在听众或读者身上引起和课堂学生们相同的生理和情感反应。众所周知，惊奇元素在故事中的戏剧性和刺激性等方面起着重要作用。然而，你可能不知道的是，它对故事讲述目的的实现与否、结果好坏也起着重要作用。在这个故事中，有三个关键的惊奇处：第一，当 4 个蒙面男孩冲进房间时；第二，当你知道它是演戏时；第三，当你发现学生们对事件的记录大有不同时。接近故事开头的前两个惊奇，是为了同一个目的而出现的。接近故事尾声的第三个惊奇，则是为了另一个目的而出现的。让我们从头对这两个目的进行一下了解。

在故事开始时让观众感到惊奇，目的是吸引他们的注意力。它能让人们放下手里的其他事情，专心地听你讲话。一个很好的例子是：第九章顾问故事的第一句话，此时你知道他的客户解雇了他。这足以引起大多数商业领导者的注意。

还有，第十章贝弗利·基翁故事的第一句话，你可以从中得知她出生在一个种植园里，是一个佃农的女儿。这当然不是在商业故事中介绍故事角色的典型方式。这些也不是你在恐怖电影中看到的那种惊奇。他们不会引发尖叫或大笑。但它们能让你的眼睛放大；让你的脉搏稍微变快；最重要的是，它们会触发你体内少量肾上腺素的释放。这些变化足够让你的注意力更加集中一些。

当然，如果你的故事涉及某些令人震惊的话题——我是指会登上黄金时段新闻头条的那种，那么一定要以它作为开头。这正是我对第七章的两个故事所做的。其中一个涉及了 2011 年埃及的革命，另一个则涉及了 1995 年日本发生的毁灭性大地震。

◇ ◇ ◇

那么，是否有必要像吉姆·欧文那样，使用夸张的情节来创造惊奇呢？当然不是。实际上，制造最吸引观众的惊奇其实很简单。仅仅一个词就可以做到了。请看下面加里·科弗（Gary Cofer）的故事。

加里是邓韩贝（Dunnhumby）美国公司的执行副总裁，这是一家专注于零售销售数据的分析咨询公司。2010 年，他与一位客户刚刚结束了一次会议。当他们走出办公室时，这家客户的首席执行官问了一个问题，一个加里称之为"寻求肯定"的问题。你知道我说的是什么——有时候人们问你问题，只是希望你回答"是"并继续奉承他们一番。这位首席执行官问的是："我认为，在使用贵公司数据的所有客户中，我们是对数据利用最优秀的。没错吧，加里？"对客户来说，这是一个很安全的问题，毕竟"客户永远正确"。

但加里的回答出乎了这位首席执行官的意料。

"不。"加里直截了当地回答道，"你们并不是。"

首席执行官停下脚步，转过身来，睁大眼睛看着加里。"哦，"他一开始有些不知所措，接着问，"你什么意思？"

加里的回答再次令他吃惊："实际上，我认为你花在我们这里的钱并不值。"

首席执行官简直无法相信自己的耳朵！"真的吗？这听起来应该是我向你抱怨的事情，而不是你向我抱怨。"

加里解释说，除了基本的销售和品牌忠诚度数据分析外，邓韩贝还提供了其他几十种先进的分析服务，可以帮助客户更好地进行定价和产品推广决策。其中许多服务都已经包含在他们支付的费用中，但他们并没有充分利用这些功能。

26 年的销售和管理经验告诉加里，客户一般有两种方式知道自己在服务提供商那里花的钱不值：第一种，他们自己发现，然后抱怨；第二种，其他服务提供商接近他们并指出这一点。不管怎样，这种情况通常会以客户流失而告终。加里更喜欢第三种选择：你主动告诉他们，然后增强合作。刚刚他就是这样做的。

在面对另一位相似的客户时，加里更直接。他告诉客户："你应该炒了我们。"你能想象出比这更吸引客户的言语吗？没错，我也无法想象。但对于加里来说，这样的对话达到了同样的交流效果，进而推进了客户对他们服务的利用。

在这两个案例中，客户和邓韩贝的业务都获得了显著增加。而这两个案例的成功，也都要归功于加里·科弗的直言不讳和对惊奇元素的出色运用。

◇ ◇ ◇

惊奇并不是你在故事早期用来吸引观众注意力的唯一手段，但它的确是最有效的一个。你会在第二十七章中学习到其他方法。你要寻找一些出乎意料的，或者不寻常的事情——例如对首席执行官说"不"。所有值得讲述的故事都会有一些让人意想不到的东西，而且不止一个。找到其中一个，把它放在你故事的开头。

出现在故事结尾的惊奇，则是为了另一个目的——既然你的故事结束了，你也不需要再吸引听众们的注意了。在故事结尾使用惊奇元素，目的是要将整个故事烙进听众们的记忆中。记忆不会像照片一样在大脑中瞬间形成。它们是在事件发生后不久的一段时间内逐渐形成的——心理学家称之为记忆巩固。

我 16 岁时就学会了这一点。那时，我正在家附近的一块空地上和小伙伴们打橄榄球。这不是那种有组织的活动，我们没有头盔和护具，也没有固定球员——谁能来谁就上。开球后，我接住球，全速冲刺。一个 19 岁、体型比我大得多的男孩冲向我，头对头和我撞在一起。然后我倒了下去，我的头狠狠地撞在地上，后来经医生证实我得了脑震荡。但我没有失去知觉。当我起来的时候，我知道有什么不对劲。我走到围成一圈的队伍那里，听着他们的下轮进攻计划。但他们都看着我，好像我疯了一样，对我大喊："史密斯，回到你那边去！"我居然跑错了队伍！我知道场上所有人的名字，但不记得自己在哪个队。我们会在比赛前进行分队，但刚刚开始比赛，我就得了脑震荡，此时球队的名单还没有在我的记忆中永久形成。脑震荡中断了我的记忆巩固过程。

加州大学欧文分校的神经生物学家詹姆斯·麦戈高夫（James McGaugh）博士就证明了这一点。在训练老鼠穿越复杂迷宫时，他发现，如果给它们一种温和的兴奋剂，它们可以更快地记住迷宫的模式。这也许并不奇怪。一杯咖啡可以让我们的注意力更加集中。但在实验中，他是在老鼠跑完迷宫后才给它们注射兴奋剂的，而不是跑之前。等兴奋效果消失后，再对大鼠进行迷宫记忆测试，结果证明：跑完迷宫后注射了兴奋剂的老鼠比没有注射兴奋剂的老鼠在记忆迷宫的表现上更好。这是记忆整合理论的第一个发现，即记忆是在事件发生后不久形成的，而不是在事件发生时就形成的。

不久后，麦戈高夫博士在这一研究中有了第二个发现：肾上腺素对记忆巩固的作用与兴奋剂的效果相同。与兴奋剂不同的是，肾上腺素是人体自然产生的一种化学物质。具体来说，当我们经历强烈的情绪或惊奇体验时，它就会被释放。肾上腺素可以帮助身体做好战斗或逃跑的准备，以应对危险。

结论是：故事结尾的惊奇，可以刺激肾上腺素的产生，加强听众们对你的故事的长期记忆。在吉姆·欧文的故事中，发现所有的历史记载都与真正事实有出入，这就制造了惊奇。

◇ ◇ ◇

你可能会认为有些故事天生就有令人意外的结局。没错，但你也可以将一个看上去没有意外结局的故事变成这样。在本书中，我已经对几个故事进行了这种修改。让我们来看三个示例。

在第十五章中你读到了一个关于亚伯拉罕·林肯的故事。但直到最后你才知道故事的主角是林肯，这让故事有了一个强有力的惊奇结局。与此相对，我看到其他人在讲这个故事时，都在一开始就挑明故事的主角是林肯总统。有人会这样开始他的故事："亚伯拉罕·林肯一生中直面过许多挑战。"然后按年份列出所有事件。还有些故事在标题中就透露了他的大名：《亚伯拉罕·林肯永不放弃》。

我的故事版本并没有标题，也没有在开场就点明故事主角的身份。我把具体年份变成他的相应年龄，进一步模糊主角的身份，否则历史迷们会很轻易地猜出来。但最后的结果会让大部分读者惊奇。而且经过几分钟的研究，我又在故事的最后添加了三段内容。我的版本会不会像传统版本的效果那样好？当然。而且，令人惊奇的结局会给读者留有更深刻的记忆。

在第二十四章"詹姆斯和水壶"的故事中，我也使用了这种方法。（同样，你也必须等到结局才知道我说的是谁。）这个故事最初于1905年出版，书名中就包含主角的名字。显然，读者们无法从主角的身份中获得惊奇。但在我的版本中，我只是没有提到他的姓。所以在最后，我又加了一段，揭示他的真实身份及其做出贡献的历史意义。令人惊奇的结局。在詹姆斯和林肯的故事中，我通过对关键信息的保密，在本不存在惊奇的地方制造了惊奇。

有时候，有的故事天生就带有惊奇，但是你依旧可以通过更改惊奇的出现位置，来制造更多惊奇效果。例如，在第一章中，你读到了我给我的团队讲述了诺基亚作为造纸公司起步、发展的故事。但我最终还是决定，不在一开始告诉他们我讲的是诺基亚。也许这种开始故事的方法更自然："你知道诺基亚最初是一家像我们这样的造纸公司吗？这一切始于1865年，芬兰西南部的坦默科斯基河河畔……"在这种情况下，一开始就告诉听众们诺基亚最开始是造纸公司，但这个事实仍令人惊讶。我们刚刚了解到，故事开头的惊奇有其特殊作用。但是如果你可以选择把惊奇放在开头还是结尾，那么一定要选择结尾。很明显，把惊奇放在故事结尾，可以让你的故事更令人难忘，同时让听众们因为等待隐藏细节而更加专注。

◇ ◇ ◇

当然，惊奇并不一定非要出现在故事的开头或结尾。出现在故事中的惊奇总比没有惊奇好。在本章最后这个故事中，惊奇就出现在故事中间。更重要的是，在这种情况下，惊奇不仅不是无关紧要的，它还是整个故事的主题。

现在是早上6点，墨西哥城以北大约130英里的克雷塔罗市。大多数居民的闹钟刚刚响起，但有一个女人已经梳洗完毕，因为她的厨房里有客人。当然，这不是她平常招待客人的时间，这些客人也不是平常的类型。他们是家乐氏公司（Kellogg's）的高管们，从远在美国密歇根州巴特尔克里克市的总部前来访问。作为世界上最大的麦片生产商，他们十分关注消费者的早餐习惯。像这样的入户调查是他们获得消费者习惯信息的主要方式。但这次访问却让几位高管有些头疼。

家乐氏的首席执行官约翰·布莱恩特（John Bryant）也身在其中。他看着这位妈妈为五口之家准备饭菜。这就是约翰所说的"丰盛"早餐：鸡蛋、火腿、奶酪、吐司、果汁和一些水果。当这家人享用早餐时，他注意到冰箱顶上有两盒家乐氏的麦片。等这家人吃完早餐，约翰通过翻译向妈妈询问她是否吃麦片。

妈妈回答说："是的，每天都吃。"

约翰先看了看翻译员——他不确定翻译员翻译得是否正确——然后目光又回到了母亲身上。他那困惑的表情跨越了语言障碍，母亲很自然地接着说："para la cena."

约翰回头看了看翻译，依然很困惑，然后他从翻译口中听到了一个令他意外的答案："晚饭时。"

家乐氏高管们的眼睛都快瞪出来了，他们的目光从翻译员的身上跳到了妈妈身上，接着面面相觑。对于一个早餐谷物制造商来说，发现你的消费者把你的产品当晚饭吃，这惊讶程度不亚于冬衣制造商发现人们在夏天穿着自己的产品。这不是他们所预想的。在进一步的研究中，家乐氏发现这位母亲的情况并不罕见。墨西哥有30%的麦片产品被用来做晚餐。想象一下，当知道1/3的消费者在晚上食用麦片类食品时，该公司对麦片食品中的成分设定或广告宣传将会有多大的不同。

今天，约翰会通过讲述这个故事，让经理们不要太武断地思考消费者对他们产品的使用方式。"只思考麦片的早餐使用情况，这是件简单的事。"他解释说，"只在早上6~8点之间，在家里，拿出碗，倒上牛奶，用勺子搅拌等。"但也可能是下午，直接从盒子里拿出来，直接食用！他的教训是："不要把你的假设强加给我们的消费者。我们的产品比我们所认为的更通用。而且我们的消费者也这么认为。"

在这个案例中，整个故事都围绕着家乐氏的高管们第一次意识到他们的产品被用于晚餐而非早餐时的那一刻展开。惊奇不仅是故事的中心事件，它还是最初创造这个故事的灵感。商业上的惊奇通常代表着重要的学习时刻，比如一个长期存在的范式被颠覆，或者神圣的制度暴露出了缺点。你需要一个故事来捕捉这些时刻。如果一个像约翰·布莱恩特这样的故事被创造出来，所有人都可以通过对该故事的传颂而学习到这一课，智慧会在整个组织中传播，这一切都是由其令人信服的本质及令人惊奇的故事形式造成的。想象一下，如果它只是以研究报告中的要点等形式为大家所知，结果会怎样？这件事仍然真实存在，但只有少数人知道。

◇ 总结和练习 ◇

1. 开场就给听众们一个惊奇，吸引他们的注意力。你的故事中有什么不寻常或出乎意料的地方？使用这些作为你的开场。例如，汤姆被"取消顾问费"（第九章）；贝弗利·基翁出生在种植园（第十章）。

2. 你的故事涉及重大新闻事件吗？如果有，用它作为开场。（第七章中的埃及革命；第七章中的日本大地震。）

3. 使用"预料之外的坦诚"。加里·科弗令客户猝不及防的"不"，以及让人惊掉下巴的"你应该炒了我们"令客户疑惑，并大大吸引了他们的注意。在故事中听到这些话的听众们，也会产生相同的感觉。

4. 记忆不像照片，它不是瞬间形成的。记忆巩固过程会在事件发生后的一段时间内逐渐完成。

a. 像脑震荡这样的损伤会中断这个过程，造成记忆丧失。

b. 相反，肾上腺素提升带来的相应注意力提升会增强记忆的形成。

c. 惊奇触发肾上腺素的释放。总而言之，故事结尾处的惊奇可以让听众们留下更深刻的长期记忆。（例如，在第十五章中发现巨人的名字是"恐惧"。）

5. 如果你的故事没有惊奇的结尾，那怎么办？创造一个。隐藏故事中的关键信息，直到最后再揭示，比如故事主要人物或公司的名字。（例如，第十五章，在读了故事主角一生经历的失败后，才发现这个人原来是亚伯拉罕·林肯；第二十四章，读完整个故事你才知道讲的是哪个詹姆斯；第一章，读到最后你才知道那家创立在坦默科斯基河河畔的造纸公司是诺基亚。）

6. 下次，当你经历一个让你醍醐灌顶的时刻，一定要围绕它编写个故事。这些令人惊奇的体验对商界具有重大意义。（墨西哥城的早餐。）

第四部分

故事创作技巧（IV）：隐喻和类比

如果你想通过向团队传授经验教训、提供指导和反馈、培养问题解决者等方式，实现团队升级，那么第四部分的"两条路""跳出盒子"等经典商业故事将会帮助你达成目标。

这一部分的最后介绍了使用隐喻和类比的故事创作技巧。隐喻和类比拥有与完整故事相同的效果，可以唤醒听众脑海中的相关故事。它们可以把好故事变成杰出的故事，或者完全替代故事。想找到合适的隐喻，你可以尝试"萨尔特曼隐喻诱引技术"或者直接要求他人进行比喻。

第十八章　情境 14：传授经验教训

"学习不是强制性的，生存也是如此。"

——J. 爱德华（J. Edwards）

1993 年的同一天，巴里和我开始在宝洁公司的工作。当收到入职邀请时，巴里的反应比其他人都要骄傲，因为他从小长大的地方距离辛辛那提市的宝洁公司全球总部仅有几英里远。巴里一直都在追随他父亲的脚步，他是一名勤奋的学生，上了大学，学习商业课程，并以优异的成绩毕业。除了把商科作为主修课程，他还对成功有着非常强烈的具体形象要求。这种形象来自 20 世纪 70 年代，他小时候见到的他父亲的办公室模样，以及 80 年代电视和电影中出现的成功者形象。楼层角落的办公室、桃花心木办公桌、随叫随到的秘书，这些都是他心目中成功的标志。

每一名新晋分析师，入职后的第一份工作往往是进入一个品牌团队，对产品升级或新品牌发布进行财务分析。你和团队里的其他人都坐在一个大办公室的小隔间里，渴望着能获得楼层角落的办公室，坐在老板的椅子上。

这些就是我的工作。然而，巴里的第一份工作则幸运得多。他在公司的应收账款部门工作。每天公司都会将无数的货物发往全美各地的零售商，并产生数百万美元的销售金额，因此公司雇了很多人确保这些款项收支无误。该部门有几十名按时计薪的工作人员，他们大部分的时间都在与客户通电话，沟通付款事宜。管理这些应收账款专家们的则是那些新晋的经理，比如巴里。这些新晋经理每个人都领导着一个由五六人组成的团队，而且在楼层角落还有自己的办公室，你猜猜还有什么——巴里的大办公室里还有一张桃花心木桌子！

巴里没有经历他父亲 15 年的晋升历程，他的第一份工作就实现了他对成功的所有梦想。幸运的家伙，他中头奖了。上班的第一天，他轻飘飘地走进自己的办公室，坐在老板椅上头往后仰，将脚高高地架在桌子上。他沉浸在自己的好运中，脸上露出了满意地微笑。

没过多久，巴里的直接属下之一，莎莉进来对他进行了自我介绍。巴里并没有秘书，但所有向他汇报工作的下属都和秘书一个等级。尽管莎莉有自己的应收账款职责，但复印文件、安排小组会议这些也都是莎莉的工作。对巴里来讲，莎莉就是最接近秘书的那个人。

在一番寒暄相互熟悉后，莎莉转身准备离开。就在这时，巴里说出了他从 12 岁起就想对别人说的话，一句让他"成功三要素"彻底齐备的话："嘿，莎莉，你出去的时候给我拿杯咖啡，好吗？"

莎莉顿了一下，做了个鬼脸。她竭力装出高兴的样子，一边走出办公室一边扔下一句"当然，我很乐意"。巴里坐回到老板椅上，将刚刚对莎莉的羞辱彻底忘在脑后。

但消息传得很快。这一周还没结束，他在众人口中已经成了一个性别歧视者，一个傲慢的野蛮人，他拍了莎莉的屁股一巴掌，微笑着眨了眨眼说："给我端杯咖啡来如何啊，你个漂亮的小妞儿！"

他的声誉从未完全恢复过。尽管这些流言肯定不是他在宝洁公司短暂任期的原因，但当他在不到两年的时间里离开时，这些流言依然困扰着他。

将巴里工作的第一天与迈克·帕罗特（Mike Parrott）工作的第一天比较一下。

与巴里在应收账款部门声名大振的同一年，迈克被任命为宝洁俱乐部渠道销售团队的领导者。由于有些大客户在西海岸，如好市多和 Price Club，有些在东海岸，如 BJ's，所以将大本营设在中西部的辛辛那提似乎是个不坏的注意。不管是在西海岸或是东海岸，几小时内迈克都可以到达那里会见客户。但上任不到一年，有人认为如果迈克能从两个海岸中选一个作为基地，那就更好了。最终，迈克选择了华盛顿州西雅图市外的西海岸办事处。

1994 年 10 月，迈克来到了宝洁公司在当地租用的办公室。由于大部分销售人员都在家办公，来这里工作的只有一名经理和四名按时计薪员工，这个办公室也只有五个固定的小隔间及一个当作休息室的厨房。他们不知道要安排迈克在哪里工作。不过办公室的小隔间都足够大，如果需要的话，可以两个人共用一间。所以大部分人都认为，肯定得有两个人挤一挤，为他们的新老板腾地方。

你可以想象，当第一天迈克带了一张折叠桌，并在厨房里建立他的新"办公室"时，大家有多么震惊！而且他不是临时借用厨房，等其他人腾出地方就搬出去。他坚持留在厨房办公，直到六个月后他们搬到了一个更大的办公室。

迈克无私的举动赢得了整个团队的尊重和钦佩——领导者通常需要几个月的时间才能获得这些积极回应。这表明他是一个真诚的、谦逊的老板，专注于自己能为团队做什么，而不是反过来，让团队为自己做得更多。

刚入职或刚进入公司的人经常向他们的上级领导寻求成功的建议。明确的方向和对他们工作职责的指导当然是其中的一部分，但是你无法告诉他们如何应对可能出现的每一种情况。像之前的故事一样，如果人们可以看到成功和失败的具体表现，他们就可以自行决定要如何去做。这就是我在本章中着重介绍的，最有效的课程传授法之一。我管这叫"两条路"故事。这个名字以罗伯特·弗罗斯特（Robert Frost）《未选择的路》（*The Path Not Taken*）中的诗句命名，这首诗的开篇是，"黄色的树林里分出两条路。"这种类型的故事告诉听众，他们有两条不同的路可以选。故事会清楚地引导他们走向其中一条道路，但听众们会自行得出这一结论——这远比被他人教导有效得多。

我将在本章后面介绍它的第二种形式。现在，我想展示三种不同模式的"两条路"故事。前面我使用了两个不同的故事，向他人传授这一重要课程。如果符合以下条件，你也可以使用"两条路"的故事模式——当你有真实的案例：（1）包含你的听众们可以将自己与之联系起来的英雄（主角）；（2）涉及他们可能会遇到的反派（障碍）；（3）英雄失败及成功的情况；（4）逻辑结论可以指引听众们沿着你设想的道路前进。换句话说，当你有完美的好故事，以及完美的坏故事时。但这种情况可遇而不可求，这也是为什么以下两种方式更实用的原因。

◇ ◇ ◇

第二种方式，可以在你只满足（3）和（4）的情况下使用。这应该是一个关于成功和失败的真实故事。它会引导你得出正确的结论。但它可能并不涉及听众们会遇到的情况，而且英雄与听众们也没什么联系。所以，唯一起作用的方法是，将整个故事作为真实情况的隐喻。下面这个故事我用过很多次。

作为年度考核程序的一部分，许多经理都会得到一个绩效评估分级，表明他们当年的工作表现。例如，在宝洁15%~20%的人为1级，其余80%~85%的人为2~3级。初级经理经常问我："我要在明年的工作计划中加入什么，才能达到1级？"这是一个无法回答的问题，因为你的年终绩效评级结果，很大程度上取决于其他经理们做得有多好。因为这是按比例强制分级，如果这一年所有人干得都极其出色，那么这一年获得1级的难度就要比其他年份难得多。在对员工进行了多年的管理和评估之后，我可以为他们提供一些指导，确保他们明年的工作计划至少能让他们获得靠前的排名。但我注意到，大多数人能获得1级绩效评级，是因为他们完成了一些并没有事先计划的事情。一个问题或机遇出现了，他们立刻冲了上去，并获得了成功。多年来，我一直试图以通俗易懂的方式向人们解释这一点。最终，我发现了一个科学家的故事，这个故事抓住了这一想法的精髓。

这个故事已经有将近200年的历史，可能有些部分是杜撰的。但我并不教科学课，所以我觉得这个故事挺好的。下面就是我给那些有抱负的年轻经理讲的故事。

汉斯·克里斯蒂安·奥斯特（Hans Christian Oersted）是19世纪初哥本哈根大学的一名丹麦物理学家。1820年4月21日晚上，奥斯特正在给他的学生讲授电力知识。他使用一个简单的电路，将电池连接到电压表上来显示电流水平。

正如传说中的那样，在演示过程中的某个时候，奥斯特注意到桌上有一个磁罗盘。每当他将磁罗盘靠近电路装置时，磁针都会剧烈地跳动。演示完成后，奥斯特问他的一名助手是否见过这种情况。他的助手非常坦率地回答说："当然。这种情况经常发生。"

在接下来的几个月中，奥斯特对这一现象进行了深入研究，并最终证明了电和磁之间的直接关系。电流可以产生磁场，磁场也会产生电流。这种现象现在被称为电磁学，它可以解释光、电视和无线电波的原理，也是我们使用的手机信号、微波炉和 X 射线的基本机制。包括爱因斯坦相对论和量子力学在内的许多现代物理学都起源于电磁学。

这里的重要一课是，汉斯·克里斯蒂安·奥斯特成为电磁学发现者，并不是因为他发现了这一现象。这并不在他的"工作计划"内。他也不是第一个注意到磁罗盘在接近电流时会紊乱的人。他发现电磁学因为他是第一个认识到磁针跳动的重要性，并继续深入研究的人。

所以，如果你想要获得 1 级绩效评分，你首先要有一个漂亮的工作计划并完成它。同时，你还要密切注意你周围发生的事情，注意在你的业务和工作中发生的有趣的事情。一定要有好奇心。一旦发现重要的事情出现，就要对其进行一番深入的研究。

在这个故事中，奥斯特代表了一条路，而所有看到磁罗盘紊乱现象却没有深思的物理学家，代表了另一条路。与工作相关的隐喻可以更好地帮助你教导他人。在第二十二章中你将学习到一种更好的隐喻创造技巧。

◇ ◇ ◇

如果连只符合这四个标准其中一个的故事你都想不出，要怎么办呢？你是必须放弃，转而使用非故事型的教导方法吗？当然不是。这就是发挥你创造力的时候了——你自己编一个！没错，就要这么做。第三种"两条路"故事要使用虚构的人物来创建不同的路径。在下一个故事中，实际上有三条路，而不是两条。

我创建这个故事，是为了帮助年轻的研究经理们理解好与杰出之间的区别。

曾经有一位市场研究经理，她手下有三名聪明的年轻研究员，但她只能晋升其中一人。为了确定晋升名额，她给了他们三人一个挑战。"谁对下一位品牌经理的工作最有帮助，谁就能赢得晋升。"

不久，一位急切的品牌经理带着他的要求来到了研究部门，"我对我的品牌有几个新的产品想法，需要你们做几个概念测试，我会从中选出最好的一个。"研究经理向他解释了三位研究员的竞争关系，并请这位品牌经理单独会见他们三人。到了周末，研究经理召集他们三人，让他们介绍自己的计划。第一位研究员设计了一个完美的概念测试——寻找几组不同的消费群体，每一组评测一个产品概念。这个分析项目为品牌经理的每个产品想法都设计了独立的测试分支，并增加了一个与现有产品概念进行比较的环节。这个测试要求每个分支的受访者数量都要符合统计要求，而且受访者的年龄、教育程度、收入和种族必须完美代表该国的人口组成。为了帮助品牌经理挑选出最好的产品概念，这名研究员在调查中加入了所有可以想到的问题。

"干得好。"研究经理说。

第二位研究员登场，但她却提出了一个完全不同的测试。"品牌经理要求进行概念测试。你为什么没按他的要求进行设计？"市场研究经理问。

研究员回答说："当我看到这些新概念时，我意识到它们都非常相似。实际上，我不认为它们之间有什么不同。它们都描述了与当前品牌相同的产品优势，只是解释用词有些细微差别。我知道他要求进行概念测试，但我不认为传统的产品概念测试能回答他提出的问题：'哪一个是最好的产品概念？'分组对每个概念进行评估，其结果是，每一个新概念的得分都差不多。在我的测试中，我会向同一组人展示所有的概念，并要求他们选择一个措辞最令人信服的概念。这种做法更简单，执行费用也会大幅降低。"

"很好。"研究经理说。然后她请第三位研究员介绍他的研究计划。

"实际上，我没有研究计划。"研究员羞怯地说。

"什么？你有一个星期的时间去做。我以为你和其他人一样想得到这次升职机会呢。"

"哦，我的确想，"第三位研究员回答说："我只是认为这个品牌不需要做更多的研究。"

"继续讲。"老板好奇地回答道。

嗯，我理解的品牌经理的问题是：他的新概念中哪一个最好。但是在和他谈了他的业务，以及我们对这个品牌的研究之后，我意识到这不是正确的问题。现有概念在去年第一次测试时得分很高。为这个概念配套推出的电视广告，市场反应也非常好。消费者的认知度空前高涨，他们对这一概念的回馈也正如我们的预期。所以，该品牌的问题不是产品概念，它的问题在于价格。我们的价值评级全年都在下降，因为我们的竞争对手在星期天的报纸上刊登了更多的优惠券和促销价格。

"因此，正确的问题应该是'我们需要怎样的价格才能具有竞争力'，但我们已经知道这个问题的答案，因为我们18个月前进行了一项价格研究。我们清楚地知道要降价多少。但我们从来没有这样做过，因为我们无法同时负担降价和已获批的广告预算的增加。所以我查看了我们的广告时间表，发现我们现在的广告已经远远超出这个产品类别的饱和点。实际上，大约10%的广告预算被完全浪费掉了。如果我们减少不必要的广告支出，我们将有足够的空间将价格降低到高竞争水平。这正是我建议做的事情。"

最终，三号研究员获得了晋升。

当然，这一课的教导目的是"提出正确问题"。研究人员有时会被当作"测试服务员"。业务合作伙伴进来向他们订购特定类型的消费者测试，"我要做两次产品测试和一次品牌资产调查。"即使是最一般的研究员，也可以按照要求进行设计、执行和结果分析。一名合格的研究员，则会先确定自己的测试能不能正确回应客户提出的问题。然而，最好的研究员会首先确定客户提出的是不是正确的问题。仅仅告诉年轻的研究员要先确定客户提出的是不是正确问题，这并不够。像这样的故事——真实的或虚拟的——可以让他们理解更深一些。

当然，创作一个虚构的故事的好处是，你可以让创作的故事符合上述四个

162

标准。你可以让主角与听众们有关联。你可以让主角遇到与听众们的情况相似的困境。你可以让故事得出你想要的结论。所以，如果你找不到适合的真实故事，那就自己编写一个。但是，一定要让你的听众们知道这是你编出来的。

◇ ◇ ◇

就上文讲的第二种方式来说，讲述效果最好的是失败的故事，也就是一个关于某人试图完成某件事但失败的故事。正如作家兼企业家克雷格·沃特曼（Craig Wortmann）所观察到的，"人们会被失败的故事吸引，就像我们会围观事故现场一样。我们希望知道发生了什么，并希望知道如何确保这一情况不会发生在我们自己身上。"但"失败的故事"不仅仅是指"两条路"故事中反面的那一半。如果你把汉斯·克里斯蒂安·奥斯特故事的反面一半讲给他人听，人们并不一定认为那是失败。"一些科学家用电和磁罗盘做了实验，他们有时会注意到磁针会乱转。仅此而已，他们并没有其他任何的发现。"虽然这不是个有趣的故事，但你也不能说故事里的人是失败的。只是与成功的那条路比，这条路不那么成功而已。

失败的故事显然是糟糕的。它清楚地告诉你什么是错的，这样你的听众就可以避免犯同样的错误。接下来的故事就是某人的失败案例。你讲的失败故事并不一定发生在你自己的身上。你的听众会从所有人的错误中吸取教训。但是讲述一个关于你自己的失败故事会带来两个额外的好处。首先，它能赢得听众们对你的尊重和赞赏，这是其他方式无法做到的。今天的领导者们很少会表现出谦逊。所以当你分享自己的失败时，人们会认识并欣赏这一点。因为他们知道分享自己的失败比分享别人的要困难得多，对他们来说，不惜暴露自己的缺点来引导他们，这表明你真的十分关心他们的成长。其次，它会让你的形象变得脆弱，就像杰米·约翰逊在第九章中做的那样。它可以帮助你和你的听众建立更深厚的关系，就像杰米和他的同事们那样。以下是凯文的故事。

"当我的老板把我叫到她办公室时，我才刚到这个岗位不满一个月。好消息是，我们今年的生意很好，我们正朝着超额完成目标的方向努力。坏消息是，明年将会变得很艰难。为了达到我们的目标，我们需要进行一系列的开支紧缩工作。她问我，有没有可能将一些明年计划中的工作放到现在来干，因为明年的资金会很难获得。而现在距离'明年'只有6周的时间。

"为了取悦我的新老板，我对她说完全没问题。我很快召集了属下各团队的负责人并征求他们的意见。他们给出的预期相当高——价值大约100万美元。我问我们能否在6周内完成这么多工作。（我并没有希望我们能完成这么多工作。但如果可以将这么多钱交到我新老板手上，那就太好了。）他们向我保证没有问题。我把这个数字交给了我的老板，我的团队开始行动。

"到月底我发现，我犯了一个严重的错误。我的团队夜以继日地工作。他们的压力很大，人也很累。在我们匆忙启动项目的过程中，错误不可避免地出现了。其中一个错误很糟糕，导致我们不得不重新开始。最后，我们只完成了承诺目标的75%。事后看来，我应该预见到这一点。除了百万美元的冲刺工作，我们还进行了一次公司重组，大家对新的上下级关系还不熟悉。并且我刚刚失去了下属部门最有经验的两位管理者。在如此混乱的环境下，我将如此困难的任务交给我的团队——这都是由于我差劲的判断力所致。

"但为什么呢？我是一名优秀的经理，通常不会做出如此差劲的判断。为什么我如此愚蠢地接受了团队成员的断言，认为我们可以在一年中的最后6周内完成所有的工作，而且还是在如此糟糕的环境下呢？经过一番思考，我得出了结论：为了取悦我的新老板，我忽略了一个事实，那就是我不是唯一一个有新老板的人。我下属部门的25个人也有了一个全新的老板——我！他们也想要取悦我。如果我一直在考虑他们和他们的最佳利益，而不是我自己的利益，我会做出更好的选择。作为一名好领导者，你要将思考他人放在思考自己之前，帮助他人成功就是你的工作。当你只担心自己的成功时，你就无法做到这一点。"

在犯下错误的几个月后，凯文和他的团队分享了这个故事。这是他承认错误和道歉的方式，同时也教会他们从这次失败中吸取教训，不要重蹈他的覆辙。一年后，他发现自己再次经历了这一情况：同一位老板提出了同样的要求，这次她一上来就要求 100 万美元的目标。此时，凯文找到了这个故事的第二个用途。他先和老板分享了这个故事，然后说道："你看，这就是我去年搞砸的经历和原因。今年的目标定在 50 万，好吗？"老板欣然同意了他的请求。

◇ ◇ ◇

作为分享失败故事的最后要点，我要提及一本我最喜欢的书。作为一名专业的市场研究员，我读过几十本关于研究方法和实践的书。对我来说，最有价值的一本书就是《危险：工作中的营销研究员》（*Danger : Marketing Researcher at Work*，1983 年出版），作者是特里·哈勒（Terry Haller）。喜欢他的原因很简单，我读过的每一本营销研究书籍都是关于要做什么的，但特里·哈勒的书则会告诉你不要去做什么。这本书基本上就是包含 111 个最糟糕的错误，要么是他个人的错误，要么是他以市场研究名义犯的错误——111 个失败的故事！你可能听过这句话：如果一个团队中 10 个人都同意，那么至少有 9 个人的观点是不必要的。特里·哈勒是个古怪的人，因此他也是团队中最有价值的声音。很明显，他是一个愤世嫉俗的人，他声称"90% 的营销研究都存在严重的缺陷，它们的价值值得怀疑。"但那几乎是 30 年前的事了。此后，市场研究这个行业取得了很大进展——很大程度上是通过解决特里在书中指出的 111 个缺点。

讲述你的失败故事。人们会注意到的。

◇ **总结和练习** ◇

1. 你无法告诉人们如何应对可能出现的每一种情况。"两条路"故事给了他们一张成功的图画和一张失败的图画，这样他们就可以决定要走哪条路。

a. 如果你的案例包含与你的听众有联系的真实人物，以及他们可能会面临的挑战，而且一个成功一个失败，那么你就有了一个真正的"两条路"故事的完美素材，比如巴里的咖啡和迈克的厨房。

b. 如果你没有完美的故事，找一个其他领域或情况下的"两条路"故事，并用它来类比你们的情况。（例如，奥斯特和乱转的磁罗盘。）

c. 一个也想不出来，怎么办？那就自己编一个！使用虚构的人物，从零开始创造"两条路"的故事。（例如三位研究员竞争升职的故事。）

2. 我们从失败中学到的比从成功中学到的更多。不幸的是，人们通常不愿谈论他们的失败。不要这样，分享你最大的失败，这样他人就可以避免重蹈你的覆辙。他们会尊重并感激你的。（例如，百万美元的错误。）

第十九章　情境15：提供指导和反馈

"反馈是冠军们的早餐。"

——肯尼斯·布兰佳（Kenneth Blanchard）

我第一次见到米奇·韦克普（Mitch Weckop）是在1997年，那时我刚刚搬到加利福尼亚，并获得了人生中第一次大晋升。这是我身为领导者的第一份工作。我很快意识到，如果我想学习如何有效地领导他人，米奇就是我的榜样。

我惊奇地看着他对工厂里的100多名员工进行指导和激励。每当有人找他求助时，他不仅可以给予他们正确的建议，还可以让他们对自己、对事业和公司的态度更积极。

我经常和我妻子丽莎谈论，米奇的领导是多么让我震撼。我不认为我有足够的能力可以对人们产生这样的影响，但我很想尝试一下。终于有一天，我的一位直接下属来向我寻求帮助，我感觉自己完全是按照米奇的方式进行处理的。我现在已经记不起细节了，但我那时一定对自己很满意。因为当我回到家，丽莎问我今天过得如何时，我告诉她："太棒了！我今天是'米奇经理'！"

她一下就明白了我的意思。从那以后，这句话一直是我和丽莎之间的密语，意味着在那一天我成了自己一直渴望成为的领导者（至少有几分钟是这样的）。虽然这种情况不经常发生，但每年也有几次。下面是其中某次的故事。

我和一位来自公司其他部门的初级经理一起开了个项目评审会，他的部门为我们供应服务。这位初级经理绝对是名精英员工，是那种所有经理人都梦寐

167

以求的下属。虽然他没有直接向我汇报，但我经常和他一起工作，所以对他产生了兴趣。一次，会议结束后，我像往常一样询问他的近况。

"不好，"他回答道，"我妻子想让我离开公司。"我很清楚问题出在哪里。他已经超负荷工作了好几个月。在他之前，有三位经理在做他现在的工作。公司部门重组后，原来的三个职位被缩减成了一个，他一个人负责所有的工作。每当我遇到他时，我都会问他的近况如何，每次他都会说"情况很糟糕"。我想帮助他，但他总是说："不，谢谢。在'ABC'项目完成后，情况会好转的。"但结果是，情况仍然没有好转。下一次问他，答案还是一样。"不，谢谢。一旦'XYZ'项目结束了，情况就会好起来的。"

6个月后，他终于向我承认，这种情况已经持续了近一年。他妻子两个月前生了第二个孩子，但这两个月来，他在家人睡觉前回家的次数屈指可数。

当我问他，他的经理做了什么补救措施时，他说："你知道，我真的不认为他们会关心我。他们毫不重视我付出的辛苦努力。他们只是发明了各种新工具让我们使用，而我们甚至没有时间使用已有工具。他们没有更多的预算来雇人分担我的工作，因为他们把所有的钱都花在项目开发上了。"

让他发泄了一阵后，我提醒他我每月都向他提出帮助，但他每月都拒绝了我。（我看得出，他把寻求帮助看作对自己失败的承认。）我说："既然事情不会好转，现在是时候接受我的帮助了，这点你同意吗？"这次他同意了。然后，我花了几分钟告诉他，一名员工对公司有多重要；我告诉他他是一名多么杰出的员工，以及我这么说的所有根据；我告诉他我在他面前看到了多么光明的未来；我告诉他我多么荣幸地欢迎他进入我的部门，在现在或将来填补任何职位空缺；我告诉他能拥有他这样的下属是多么幸运。他看起来好像有一段时间没听到这些话了。

接下来，我讲了所有我可以帮助他的方法。首先，和他现在的老板谈谈，寻求对方的帮助。如果这不起作用，可能是因为他老板没有足够预算为他雇一名助理，但是我有。我可以付钱给我们的服务部门，让他们弥补这个空缺；或者我可以把他的一部分工作分给我部门里的人；或者我可以帮助他进行工作

168

优先级排序，去除一些不必要的内容；或者以上所有我都可以做到！

我们商定了其中两个解决方案，并计划在一周后开始实施。

我做的最后一件事，是给了他一些严厉的反馈意见："对于发生的这一切我很抱歉，但这不完全是你老板的错。你自己也有一定的责任。说真的，作为一名经理，一位丈夫，一位父亲，你却让这一情况持续这么久，真是太丢脸了。当你需要帮助的时候，你应该有很好的判断力去寻求帮助，或者至少有谦逊的态度去接受帮助。无论是对我们的公司，还是对你的家人来说，你都太宝贵了。你不能把自己的身心健康置于这种压力之下。别再让这种事情发生了。"

他离开时握了握我的手，给了我一个微笑，并以最真挚的方式向我道谢。我可以从他的言语和表情看出，他知道公司里有人看重他、关心他，这让他感到很高兴。他知道管理层确实在帮助他解决问题，这让他感到很欣慰。他也更明智地吸取了宝贵的教训，使自己成为更棒的员工、丈夫和父亲。

当我回到我自己的办公桌时，我也露出了微笑。因为我知道，回家时我可以自豪地告诉丽莎我今天是"米奇经理"。

从这个故事中可以学到很多内容。第一，如果你想在某件事上做得更好，那就找一个做得最好的人，以他作为自己的榜样。我的榜样就是米奇。第二，当你成功时，要进行庆祝并为自己感到骄傲。当我告诉妻子我今天是"米奇经理"时，她会给我一个特别的微笑，这让我有一种温暖的自豪感。第三，如果你做得对，即使是指出某人的错误，也会被对方视为一种礼物，并对你充满感激。让我们看看在上面的故事中，是怎么做到这一切的。

第一，它从积极的反馈开始。这会让你的听众打开心扉，倾听你的谈话。如果从负面反馈开始交流，则会让对方失望。积极的反馈还能建立听众对你的信任，进而接受你随后给他的负面反馈。毕竟，如果你聪明到可以看出他在某个领域的出色表现，那么你对他缺点的看法很可能也是对的。

第二，我问他是否同意他的工作存在问题，而且不积极处理情况永远无法好转。如果你的听众认为没有问题，那么你的建议将被对方扔到脑后。

第三，我问他围绕这一问题进行了哪些补救措施。在这个故事中，我问他老板是怎么处理的。另外一定要问问他自己做了什么。对于已经尝试过但无效的工作你是不会想去重复的，而且你要把解决问题的责任放在处于解决问题最佳位置的人身上。

第四，提供帮助，而不仅仅是建议。建议是好的，但切实的帮助更好。此外，最好提供多个帮助的可选项，这样对方可以选择一个最有利的方式去做。

第五，表明这种情况是不可接受的，因为对方太有价值了，不能让这种事情发生。很多人的反馈会带有对对方的否定信息，"你不够聪明，你做得不够好。"这种反馈会让对方感到失望，让他的自证预言实现。如果你将反馈换成"你太聪明太重要了，不能一直这样下去。"这种言辞更可能鼓励对方开始行动。

◇ ◇ ◇

一旦指出错误，给出反馈就会容易得多。不幸的是，人们往往犯了错误，自己却看不到。这就是第二步如此重要的原因——你要确保对方同意你的反馈。当对方看不到（或不愿看到）自己的错误时，你要怎么做呢？给他们讲述其他人接受反馈的故事。这里有个来自《圣经·旧约》的古老故事。大多数基督徒和犹太人都知道大卫王和拔示巴的故事，但很少有人记得先知拿单通过隐喻对大卫王进行的谴责。

据《撒母耳记》描述，有一天晚上，大卫王从床上起来，在宫殿的屋顶上行走。此时，他看到旁边的人家里有一个女人正在沐浴！那个女人很漂亮，于是大卫王派人去了解她的信息。原来，她是乌利亚的妻子拔示巴。乌利亚是大卫王军队中的一名战士，正在战场上作战。于是，大卫王将拔示巴叫到自己的宫殿里，和她上了床。（拒绝国王的请求可能会被判处死刑。）

然后，大卫王差遣人去见将军，吩咐他设计将乌利亚抛弃在战场上。将军遵照大卫王的命令行事。所以，乌利亚在战斗中牺牲了。于是，大卫王就明目张胆地将拔示巴带回家，并娶她为妻。

一年后，先知拿单去见大卫王。先知的职责之一就是正视罪恶。拿单对大卫王说，城里有两个人，一个富人，一个穷人。富人有许多牛羊，穷人只有一只小羊。穷人竭尽全力抚养这只小羊，和它分享自己的食物，让它用自己的杯子喝水，甚至让它睡在自己的怀里。这只小羊就像是他的女儿一样。

一天，一位旅行者前来拜访富人。富人没有动自己的牛和羊，而是把穷人的小羊杀了招待他的客人。大卫王听到这里，怒火中烧。他对拿单说："我对永生的耶和华起誓，行这事的人该死！他必须为这只小羊付出 4 倍的金钱，因为他行事卑鄙且毫无怜悯之心。"

"你，"拿单严肃地对大卫王说："就是那个人。"拿单说，大卫王有很多的妻子，但乌利亚只有一个。"你却暗中杀害乌利亚，将他的妻子变成你的妻子。"

大卫王对拿单说："我愧对耶和华，我有罪。"

大卫王没有其他话可以说。通过"富人"罪行的隐喻，大卫王接受了拿单对自己的指责。

有时我们很难看到自己所犯下的错误，直到他人帮我们指出这一点。带有隐喻性的故事让我们从另一个角度看到了这一点。正如你将在第二十二章学到的，隐喻和类比是强有力的故事工具。在前面的示例中，整个故事被用作一个隐喻。如果使用得当，这种技巧是提供指导和反馈的最有效方法之一。

要在商业环境中使用这种方法，你需要拥有与"拿单与大卫王"相当的故事。幸运的是，在公司里有很多通过他人反馈改正自己错误的情况，大部分领导者都见过不少。从中选择一个与现有情况完全不同的案例（这样不会被犯错者轻易察觉），向犯错者讲述这个故事并让他找出故事中的问题所在。一旦他发现（你想让他发现的）问题的关键，你就可以对他说："你就是那个人。"

◇ ◇ ◇

另一个关于反馈的挑战是：领导者被要求给出反馈，但他们并没有准备好。最常出现的情景是：某名员工刚刚完成了一个大项目，或者成功进行了一次重要汇报演讲，他很急切地想获得老板的反馈，但老板还没来得及仔细考虑。最常见的反应是："哦，你做得不错。干得好！"在这种情况下，最好的办法是请对方给你一点时间思考一下，然后再回复他。当回复他时，你就可以运用在上一章学到的内容了。首先，确保你回答的是正确的问题；其次，如果你能用"两条路"的故事来进行反馈，那就再好不过了。具体应用请看下面示例。

考特尼·迈纳（Courtney Minor）是一位前途光明的年轻经理。她最近刚刚升职，正与一个新团队就一个重要项目进行合作。这一天，她和她的同事按计划向领导层进行工作汇报，并借此机会请求领导层批准下一阶段的资金。第一次面向董事们和总经理汇报工作，这让初级经理内心紧张，但又有很多的收获。不管怎样，这是每个人都必须经历的仪式。

汇报完成后的第二天，考特尼就找到了她的主管，希望获得一些反馈。"我昨天在会上说得够多吗？"她问。

她的主管一开始显得有些困惑，然后在短暂的停顿后回答说："这不是正确的问题。"考特尼惊讶地睁大了眼睛。"你应该问的问题是：'我实现我的目标了吗？'"然后主管问了考特尼几个问题。

"你是否清晰地展示了你们的工作成果？"

"是的。"她回应道。

"你是否全面地传达了你发现的重大风险？"主管问。

"是的。"她再次回应道。

"你能回答你所负责领域的所有问题吗？"

"是的。"她点了点头。

"副总裁批准了你们的项目申请吗？"

"是的！"她惊叫起来。

"听起来你做得很好！"主管总结道，"恭喜你。"

考特尼对这个结果很满意。但她的学习过程并没有结束。她的主管接着解释为什么说她问错了问题。

"到处都有不好的建议。我听到的最糟糕的一句话是：'如果你想被视为领导者，你一定要在会议的前3分钟说点什么。'虽然我相信这一说法有一定的合理性，但如果你真的遵守它，那只会适得其反。我相信你肯定见过听信这一说法的人。他们的屁股坐在椅子沿儿上，拼命寻找机会在谈话中插上一句。但他们的发言大多空洞无物，会被别人暗笑'自己说话自己听'。如果你关心自己是否说得足够多，你就有可能落入同样的陷阱。会议室里已经有够多想要实践'3 分钟规则'的年轻 MBA。你不要成为他们中的一员。你可以换个其他问题提问。

"那还是阿什维尼·波尔瓦尔（Ashwini Porwal）担任部门主管时，总裁和所有主管计划对某销售团队进行访问。在准备过程中，其中一位主管给销售团队写了封电子邮件，介绍了出行领导团队的每一位成员，以及他们各自的特点和关注点。

"这位主管为每名团队成员写了一段介绍，从主席鲍勃·麦克唐纳（Bob McDonald）开始。'鲍勃喜欢谈论大局……不要敷衍地回答这些问题，实话实说……可能会问到价格问题'等。电子邮件里有几段是关于阿什维尼的，大意是：阿什维尼·波尔瓦尔，研究主管，他说的话不多，但他说话的时候，你最好仔细听。鲍勃·麦克唐纳就会这么做。

"你想要成为什么样的人？你可以遵循 3 分钟规则，但你会被视为一个傲慢的，喜欢自己声音的人。你也可以成为阿什维尼，当你说话时，人们都会闭嘴倾听。"

现在，考特尼对自己的汇报表现感觉好多了。而且她对得体的会议行为有了更好的了解。她不再考虑自己是否说得"够多"。

◇ ◇ ◇

前面所有的故事都是关于如何有效地提供指导和反馈的。但是，如果没有一个关于如何更好接收反馈的故事，这一章就不算完整。这次的故事主角是盖尔·赫兰德（Gail Hollander）。盖尔从事广告业工作已有 20 余年时间，她曾在纽约几家最负盛名的广告公司工作。她帮助打造了多个行业的成功品牌，并投放了一系列知名广告。

　　盖尔的大部分工作时间都在进行客户管理。这意味着她要与客户会面，了解他们的需求，制定沟通策略，并向创意部门解释要为客户创造怎样的广告。幸运的是，创意部门的人大部分时间只需与盖尔打交道。但盖尔却不得不面对那些古怪的、充满挑战性的客户，他们有的人一次会提出十几项要求。

　　在她记忆中，有一位客户最为麻烦。不管她的团队的创意有多好，这位客户永远不会满意。开会时，他会把手举到空中大喊大叫。不管盖尔多么努力地解释自己的观点，他似乎永远都不理解，更不要说同意了。盖尔形容这种局面是：一只黑猩猩试图与狮子对话。他们两人都很能干，只是他们说的并不是同一种语言。

　　这位客户想把盖尔从团队中踢掉。他是广告公司的付费客户，他知道公司会满足自己这一要求的。他所要做的，就是打电话给该广告公司的客户服务主管——那个负责将客户经理分配给客户的人。讽刺的是，这家广告公司的客户服务主管就是盖尔·赫兰德。接到这个电话时，她并不惊讶。这是不可避免的。此时，她的工作是耐心地倾听客户，听对方详细列出希望她离开团队的原因。可以肯定的是，这家伙在描述她的表现时，并没有在会议上表现得那么圆滑和优雅。

　　在任何其他情况下，盖尔都会带着尊重地反驳这些评价，捍卫自己的立场。但客户没有打电话给直接对接人盖尔·赫兰德抱怨，他是打电话向客户服务主管盖尔·赫兰德投诉。这才是盖尔接听这通电话时的角色。最终，在诚实客观地评估了所有情况后，她不得不承认自己并不适合这名客户。她把自己从这个团队中除名，让另一个人接替了自己的工作。

　　我们中的大多数人永远不会处于这样的尴尬境地：让别人当面抱怨我们，就好像我们是空气一样。但这也是种不幸。因为这意味着我们永远没有机会客观地倾听他人对我们自己的反馈。这一课告诉我们：当你收到反馈，尤其是负面反馈时，很容易产生抵抗情绪，并将自己的错误归咎于他人。当反馈是针对他人时，你就更容易理解、接受，并判断要采取的相应对策。当然，在收到关于你自己的反馈时，你不可能变得完全中立和客观。但你可以试着体验盖尔的处境，把你自己想象成你客户的服务主管，像处理他人反馈一样处理对你的反馈，像给他人指导一样给自己指导。那么，你要建议自己如何对待这条反馈，又要如何改善这一情况呢？

如果你以这种方式接受每一条反馈，想象一下你的工作将会有多大改进。你甚至不用炒掉自己，就可以做到这一点。

◇ 总结和练习 ◇

1. 如果你想在某件事上做得更好，那就找一个做得最好的人，以他作为自己的榜样。

2. 庆祝你的成功，不管以多么小的方式。（例如，成为米奇经理。）

3. 反馈是很多犯错者不欢迎的礼物。你可以通过以下方式更好地向他人提供反馈：（a）从积极的反馈开始；（b）确认他们同意"存在问题"；（c）询问他们已经做了什么；（d）提供帮助；（e）向他们表明：他们太有价值，不能再继续错下去。具体方法详见"米奇经理"故事。

4. 有时你的观众无法（或不愿）看到自己的错误，不管你提出的反馈有多好。一个人可能因为被指出错误而变得盲目。如果遇到这种情况，你可以讲一个关于他人接受反馈的故事。你的听众会看出故事中的问题。然后询问他，故事中的问题和他的情况有什么相似之处。拿单和大卫王的故事就是一个很好的例子。

5. 当你被要求反馈时，确保对方提出了正确的问题。"我说得够多吗？"这绝不是你要回答的正确问题，除非你是脱口秀主持人。参考考特尼获取反馈的故事。

6. 接受针对自己的强硬反馈是件困难的事。通过分享盖尔解雇自己的故事，教导你的领导者们如何优雅客观地接受反馈。

第二十章 情境16：培养问题解决者

"我们不能使用制造问题时的思维去解决问题。"

——阿尔伯特·爱因斯坦（Albert Einstein）

自 1946 年，汰渍（Tide）推出以来一直是美国第一大洗衣粉销售品牌。这要归功于宝洁的化学家和工程师们年复一年对配方的改进。在 20 世纪 90 年代末，他们进行了一项有趣的改进。据前首席技术官吉尔·克洛伊德（Gil Cloyd）回忆，当年他们遇到了一个难题：某种特殊的泥土无法从织物中去除。这种泥土的另一个不寻常之处是，它经常从一件衣服上脱落，然后重新附着在另一件衣服上，无法被保留在水中。

宝洁洗衣粉研发团队面临的典型挑战是：如果配方太弱，可以对织物更安全，但无法有效去除污渍；如果配方太强，清洁效果会很好，但会损坏织物。对于这类问题的一贯解决方法是：找到正确的配方，在不损坏衣服的情况下，去除特定污渍。这也是研发团队在面对这种特殊泥土时，一直在做的事。

经过数月的失败后，有人提出了一个想法："如果这种泥土没有粘到第二件衣服上，会怎么样呢？如果我们能防止污渍的二次附着呢？"于是，研发团队将工作重点转向了寻找阻止污渍在织物上二次附着的化学物质。很快，他们就做到了这一点。此后不久，他们推出了有史以来最有效的汰渍洗衣粉，继续赢得全国消费者们的信赖。

这一课告诉我们：有时解决问题的最佳方法是避免自己被先入为主的想法

局限住。下次，当你的团队遇到困难时，和他们分享这个故事。然后问："如果……会怎么样呢？"

吉尔的故事是一个经典的"跳出盒子"（跳出思维定式）的故事，这对引导人们寻找创造性解决方案很管用。因为仅仅告诉他们"跳出盒子思考"是无法做到这一点的。这有点像第十六章中，告诉他们要"热爱自己的工作"一样。与此相反，你必须为他们画出一个更大的盒子。思考一下下面的经典九点问题：

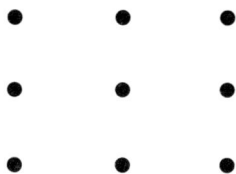

你要用四条直线（或更少）将所有九个点连接起来，但不能断笔，也不能重复之前的路线。第一次看到这个问题时，大部分人会把思考空间限定在九个点之内。不管他们怎么看，在九个点形成的方框（盒子）内是没有答案的。唯一解决方案是，你要把自己的思维和线路扩展到这九个点之外的更大空间（盒子）里。这时，若干创造性的解决方法会立刻出现。其中两个如下：

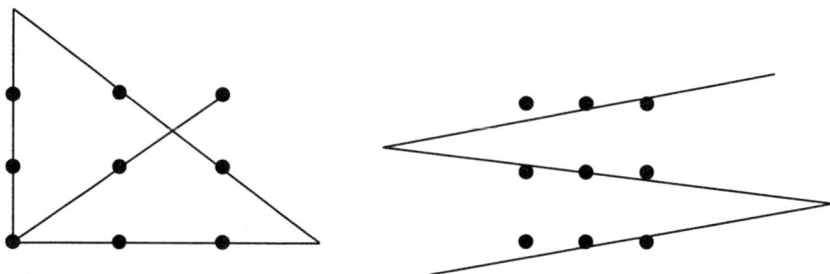

人类在思考时，需要一定的参照物或参照体系。如果你不给他们一个，他们就会自己造一个。因此，帮助他们更快解决此类问题的方法，绝不是告诉他们要"跳出盒子"思考。你应该给他们画出更大的盒子。例如，给他们下图，告诉他们要用四条直线（或更少）将所有九个点连接起来，不能断笔，也不能重复之前的路线，而且所有直线都必须在方框内。

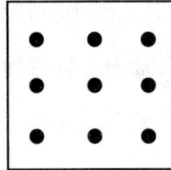

他们很快就会找到解决办法。通过在九个点外画一个框——一个九点小盒子外的大盒子，这会让他们很自然地在这个范围内进行思考——换句话说，你强迫他们在更大的盒子里进行思考。这就是"跳出盒子"故事所做的。像汰渍这样的故事，可以将人们引入一个他们以前没有想到的空间，去思考解决方案。它给人们画了一个更大的盒子。当人们面对问题时，他们会很自然地在已有解决方案中寻找答案，而汰渍这一类的故事，可以让人们跳出思维定式，全方位探寻所有可能的答案。当然，这里指的并不一定是洗衣粉问题或化学问题，这种方式适用于任何问题。

◇ ◇ ◇

在你的组织中，培养优秀问题解决者的另一种方法是：让他们从自己的团队、公司，甚至行业之外寻找解决方案。安迪·穆雷（Andy Murray）的故事很好地说明了这一点。

1997 年，安迪是阿肯色州斯普林代尔一家广告公司的创始合伙人之一。这家公司名叫 ThompsonMurray，虽然刚成立不久，但成长迅速。ThompsonMurray的业务是为全美零售店设计并制作店内展示材料。安迪知道，零售业是一个快节奏的行业，处于不断变化的状态中。新品牌进来，老品牌消失，广告牌上的商品特性和促销价格每周都会发生变化。所有这些都需要新的广告材料，因此速度至关重要。一个跟不上节奏的广告公司不会存在太久。

于是，安迪不断地寻找可以在不损害质量的情况下加快工作流程的方法。事实证明，他的一些最好的想法来自最不可能的地方。其中一个不太可能的地方是他儿子的儿科医生——杰克逊医生。杰克逊医生被评为镇上最好的儿科医生，他以杰出的治疗能力以及对病人的友好态度而闻名。但这些并不是安迪关注的地方。给安迪留下深刻印象的是，杰克逊医生在保持高质量治疗水平的同时，每天仍能诊疗 70 多名患者，而大多数医生每天最多诊疗 40~50 名患者。

于是，安迪请杰克逊医生访问 ThompsonMurray，与他的团队讨论高速工作的经验。在那次交流中，安迪了解到杰克逊医生的秘密，既不是增加工作时间，也不是缩短与每名患者的相处时间。毕竟，没人会因为与患者花更少的时间相处，而获得当地最佳医生的头衔。事实证明，他成功的秘诀既不在诊疗，也不在护理。

对一名普通医生来说，与患者进行 10 分钟的诊疗相处后，他还要花费额外的 5~10 分钟的时间记录病历、开药，并对医护人员进行护理指示。杰克逊医生想出了一种方法，将这些额外的"非病患相处时间"缩减、去除，或者转为和病患的相处时间。在进入诊疗室前，杰克逊医生会从诊疗室门口挂着的文件夹里获得患者完整的病史、就诊原因、护士的初步评估，以及一个手持录音机。杰克逊医生会查阅患者的病史，评估患者病情，并确定正确的医治方案。然而，杰克逊医生不会离开病人，把所有的后续工作留到下班前。他直接在病人面前进行这些工作：他使用手持录音机记录自己的评估结果、给药建议和护理指示。然后他把录音机放回文件夹里。当杰克逊医生诊疗下一位患者时，护士会拿出录音机，完成后续的所有撰写工作。

使用录音机在患者面前进行这一系列工作，有很多好处。第一，这比等到下班前再统一记录要准确得多，因为人类的记忆力并不完美。第二，这样做速度更快。因为与书写相比，口述会节省大量时间。此外，如果将这些工作留在下班前，他还要查找笔记、回忆具体情况，及时记录可以节省下这些时间。第三，也是最重要的，这三四分钟时间是和患者在一起的，而不是独自一人在私人办公室里度过。患者可以准确地听到医生的治疗方案和开出的药品，如果他们不明白，可以及时发问。患者没有感觉自己的时间被浪费了，相反，他们很喜欢接触这些以往见不到的医疗幕后工作。在个人健康问题上，患者更看重透明度而非时间。

安迪将杰克逊医生的方法应用到了自己的业务中。他的团队为所有客户都准备了一个文件夹。所有和客户项目相关的东西都放在里面。随着项目从最初与安迪的协商，到购物者研究部门，再到创意部门，再到实物模型和最终展示材料的制作，文件夹也随之扩展。当创意部门得到项目文件夹时，他们可以马上开始工作。他们不必怀疑创意简报、品牌形象或购物者研究是否完成。如果其中任何一环没有准备好，他们就不会收到文件夹。这导致重复沟通的数量大大减少，宣传材料的制作速度明显加快，客户也更加满意。

安迪从这次经历中还学到了其他一些东西：面对问题时，你可以从行业外部寻找解决问题的灵感。找到一个已经解决了这个问题的行业，使用他们的解决方案来激发你自己的灵感。如果你有速度方面的问题，那就研究一下急救车的服务方式，或者和消防部门、全美赛车协会的工作人员谈谈。

安迪在儿科医生的帮助下解决了 ThompsonMurray 的速度问题，帮助公司实现了持续的快速增长。2004 年全球广告巨头萨奇广告（Saatchi & Saatchi）收购了 ThompsonMurray，更名为萨奇–X 广告（Saatchi & Saatchi-X）。今天，它是世界上最大的广告公司之一，也是世界上最具创造力的机构之一，最主要的原因是它的员工仍然愿意从最不可能的渠道中学习。

如果你希望你的团队可以在部门外，甚至组织外部寻找解决方案，那就和他们分享安迪的故事，看看会发生什么。

◇ ◇ ◇

人们遇到的另一个障碍是，有些事情看起来很复杂，根本不知道从哪里开始。这通常意味着他们根本就不会开始，他们会把注意力转移到不那么令人生畏的任务上。作为领导者，你的工作就是消除障碍，让他们开始工作。在这种情况下，下面这样的故事会很有用。这个故事来自玛格丽特·帕金的《巧用故事做培训》，在书中她描述了一段她的个人经历。

玛格丽特想给自己织一件有向日葵图案的毛衣。当她寻找毛线时，她母亲从楼梯下拖出一个旧布袋给她，里面保存着从旧毛衣、围巾和羊毛衫上拆下的毛线。玛格丽特打开袋子，发现里面一团糟。

"没希望了！"她向母亲悲叹道，"所有的毛线都缠在一起了。我不可能用它们来织毛衣。我连从哪儿开始解开它们都不知道！"

"这比你想象的要容易得多，"她母亲回答说，"你要做的就是寻找最简单的结。你每解开一个结，下一个就会更容易。你只要一直解下去，直到把所有毛线都捋出来。"

她按照母亲说的去做，开始解开第一个结，然后第二个、第三个。毛线团开始松动，不同的颜色开始出现，这比她预期的还要快。最开始，她整理红色毛线，然后是黄色，最后是绿色和灰色。很快，她面前就出现了许多不同颜色的毛线球。随后，她开始编起毛衣，图案渐渐形成——在她完美的毛衣正中有一朵大而美丽的向日葵。

"谁会想到呢？"玛格丽特说，"这么漂亮的毛衣就藏在那一袋纠缠不清的旧毛线堆里。"

"它一直都在那里，"她母亲回答说，"你只是不知道该去哪儿找。"

这个故事的寓意是，当我们的问题都纠结在一起时，我们往往会不知所措。如果我们能把每一个问题都看作单独的，一次解决一个，难度将大大降低。一旦问题解决了，就继续下一个。

◇ ◇ ◇

所有这些故事，都是为了帮助你的组织解决难题。但是有一种问题它们无法帮助你——你不知道有哪些问题时。在你着手解决问题之前，你必须先发现它们。本章的最后一课是关于如何发现问题的。在下一则故事中，我们将了解一种简单但非常有效的方法。这个故事来源于大卫·阿姆斯特朗的《如何将公司故事变成利润》（*How to Turn Your Company's Parables into Profit*）。

20世纪60年代的某天，新泽西州的恒久阀门公司（Everlasting Valve Corporation）雇用了一名新的销售人员。经过几周的培训后，这名销售人员决定去拜访一下客户。他的目的并不是销售，他只是想看看客户们如何接收他们的恒久阀门，如何安装、维修和清点。他认为，一旦了解客户使用恒久公司产品的方式和体验，他将来就能更好地满足他们的需求。所以他联系了几家客户，敲定了访问行程。

到了第一家客户那里，联系人与他见了面，并带他四处参观。当他们进入车间时，销售人员注意到一台起重机正在慢慢地将一个木箱吊到空中。突然，箱子掉到了地上，发出巨大的撞击声！推销员大喊："当心！"并立即后退。木头碎片四处飞扬，木箱里的东西全都散落在水泥地上。

"大家都还好吗？"推销员问道。

他的向导带着微笑安慰他说："大家都很好。我们是特意这么做的。那个木箱太结实了，用这种方法打开最容易。要是用撬棍一根一根撬开它，会花费太多时间。"

推销员低下头，在一块破木板上看到了厂家的名字：恒久阀门公司。

这个故事中的现象是真实的，产品设计者称之为补偿行为（compensating behavior）。当客户使用你产品的方式与你预期的方式不同时，这就是一种补偿行为。这是你的产品出现问题的明显迹象。恒久阀门将售价中的10%都花在了这些坚固的木箱上。当这名销售人员意识到这些箱子过分结实后，公司立刻将它们替换成更简单、便宜的木板箱。这一举动，为公司节省了数千美元的成本，也为他的客户们省去了打开这些木箱的时间、麻烦和安全风险。

你是否曾使用剪刀费力地打开玩具的塑料包装？你是否曾在蛋糕中加入包装盒上没有推荐的其他配料？你是否曾用一条黑色的电工胶带将DVD播放器上刺眼的时间显示遮挡上？这些都是补偿行为，也是产品或包装改进的重要提示。观察客户使用你产品的方式（就像恒久阀门推销员做的那样），这是发现补偿行为的最佳方法。如果你对客户的唯一了解途径是在线调查或小组访谈，那你可能不会发现他们的补偿行为。离开办公室，去客户使用你产品的地方拜访，无论是公司还是住处。你可能不会幸运到有人将木箱扔到你脚边。但如果仔细观察，你有可能发现其他的补偿行为。

◇　**总结和练习**　◇

1. 你不能只告诉人们要"跳出盒子"思考。你应该给他们画出更大的盒子。就像九点问题的解决方法一样，讲述"跳出盒子"的故事可以让人们跳出固定思维，迫使他们在更大的空间里进行思考。

2. 有时解决问题的最佳方法是避免自己被先入为主的想法局限住。下次，当你的团队遇到困难时，和他们分享汰渍的故事，并问："如果……会怎样呢？"

3. 通常情况下，最有效的"跳出盒子"寻找解决方案的地方，就是其他行业。像安迪·穆雷一样，找到一个已经解决了类似问题的行业，并从中学习。与你的团队分享安迪的故事，然后派团队成员去寻找解决方案。（例如，带录音机的医生。）

4. 有些问题看起来非常复杂，令人生畏，以至于你的团队不知道从哪里开始。分享玛格丽特·帕金的"毛线球"故事，可以鼓励人们一次解决一小部分问题。

5. 最具破坏性的问题是：你不知道自己有问题。补偿行为是客户在你的产品或服务不能满足其需求时所做的事情。正如恒久阀门销售人员所做的，找到补偿行为是发现问题及获得解决方案的好方法。与你的团队分享这个故事。然后让他们拜访你的客户并寻找客户的补偿行为。

第二十一章　情境 17：帮助团队了解客户

"事实证明，讲故事是一种强大的工具。它消除了研究科学与商业实践之间的语言障碍。"

——克里斯托弗·J. 弗兰克（Christopher J. Frank），

微软研究员

1993 年，罗西尼·米格拉尼（Rohini Miglani）成了印度护舒宝（Whisper）卫生巾的新品牌经理。在印度南部城市钦奈的闷热天气中，她进行了为期 3 天的消费者入户调查。带着 15 个同意接受采访的中低收入妇女的姓名和地址，罗西尼希望能了解是什么原因让她们扔掉原始的布制月经带，转而使用价格更加昂贵的护舒宝。下面是罗西尼讲述的故事。

这一天真是一场灾难，一早晨错误百出：地址不正确，受访者不在家，含混不清的翻译等。在与当地代理机构进行了 6 次通话后，我希望能与下一位消费者进行一次富有成效的交流。接下来，我走到了一条尘土飞扬的路上，这是一个遥远的、中低阶层聚集的郊区，此时我已经脚痛难忍，血压飙升。

当我进入这位消费者的家里时，桌上那台缓慢转动的风扇忽然停了下来——计划外的停电总是像这样突然发生。受访的女人歉意地笑了笑，示意我坐在一进门的金属折叠椅上。我感激地倒在了上面。

女人用金属杯给我接了一杯水，我一边慢慢地喝着，一边打量着四周：住宅的光线很差，有两个小房间，作为厨房的凹室勉强被帘子遮挡着。除了我们坐的金属折椅外，还有一把木质的椅子和一张金属桌子，没有电视和冰箱。当我们开始谈话时，她关掉了收音机。我注意到窗台上有一罐塑料花；在墙上，有一张色彩鲜艳的挂历，上面画着印度教财神拉克希米；门后挂着一件男式衬衫、裤子和一条蓝色格子亚麻毛巾；在窗户下面的桌子上，放着一堆包着厚厚牛皮纸书皮的学校作业本。

受访者外表看起来很严肃，看上去比她的实际年龄要大。她身着柔软下垂的纱丽（印度传统服饰），眼睛下有一块污渍，神态有些疲惫。我忽然意识到，我打搅了她一天中最安静的时间——这时她的孩子正在上学，她的丈夫也正在工作。我一边做笔记，一边想，她为什么要费心和我说话呢？我没有什么可以给她的，除了尽可能成为一名好的倾听者。刚一开始交流，就发现原来使用护舒宝的并不是她。她是为她八年级的女儿买的，以前她女儿一直在用月经带。我问她，如果她女儿已经习惯了月经带，她为什么还要给女儿买护舒宝。

"因为她必须去上学，你知道的。"她回答道。

"嗯，你女儿使用月经带上学时，出现了怎样的情况？"

"她会觉得不舒服……无法集中注意力。使用护舒宝，她不会感到潮湿，那样更舒服。而且她也不必担心给衣服染上色。"

"但你不觉得护舒宝对你来说很昂贵吗，这只是为了在某段时间给你女儿一种舒适的感觉？"我问。

"是的，很贵，但她需要集中精神学习，这样才能取得好成绩。"

"为什么好成绩很重要？毕竟，我猜她毕业后你就会让她结婚，那么为什么好成绩那么重要？"我继续追问。

"我希望她毕业后还能继续学习。我不希望她过早结婚。"

"但你自己16岁就结婚了。这样不好吗？"

她向前倾身，看着我的眼睛，面容上的疲倦一下都消失了："我不想我女儿像我一样。我希望我的女儿能在经济上独立，能够在外面的世界中自由行走。是否要结婚，这都取决于她。但她必须学习，取得好成绩，考上大学，然后找到一份工作。我不想让她在20岁之前就生下两个孩子。我的孩子就是我生活的希望，我对自己的生活已经没有什么期盼。但我的女儿肯定不能和我一样。这就是护舒宝对我的意义。"

毫无疑问，当罗西尼和研究小组回到办公室后，他们写了一份很认真的研究报告，总结了他们的观察和结论。这份报告包含了所有预期的细节，将他们一周内访谈的 12 位女性的特点融合在一起，进而描绘出当地"消费者"的形象。但罗西尼在报告中留下的、让人们更加了解消费者的最强大信息，是她与那位女士的私人对话。这段故事已经流传了近 20 年，至今依旧在帮助广大的护舒宝员工了解他们的消费者。而那份正式的总结报告，已经有 15 年没出现过了。

正如谍战小说家约翰·勒卡雷（John Le Carré）所说："书桌是个危险的地方，你可以从中看到整个世界。"在你的组织中，如果客户信息只存在于枯燥的幻灯片和大量统计数据中，那么与你一起工作的人对你们客户的了解，恐怕不比你对自己医疗化验数据的了解多。正如上一章末尾所建议的，走出办公室，面对面地与客户交流。当你回来的时候，写下你体验到的故事。

◇ ◇ ◇

不要被罗西尼故事的长度吓倒。正如我们多次看到的，故事不需要很长才有效果。吉姆·班格尔（前言中的"公司故事讲述者"）仍然会时不时地讲起他在 1985 年的一次消费者访谈，那次访谈给他留下了深刻的印象。当时，他正在研究一个起酥油品牌。在访谈中，他与一位女士谈论起酥油和猪油的区别。女人告诉他："我知道起酥油比猪油更健康。但我最好还是给孩子们买猪油。"

这段话对吉姆来说毫无意义。如果起酥油更健康，那为什么给她的孩子们买猪油更好呢？这位女士解释说："如果我买起酥油，我就买不起牛奶。猪油加牛奶总比起酥油加水更健康。所以我买猪油……还有牛奶。"

一道光打在了吉姆的头上。这是他第一次真正理解母亲在预算紧张时必须做出的权衡。此后，他一直给他的团队讲述这个故事，确保他们也都能够理解这一点。

这个故事只有 9 句话长。但它的力量足以改变人们的思考方式。同样，你的客户故事也不需要很长。

◇ ◇ ◇

到目前为止，本书都在假设：你的故事是口头或书面的。但还有其他适合商业故事的媒介，比如视频。在第七章中"灵活工作安排"的故事就来自公司网站上的一段视频。下面这段视频是为美国一家大型零售商制作的，旨在帮助其员工更好地了解他们的客户。

视频中，一位由女演员扮演的购物者对着镜头说："你知道，如果他们只是重新布置一下他们的店面，就可以让我的生活更加轻松。别误会我，我喜欢那家超市。但是，除非你有几小时时间，否则你无法完成购物。就拿前几天来说，我身上带着一张购物清单，在接孩子下学的路上，顺道去了超市。我们只有 30 分钟的时间去购物，因为我的大儿子约翰正在进行足球练习，我一会儿还要去接他。但我告诉孩子们，如果他们有耐心的话，我们可以买些东西来做冰淇淋圣代。他们爱死冰淇淋圣代了！

"我们刚到停车场，我丈夫比尔就打来电话。他感觉不舒服，想让我买点可以帮他入睡的感冒药或头痛药。我们进了超市，里面满满当当，和平时一样。我开始在杂货区寻找，因为所有的食物都在一起。嗯，几乎所有的食物。我拿了许诺给孩子们的冰淇淋。但是狗粮——我在哪儿都找不到狗粮！我一直在检查标识，但就是找不到狗粮。所以我朝堆满广告货架的主干道眺望。说真的，那么多密密麻麻的广告牌，我根本看不到它们后面的过道里有什么。而且广告上从没有我购买的品牌。于是，我浪费了 5 分钟时间，终于在超市的另一边找到了它！虽然拿到了狗粮，但我知道我的购物清单还没有完成一半。

"然后我想起了比尔的药。于是我去了药品区，但我找不到他想要的东西。我不知道我应该买止痛药吗？还是感冒药？或者是安眠药？最后，我找来一名工作人员询问，但他只是让我再回去看看。不管怎样，我终于拿了一样药放在手推车里，然后看了看我的手表。我还有10分钟，但购物清单上还有一半东西没拿。然后我想到，我可以在从足球场回家的路上，去药店买剩下的东西。或者我可以明天去另一家超市，那家超市里有一件非常漂亮的衣服，我想买给莎拉。

"收银台前排起了长队。我们排在队尾，以极其缓慢的速度移动到了收银台前。此时，收银员正在扫描前一位顾客的最后一件商品——冰淇淋。忽然间我反应过来了：我忘了拿所有做圣代的东西！孩子们会杀了我的！我看了看身后的队伍，思考是否有时间回去拿生奶油、樱桃和巧克力糖浆。但要找到所有这些东西还需要好一阵工夫。我看了看表，发现已经没时间了。我们必须马上离开，否则就无法按时接上约翰。"

在这段短视频中，这位妈妈显然十分沮丧，因为她知道自己会让孩子们失望。但她也对这家超市设置的购物障碍感到恼火。最后，她结束了她的故事，"当我们回到车边时，我女儿莎拉说：'别忘了，妈妈。你答应我们回家后做冰淇淋圣代！'"

视频中，这位妈妈懊悔地摇摇头。最后一个镜头是静止的，画面中几个孩子一脸失望地看着仅有的冰淇淋圣代原料——一杯普通的香草冰淇淋。

黑色画面淡入，视频结束。

你刚刚读到的故事是萨奇－Ｘ广告公司制作的一段视频。这位购物者在视频中遇到的所有问题都不是什么新闻：很难在货架上找到特定的品牌，最受欢迎的几个区域被分散在超市各处，过道上数十个你从未听过品牌的展示货架或广告让购物者像在进行障碍跑。所有这些问题都在无数的研究报告中被提及。那为什么还要制作这个故事和这段视频呢？因为研究报告中的统计数字无法驱使高层领导者们做出行动。但是，在对数百位不满的购物者进行访谈后，将他们的遭遇浓缩到一个特定形象——一位妈妈的故事中，更有可能打动超市的高层领导者们。

这段视频在公司总部流传了几个月后，这家零售商发起了全国性的行动，对超市进行重新设计试点，以解决视频中发现的所有问题。统计数字和研究报告没有改变任何人的想法。这个创新性的视频故事却获得了成功。

◇ 总结和练习 ◇

1. 从你桌子后面走出来，去拜访你的客户。带上尽可能多的团队成员。拜访结束后，围绕最有收获的访问写一个故事。报告、图表和备忘录可以很好地分享那些枯燥的统计数据。但一个精心设计的故事会让你的团队成员们拥有对客户深层的、人性化的理解，这肯定是你想要的。（"我不想让我女儿像我一样。"）

2. 最近，你对产品或消费者是否有"灵感一现"的时刻？如果有，写下这个故事，哪怕它只有几句话。和他人分享你的"灵感一现"时刻。比如起酥油和牛奶的选择。

3. 制作一个视频，描述典型客户生活中的一天，或者展示他们与你的产品或服务的互动，就像萨奇–X公司那样。这段视频肯定会被不断反复播放。与此同时，你的研究备忘录正静静地躺在文件柜深处吃灰。（"你答应过要做冰淇淋圣代！"）

第二十二章 故事创作技巧：隐喻和类比

"如果说一幅画胜过千言万语，那么一个隐喻就胜过千万幅画。"

——乔治·莱考夫（George Lakoff）

和马克·约翰逊（Mark Johnson），

《我们赖以生存的隐喻》（*Metaphors We Live By*）

五年级开学第一天放学后，我 10 岁的儿子马修回到家中立刻宣布："我要学吹悠风号①！"

"太好了！"我带着父母特有的自豪感，兴奋地回应道。接着又不好意思地补充道："呃，什么是悠风号？"

他回答说："它就像一个小个的大号，能发出更高的音阶。"

我只能说："好吧，我等不及要听你演奏了！"我对这个乐器没有其他疑问了。尽管我从来没有听说过悠风号，但我现在清楚地知道它是什么样的，它是如何工作的，它是如何被演奏的，以及它会发出怎样的声音。我知道这一切，是因为我已经知道大号是什么。所以很容易想象出"一个更小一点的乐器，可以发出更高的音阶"是指什么。

相反，想象一下，如果我的儿子给了我一个关于悠风号的词典定义，会是如何："这是铜管家族中的一种乐器，有三个活塞阀门，一个锥形孔，一个向

---

①一种低音铜管乐器，又名粗管上低音号。——译者注

上的钟形开口，还有一个呈杯状的吹管以适合的角度突出，能发出高音。"当然，这是一个非常准确的描述。如果让我听上两三遍，我可能会在脑海中形成一个大致的图像，它可能是什么样子，演奏起来是什么样子。但与借助大号的隐喻相比，这一形象并不那么准确。而且在大脑中形成这一形象，需要花费更多的时间和精力。

为什么隐喻能够提供更准确、更有效的描述呢？因为我的大脑中已经存有悠风号的大量细节，比如向上的钟形开口、杯状的吹管，更不要说铜管乐器那么多的相似点了。只是在我的大脑中，这些细节都被贴上了"大号"的标签。我儿子所做的，就是帮助我联系到这些信息并稍微改变一下（更小的外形，更高的音阶）。隐喻就是这样运作的。它们使用的词汇或短语已经在我们的大脑中有了相应的完整故事。实际上，故事常常被认为是扩展的隐喻，这也是为什么在一本讲故事的书中，必须有隐喻的一席之地。你可以使用隐喻来增强你的故事效果，或者使用一个简单的隐喻来讲述整个故事。好的隐喻可以成为员工间开始对话的催化剂，进而围绕着隐喻中包含的想法发展出更多的故事。

不幸的是，商业领导者们不太愿意使用隐喻。有些人认为使用隐喻会让他们看起来像个普通人，而不是经验丰富的专业人士。实际上并不会这样。本章中的故事将会证明这一点。另一些人则错误地认为：与较正式的定义和描述相比，隐喻更不精确。你可以自己判断一下：大号的隐喻以及词典中的定义，哪个能让你对悠风号有更好的理解？大号的隐喻，没错吧？我也是。看起来，我儿子似乎比大多数成年人都聪明。

◇ ◇ ◇

在本书中，你已经看到了不少带有隐喻的商业故事。在第四章中，你看到了斯科特·福特使用黄色出租车的隐喻对 Alltel 提出建议。在第十四章中，德莱恩·汉普顿使用开拓者和定居者的隐喻来激励她的团队。在第十五章中，通过萎缩的巨人隐喻恐惧，帮助人们鼓起勇气。在第一章中，"三个砖匠建造大教堂"

的整个故事都是一个隐喻，帮助你理解公司员工如何与组织目标保持一致。本章将向你展示使用隐喻的更有效的方法。你还将学习两种创作隐喻的技巧。让我们从世界上最伟大的一些隐喻示例开始，第一个事例中的故事发生在世界上最快乐的地方。

在大多数公司里，雇员就被称为雇员（employees）。有的公司也称之为同事（associates），比如沃尔玛。但在迪士尼乐园，他们被称为演职人员（cast members）。这一称呼指的不仅仅是演灰姑娘的女人，或者穿着高飞人偶服的男人。所有在迪士尼乐园里工作的人都被称为演职人员，即使是那些卖门票、拍照或者清扫街道的人，也是一样。

这是因为迪士尼销售的并不是产品，而是一种体验。在乐园里工作的每个人，都可以并且的确会影响到客人的体验。这是一个强有力的隐喻，它可以让所有工作人员理解应该如何与客人互动、应对各种状况。让我们看看它是如何起作用的。想象一下，你是在迪士尼乐园商店里售卖汽水和冰淇淋的销售员。这时，小约翰尼跑了进来，他的父母给他买了一个冰淇淋甜筒。你将冰淇淋递给小约翰尼。小约翰尼兴冲冲地转身离开，忽然间，一个不小心将冰淇淋掉在了地上。他伤心地哭了起来。快！你要怎么做？

当然，你要给小约翰尼再拿一个！你会让他再排队吗？当然不。你会让小约翰尼的父母为第二个冰淇淋甜筒付钱吗？当然不。为什么呢？因为那样会毁掉小约翰尼一家的体验。实际上，一个糟糕的体验正在你眼前发生！而你，冰淇淋销售员，是整个乐园里唯一能修复它的人。不是彼得潘，不是小美人鱼，甚至米老鼠也不行。只有你才可以。你就是此时的明星。

你的老板有告诉你再拿一个冰淇淋甜筒给小约翰尼吗？他有没有告诉过你不要再让小约翰尼排队，或者不要再收他父母的钱吗？没有。但你知道该怎么做，因为你是迪士尼的演职人员。

现在更换一下场景，同样的情况，但这次你是一家快餐店的"雇员"。小约翰尼进来买了一个冰淇淋甜筒。他转身离开，不小心把冰淇淋甜筒掉在了地上。你要怎么做？你可能什么都不会做，因为你已经回到柜台后面，那里才是你该待的地方。当小约翰尼和他的父母再次排队购买第二个冰淇淋甜筒时，你可能会想："哎呀，运气不好啊，孩子。"

那么，谁来清理地上的冰淇淋呢？当然是负责清洁地板的雇员。那不是你的工作。出现的情况也是你无法控制的。你只是个雇员，你的工作就是收钱，然后把冰淇淋甜筒递给客人，仅此而已。你不会去清理地面，当然也不会去管小约翰尼所谓的体验。

"演职人员"这个类比，是迪士尼用来管理客户体验的强大工具。每次使用这个名称时，它都会深刻强化这一信息："请填写迪士尼演职人员申请表""恭喜你！你现在已经是迪士尼演职人员了""全体演职人员，请集合。现在是开园时间，演出就要开始了！"

◇ ◇ ◇

再看看宝洁公司的一个例子。在担任首席执行官的早期，雷富礼先生使用了两个简单的隐喻就改变了整个公司的方向和工作焦点。

在开发并销售了一个半世纪的日用消费品之后，这家组织认为自己已经知道关于消费者的一切。他们很容易就陷入市场营销与产品开发中无法自拔。宝洁的营销人员会花大部分时间进行内部对话，以及与广告商讨论营销活动。宝洁的工程师们也会将大部分时间都花在实验室里，去研究下一个伟大的改进，丝毫不考虑消费者是否想要这些改进，或者愿意付出多少来获得这些改进。

在公司内部的几次演讲和会议中，雷富礼先生使用了三个简单的单词，重新调整了整个组织的工作重点："消费者就是老板（Consumer is boss）。"这个隐喻用了这么少的词，却说了那么多的内容——因为所有人都知道做老板意味着什么。老板会告诉你该做什么，告诉你是否做得好，如果你做不好，他会解雇你。当然，雷富礼先生也可以使用"关注消费者（focus on consumers）"这样的表达方式。这句话的意思也很明确。但它缺乏"消费者就是老板"的深刻隐喻含义。我们可以"关注"消费者，就像高中自然科学课上"关注"蝴蝶或蚂蚁，然后寻找资料研究一番一样。但这与人们对老板的尊重是完全不同的。

就像迪士尼使用的"演职人员"隐喻一样，"消费者就是老板"这个隐喻帮助宝洁 12.7 万名员工在不经过经理的核实下，就了解到自己该做什么：他们需要做的是和"老板"——消费者核实一下。

雷富礼先生使用的第二个隐喻，源于他意识到宝洁的消费者研究中，几乎只关注消费者在家使用产品时对产品的看法。从这一研究中，研究人员可以了解产品的效果如何，是否符合消费者的预期，以及消费者是否会继续购买。雷富礼先生知道这对宝洁公司来说是一个非常重要的时刻——一个关键时刻（moment of truth）。但此时，所有的产品开发都已经完成，广告也已经制作好正在播出。拿到产品后，消费者可能喜欢，也可能不喜欢。

这并不是第一关键时刻，雷富礼先生深知这一点。在消费者有机会试用该产品之前，她必须先购买该产品。购买该产品这一决策，发生在消费者进入商店，站在货架前的那一刻。这才是第一关键时刻（first moment of truth）。雷富礼先生认为宝洁的人员花了太多时间在第二关键时刻上——消费者在家中使用产品这一时刻，而没有花足够的时间在第一关键时刻上——消费者站在商店货架前决定购买的这一时刻。

于是他开始谈论"第一关键时刻"。他问业务部门的领导者为第一关键时刻做了什么。商品的包裹引人注目吗？商品在架子上的位置对吗？这个隐喻之所以管用，是因为所有人都知道"关键时刻"是什么：这是一个进行关键决策的时刻，它将决定某件事情的最终成败。这三个单词提升了我们品牌销售的重要性，甚至还超越了家庭使用体验的重要性。

同样地，他也可以使用其他表达方法，如"货架决策点"（decision point at shelf）也可以表达出这一意思。但"第一关键时刻"这样的隐喻在一字未加的情况下，却包含了更为丰富的内容。

而且，这句隐喻给宝洁带来了更多的改变。在此之前，宝洁的大多数包装研究，都是在会议桌正中放置一个新的包装原型，然后要求消费者对此做出评价。在公司掀起对"第一关键时刻"的关注浪潮后，今天的产品包装研究都是在真实

（或虚拟）的货架上完成的，被研究产品会与其他产品摆在一起，供消费者观察评价。将一件包装漂亮的产品放在桌子上，可能让人感觉很不错；但将它扔到摆满相似货品的货架上，面对"第一关键时刻"时，就是另一码事了。

◇ ◇ ◇

你必须有非凡的创造力，或者文学学位，才能创造出好的隐喻吗？幸运的是，并不需要。隐喻在帮助理解人类的思想、情感和行为方面是如此强大，以至于消费者研究人员开发出了快速而简单的隐喻创作技巧。其中最受欢迎的方法是在 20 世纪 90 年代，由哈佛大学的研究人员杰拉尔德·萨尔特曼（Gerald Zaltman）开发的，他称之为萨尔特曼隐喻诱引技术（Zaltman Metaphor Elicitation Technique，ZMET）。

它的工作方式是这样的。让几个人围坐在桌子前，桌子上堆满各式各样的杂志：《好管家》（Good Housekeeping）、《大众机械》（Popular Mechanics）、《时尚新娘》（Bride）、《户外生活》（Outdoor Living）、《人物》（People）。具体放什么你说了算。让参与者对你公司销售的产品或服务进行思考。然后提出问题，比如你的产品或服务让他们感觉如何，并让他们从杂志中剪下图片拼贴起来，以此作为回答。完成后，每名参与者都要向小组解释自己为什么会选择这些图片，研究人员则要给每张拼贴画拍照留存。这就是见证奇迹的时刻！你从参与者的大脑中获得了几十个相关的隐喻和图像。这些拼贴画拥有惊人的创意、力量、情感和感染力。例如，我曾以"周六购物时的感觉"为题，让一组家庭妇女创作拼贴画。这项活动的目的，是寻找改善拥挤的周末购物体验的方法。我们搜集一系列反映糟糕经历的拼贴画，里面有发着脾气的孩子，揪着头发、大声尖叫着的人们，堵塞的汽车，拥挤的足球场，甚至还有一张高压锅喷出蒸汽的图片——这些都是对周六糟糕购物体验的绝佳隐喻。当然，隐喻的主题可以是你希望的任何事情：新的产品概念，组织的愿景宣言，或者是重大挑战的解决方案。

创造隐喻的另一种技巧是：直接要求他人进行隐喻。假设你正在测试一个新的计算机软件系统。它可以帮助员工们更快地完成工作。但有传言说这个新系统很不稳定，容易崩溃。所以你的员工们都很担心。试用新软件系统的部门证实，它的速度快得多，但可靠性也如传言所说，不是很稳定。不过经研究发现，只要进行定期维护，就可以避免所有这些问题。

为了在不引起反感的情况下说服公司里的其他人使用新软件系统，你需要帮助他们理解新系统的好处，并缓解他们对系统崩溃的恐惧。没错，通过培训会分享试运行的成功，可以帮助到你。但你还需要一个短小简单的方法来赢得群众的支持。于是，你让软件试点部门的部分员工回答下面这个问题："如果我们的旧计算机系统是一辆汽车，它是什么牌子和型号的？新系统又是什么牌子和型号的？"接着，你又让另一些员工使用动物形容新旧计算机系统；最后，你让剩下的员工使用经典摇滚乐队进行形容。

答案如何呢？旧系统被描述为 15 年车龄的本田，新系统则是全新的保时捷911；旧系统是巴吉度猎犬，新系统是纯种赛马；旧系统是披头士乐队，新系统是金属乐队（Metallica）。

你最喜欢关于汽车的隐喻。于是，在与员工讨论时，你对他们说 15 年车龄的本田已经被卖出，换来了全新的保时捷911。"好消息是，"你对所有人说，"我们为这台保时捷购买了一个全面的保养计划。每周六下午，它将进行一小时的维护。这样，星期一早晨来上班时，你们的新车就可以上路了。"

对大多数人来说，计算机系统的技术特性和参数就像希腊语一样难懂。让你的 IT 经理详细解释这些数据，影响甚微。但你用一个简单隐喻就可以让所有人安下心来。和第一种方法一样，这个技巧适用于所有事物。

1. 类比和隐喻拥有与完整故事相同的效果，因为它们会唤醒听众脑海中的相关故事。它们可以把好故事变成杰出的故事，或者完全代替某个故事。

示例：第四章中的黄色出租车；第十四章中的开拓者和定居者；第十五章中被称为恐惧的巨人；第一章"修建教堂"；本章中迪士尼的演职人员，消费者就是老板，第一关键时刻。

2. 要找到合适的隐喻，请尝试以下两种方法：

a. 使用杂志制作拼贴画。

b. 直接要求他们隐喻！"如果我们的旧计算机系统是一辆汽车，它是什么牌子和型号的？"

第五部分

故事创作技巧（V）：让听众参与到故事中

在第五部分中，你将读到"许可故事""Blackbook公司要求员工做兼职"等典型的商业故事。通过分享这些故事，你可以帮助团队相信自己的判断、激发团队的创造性、营造全员销售氛围等，从而实现深度赋能。

在最后一章中，你将学习"让听众参与到故事中"的创作技巧。人们只记得他们看到或听到的20%~30%，但他们会记住自己所做的90%。让听众参与故事，自行从中学习，或者将听众作为实验对象进行实验或演示，让其自行寻求并获得关键信息，这会让听众对你的想法留下非常深刻的印象。

第二十三章 情境 18：恰当授权

> "永远不要告诉人们如何做事。告诉他们该做什么，他们的聪明才智会让你大吃一惊。"
>
> ——乔治·S. 巴顿将军 （General George S. Patton Jr.）

20世纪70年代中期，奥维尔·斯威特 (Orville Sweet) 担任美国赫里福德民意调查协会 (American Polled Hereford Association) 的首席执行官。就像其他首席执行官会告诉你的那样，他们最难完成的一项任务，就是解雇自己的亲密朋友或同事。那一年的奥维尔就面临过这一难题。解雇细节就不赘述了，因为对我们来说它不如几天后发生的事情重要。

几天后，那位被解雇人的妻子，在痛苦中给奥维尔打来了电话。很显然，这个人依旧对被解雇耿耿于怀。他妻子担心他会自杀。奥维尔让他妻子叫他过来接电话。电话中，这个男人承认这几天自己过得并不好，但他说自己会振作起来的。奥维尔能听出他声音里的压力。他对这个男人和他的妻子都很了解，所以他也明白问题的严重性。于是，奥维尔本能地提出了一个让对方（也许是他自己）吃惊的建议："好吧，你为什么不回来呢？"

"真的吗？你要重新雇用我？"

"当然，"奥维尔安慰他说，"我们还没有找到填补这个职位的人，你的办公室还空着呢。"

"好吧，我当然会回去！谢谢你，奥维尔。我明天一早就到。"

他回来了，办公室里的其他人都一头雾水。但出于尊重，奥维尔只是告诉他们这个人要回到原来的工作岗位。没有其他具体解释，他也没有告诉他们这个人的情绪问题，或是他妻子对他可能自杀的担心。

3~4个星期平安无事地过去了，那人来到了奥维尔的办公室。"奥维尔，我真的很感谢你让我回来。那时我真的没准备好离开这里，或者我只是想按自己的想法离开。不管怎样，我现在准备好了。今天下午我会把办公室清理干净。"他握了握奥维尔的手，走了出去。他信守诺言，收拾好东西，第二次离开了办公室——但这次，他是仰着头走出去的。不管是什么原因导致他失业，但这肯定是正确的。他也知道这一点。奥维尔只是给了他额外的接受时间。

奥维尔将一名被解雇的员工带回到办公室，这一决定违反了当今乃至20世纪70年代所有专业人力资源经理的理性判断。传统经验会建议你，尽可能让这样的人远离办公室。有些仁慈的老板可能会送他去心理咨询，但同时也会通知公司保安加强戒备。

在这个故事中，这些更为正统的方法会不会奏效？也许。但可以肯定的是，奥维尔的非传统解决方法拯救了这个人的尊严，甚至挽救了他的生命。

奥维尔的故事一直在他的同事中流传。对一些人来说，它为处理棘手的人事问题提供了一个有趣的选择。对其他人来说，这只是一个令人暖心的故事。但对罗杰·沃森来说，这个故事意味着更多。

罗杰曾经是印第安纳州肉牛协会（Beef Cattle Association）的执行副总裁。几年后，他在美国猪肉生产商理事会（National Pork Producers Council）认识了奥维尔。当时，罗杰和奥维尔都来面试猪肉生产商理事会的首席执行官这一岗位。最后，奥维尔得到了这份工作。但是他做出了一个非常规的举动：他向罗杰和其他入围首席执行官面试阶段的候选人提供了理事会管理层的最高职位！还有比这更好的、为领导团队吸纳顶级人才的方式吗？最后，罗杰·沃森是唯一接受邀请的人。

因为罗杰知道奥维尔·斯威特有一种不同寻常的才华。当他听到奥维尔的重新雇用员工的故事时，他知道这个故事的背后隐藏着很深的智慧。而且他最终

201

也获得了这种智慧。自从罗杰开始自己的职业生涯以来，他将一切时间都花在了对管理的学习上。他读了所有杰出的领导力书籍。他选修了所有相关的课程。他知道所有管理学挑战的"正确答案"。

但奥维尔的故事给了罗杰忽视这一切的许可。它允许罗杰在情况允许的时候，跟随自己的直觉去做一些非常规的事情。这是他永远不会忘记的一课，而且他多次将其运用在工作中。今天，当发现有人在书本的规则与内心的正确抉择中左右为难时，他就会讲述这个故事。

在《权力之源》（*Sources of Power*）一书中，加里·克莱恩（Gary Klein）将这类故事称为"许可故事"。它允许听众以一种有别于"正确"行为的特殊方式进行行动。这与第十八章中的"两条路"故事类似——"许可故事"可以在不告知听众如何具体行动的情况下，让他们选择自己的行动方式。你可以按照罗杰·沃森的方式使用它——帮助别人相信自己的判断，而不是一味遵循传统规则。

◇ ◇ ◇

奥维尔·斯威特的故事告诉我们，奥维尔做了一些非常规的事情，并获得了积极的结果。这是一个成功的故事。与第十八章中"百万美元错误"的故事进行一下比较——那个故事给予听众们对老板说"不"的许可，因为这可以避免犯下让他们双方都后悔的错误。那显然是一个失败的故事。许可故事可以是成功或失败中的任意一种。本章最后一个许可故事将会展示第三种情况。在这种情况下，既没有成功也没有失败。但它同样拥有积极效果。

在伊士曼柯达公司（Eastman Kodak）工作的早期职业生涯中，凯瑟琳·哈德森（Katherine Hudson）获得了拜访京都一位重要客户的机会——那时日本的经济危机刚刚开始爆发。这位客户的父亲从零开始打造起了一个成功的家族企业。多年来，他们与柯达建立了牢固而忠诚的关系。

在这次特别会议上，客户给了她一个极其昂贵的设备订单，这让凯瑟琳很惊讶。"考虑到贵国困难的经济情况，你确定现在要进行这么大的投资吗？"她问道。

客户指了指办公室里的一棵大竹子说："你知道它是怎么成长的吗？它会经历很长一段时间的快速生长，然后会停止一段时间。正是在这段近乎停止的时期，竹子生长出了坚固的环形竹节，为下一个生长高峰打下基础。我们的业务也是一样，现阶段最明智的做法就是进行我们需要的所有投资，这样才能为未来做好准备。"

凯瑟琳从来没有忘记过那次会议，即使是 1994 年成为贝迪公司（Brady Corporation）的首席执行官后也是如此。她经常讲述这个故事，尤其是在经济困难时期，人们为了获得必要投资而努力工作时——他们称之为"竹年"。

凯瑟琳的许可故事既不涉及成功，也不涉及失败。这个故事的力量来自竹子隐喻背后的智慧。如果你发现你的组织也身处这种情况，那么你可以对你的听众们讲讲这个关于竹节的故事。即使他们有了思想上的飞跃，并已领会这个隐喻，但也不如这个故事那样影响深刻。因为这个故事显示至少有三家公司从这个隐喻中获益：那家日本公司——从故事内容推测，这家公司应该经营得不错；伊士曼柯达公司；还有贝迪公司，凯瑟琳后来成了贝迪公司的首席执行官。这些内容增加了这一建议的可信度，让听众们更有可能遵从这一忠告。

◇ ◇ ◇

现在让我们从许可转到授权。在一个只有少数员工的小公司里，所有的决定可能都由一个人做出——公司所有者。但在大公司里，这种情况绝不可能发生。他们必须分配权力，好让组织中各层级的领导者们能做出不同的决策。很多公司甚至有一份正式的"授权"文件，详细说明了各级管理层可以做出哪些决定。接下来的两个故事说明了恰当授权的巨大价值。第一个示例告诉了我们错误授权的严重性。

菲尔·伦肖是我们在第十一章见到的金融高管教练。在他丰富的从业经历中，他见过太多善意的想法带来的损失。最常见的情况就是：不授权给他人，这也意味着不让人们承担其自身责任。他举了一个客户的例子，这是一家价值数十亿美元的公司。错误开始时，他们真的只是很天真。某财年的某一天，公司最高管理层认为销售经理们无法达到销售目标。为了提供支持，他们每周都与这些销售经理通话，交流最新信息及改进的想法。当然，在通话中，销售经理们获得了高管们提供的新销售线索（新潜在客户）。反过来，高管们也看到了自己干预有效性的直接证据。此时，在销售经理和高管之间形成了一个积极的反馈机制，鼓励他们继续这样做。很快，这种做法在每个财年、每个季度都要重复一次，即使业务良好时也要如此。

你认为那些聪明的销售经理此时会怎么做？他们会降低自己的销售预测值，并保留一些好的业务想法在高管干预会议中提出。其结果是，高管们认为自己在帮忙，而实际上他们只是在制造不必要的工作。更糟糕的是，他们正在剥夺销售领导者们实现自己销售目标的权力。收回曾经授予他人的权力和责任，很少会产生积极的结果。不要落入同样的陷阱。一旦你授权给他人，必须经过深思熟虑才能收回。

◇ ◇ ◇

当你进行恰当的授权时，你的员工感觉如何？他们会感觉很棒！这你可以问问迈克·塔夫里（Mike Tafuri）。

1987 年，迈克是欧林（Olean）的研发总监。欧林是一个油脂代替品品牌，这个产品听起来很神奇——它在食物制作中无任何脂肪、胆固醇和卡路里添加。当然，当时世界上唯一知道这些信息的，是迈克和欧林的工程师们。此时离欧林上市还有好几年时间。对迈克来说，最大的挑战是制造成本。他的工作是找出如何削减 80% 的成本，否则他们的产品将无法进入市场。

他的团队想出了一个绝妙的主意。如果将现有的分批次制作方法（一批次煮一大锅），转为像底特律的工业流水线一样的连续制作法呢？通过创新性思维和努力，他们在实验室里实现了小规模的制作。然而，想要全面推广，他们需要放大 2400 倍的规模。

迈克的老板彼得·莫里斯（Peter Morris）对该计划进行了审查，并表示这个计划蕴含着巨大的风险。"迈克，你凭什么认为我们可以扩大到如此巨大的规模？"迈克告诉他，这是来自他作为化学工程师的专业判断，以及他的团队的集体意见。他们使用的方法十分合理，所以他很有信心。彼得将信将疑，但同意让他们把这个想法传递给最终决策者——欧林的高级副总裁。

在与高级副总裁尤尔根·欣茨（Juergen Hintz）的第一次会议上，迈克的团队准备提出 1500 万美元的预算来建造一座测试工厂。所有人都知道，在这样的会议中，尤尔根会如何抉择根本无法预测。所以他们都很紧张。工程师们甚至准备了一本 75 页的小册子，写满了设计细节和成本估算。他们的工作缜密且令人信服，但他们心里没底。在将小册子交给尤尔根后，他们开始暗自祈祷。

汇报演讲开始后不久，尤尔根就举起手来："停下来。我没有资格审查这个项目。"他转向迈克——他们俩过去一起工作过——问道："迈克，这行得通吗？"

现在，迈克成了整个会议室 25 人（包括他的老板）的中心。他说："是的，尤尔根，它会成功的。"尤尔根转向彼得，问他怎么想。彼得回答说："如果迈克说这会成功，你应该相信他。"

然后，尤尔根要了一支笔，签下了自己的名字。

迈克以前从未感到过如此巨大的责任感和权力感。他为自己的团队感到骄傲，但也决心尽一切努力证明尤尔根和彼得对他的信任没有错。到了开工日期，他们设计的连续生产流程效果，已经超越了他们之前的承诺。此外，他们还对未来的流程进行了若干改进。

迈克学到的宝贵一课是：要和那些与你相互信任的人合作。一旦你发现这样的人，你要对他们授权，给予他们去做那些令人惊奇的事情的自由。

◇ 总结和练习 ◇

1. 商业环境就像你的生活,有时候你需要忽略自己受到的教导,听从自己的直觉。许可故事可以赋予人们遵循直觉的自由。这些故事让人们知道:他们可以相信自己的判断。

a. 成功故事:奥维尔·斯威特的故事告诉我们,当涉及一个你很了解的前雇员以及严重的人身安全隐患时,相信你自己的直觉比遵从公司政策手册要更好。

b. 失败故事:"百万美元的错误"表明,有时候对老板说"不",对你俩来说都是最好的选择。

c. "竹年"故事给予领导者们在经济困难时期进行必要投资的许可。

2. 优秀的领导者会将权力授予该层级最有能力做出决定的人。失败的领导者则会自私地把持这些权力,或者在错误的时间愚蠢地收回权力。

a. 失败故事:菲尔·伦肖的"自证预言"故事向我们说明了未能恰当授权的愚蠢和糟糕后果。当你在组织中看到类似情况时,和他们分享这个故事。

b. 成功故事:迈克·塔夫里制作欧林的经历展示了正确授权的样子。这是一种允许和一种奖励。使用这个故事提醒你的领导者们,他们的直接下属将会多么欣赏自己被授予的权力。

第二十四章　情境19：激发创造性

"如果人们不嘲笑你的想法，你就无法产生足够的创造力。"

——大卫·阿姆斯特朗

一家窗式空调的制造商想知道消费者会为更为安静的空调支付多少钱。当然，研究人员不能只是问："如果一台空调工作时的噪声只有35分贝，你会出多少钱？只有20分贝呢？"因为只有声学工程师才知道35分贝和20分贝的声音有多大。该公司需要的，是制作几个具有不同噪声水平的原型机，供消费者体验。问题是，他们还没有发明出更安静的机器。这就对消费者研究人员提出了挑战。

而研究人员们的最终做法，也是简单而富有创意。他们在测试房间的窗户上安装了一个传统样式的空调，但这个空调只有一个空壳，内部零件都被移走了。他们用一根直径为4英寸的柔性管道，将这个空壳与下方大厅里的一台真正空调（那种声音很大的类型）连接在一起。当测试室里的消费者打开"窗式空调"时，清凉的空气就会吹出，但几乎没有声音！通过调整真正空调的位置，噪声大小也可以改变。

这是几年前我听到的一个故事，来源已经记不得了，我也无法在任何出版物中找到它。但毫无疑问，这是一个经典的"跳出盒子"的故事，就像你在第二十章中读到的其他故事一样。这些故事出现在这里，不仅仅是因为他们可以帮助解决问题，它们还可以激发组织的创造力。你可以使用这些故事，鼓励你的团队成员们进行创新性思考。

◇ ◇ ◇

有时候让你的员工更具创造力并不是问题。问题是如何让他们缺乏想象力的老板给他们创造的空间。创新不是一个线性过程。发明家们需要自由自在地思考，探索想象的果实。一位善意的老板可能会认为，自己的工作就是让团队专注于在最后可能会获得成功的领域里探索。但是，如果所有人都坚持只有知道最终成果的模样再开始探索，那很多革命性的发现就不会出现。下面这个故事就说明了这一点——即使是最喜欢控制的老板也能理解。

一天晚上，年轻的詹姆斯和他的姑妈坐在厨房喝茶。姑妈对他的懒惰感到很生气，冲他大声喊道："詹姆斯，我从没见过你这么懒惰的孩子！没事读读书，或者做些有用的事情。在过去的一小时里你一个字也没说，只是不停地把水壶盖拿下、放上。"詹姆斯似乎对水壶里冒出来的蒸汽很着迷。他把一个银汤匙放在水壶喷出的蒸汽上，看着水滴在汤匙上形成，然后顺着把手往下滴落。他一遍又一遍地观察着这个简单的现象。"你不为虚度时间而感到羞耻吗？"姑妈又骂了他一顿。

幸运的是，这个男孩并没有被她所影响。20年后的1765年，他仍然痴迷于这一现象。就在那一年，29岁的詹姆斯·瓦特（James Watt）发明了一种新式蒸汽机，推动了工业革命的发展。

这个故事可以教导领导者们要给予发明者们探索和创造的空间。他们的所作所为可能看起来像是一场无聊的游戏，就像詹姆斯·瓦特的姑妈看到的那样。但这可能会引发一场革命。

◇ ◇ ◇

作为老板，你培养创造力的另一种方式就存在于下一个故事中。它可能非常有效，却又违反常理。你可以自己判断一下。

许多公司都有禁止兼职的政策，即使兼职不会影响本职工作也不行。它们中的大多数认为，第二份工作会消耗掉你的精力和创造力——而这些都是你应该奉献给公司的。它们甚至认为，即使在休假期间进行兼职活动也会对公司不利，一位人力资源经理对此解释说："度假是公司给你的好处，让你可以放松和充电。这样当你回到岗位时，你的工作效率就会提高。如果你整个假期都在别的地方工作，公司就得不到它应有的回报。"当然，这是对兼职的一种看法。

这里还有另一种看法。Blackbook EMG 对兼职有着完全不同的公司政策。具体就是：每个员工都必须有第二份工作！

Blackbook 的工作是帮助其他公司留住优秀的员工，具体方法是让员工们连接到当地与他们最切实相关的社区网络与专业人际网络中，这意味着有时他们不得不创造出这些东西。假设你是一名来自沙特阿拉伯的 32 岁单身女性工程师，现在在美国中西部郊区工作和生活。让我们面对现实吧，你很难融入当地生活。你要如何找到有你喜欢食物的餐厅和商店；有你喜欢音乐的酒吧；有适合你风格的服装店；可以让你遇到有相同背景、文化、信仰和价值观的人的社交活动？研究表明，如果你做不到这些，你很可能会辞掉工作，搬回家乡。这就是 Blackbook 出场的时刻了。它会为你找到所有这些东西。如果找不到，它有时会创造一个。

要想在这方面取得成功，Blackbook 必须拥有人脉广泛、富有创造力的员工。这就是为什么公司创始人克里斯·奥斯瑞奇（Chris Ostoich）会要求他的员工们进行兼职。"我们需要创造力，为了获得它，所有在这里工作的人都必须有第二份工作——这里面应该蕴含有他们的激情，并且与他们在这里工作有着直接联系。"他认为第二份工作会增加创造力和活力，而不是削弱它们。当他在当地艺术基金董事会工作时，他在自己身上就看到了这一点。在他的第一次董事会会议上，他意识到经营一个新企业和经营一个志愿者组织有许多相似之处。在为艺术基金会的问题解决方案辩论了 3 小时后，他看了看自己的笔记本：左页写满了对艺术基金的想法，右页写满了对 Blackbook 的想法。

一个更能说明问题的例子是，他的一位雇员——斯蒂芬的兼职经历。当地市政府最近批准在市中心建设一个赌场，离斯蒂芬住的地方不远。几个当地的民间团体反对这个计划。斯蒂芬知道，不管他是否参加抗议活动，这座大楼终将建成。所以他决定采取不同的方法。他成立了一个组织，目标是将赌场对社区的负面影响转化为积极的影响。例如，赌场通常在大楼的中心建有餐厅、酒吧和零售店。这样，购物者就必须经过赌桌才能进入这些地方——这就会吸引他们中的一部分人去赌博。斯蒂芬的一个想法是让赌场把商店都放在外面，面向街道。购物者们可以从街道直接进入商店，而且这种设计也有助于打造一个充满活力的市中心氛围。

随着斯蒂芬组织的发展，很多 Blackbook 客户的员工也纷纷加入其中。有些人甚至承担了组织中的领导责任。他们越投入于这座城市的建设，就越与其不可分离。斯蒂芬都没有意识到，他的兼职开始推动 Blackbook 的业务发展。记住，Blackbook 的使命是将客户与社区联系起来。斯蒂芬的兼职工作突然成了联系点之一。

那么，Blackbook 要求员工们进行多少兼职工作呢？至少 25% 的时间。在工作日里，如果他们完成了自己的本职工作，他们就可以在公司进行兼职工作——大部分员工都是这样。这也是克里斯会在面试中最先提出的问题之一。如果人们在公司外没有其他工作或活动，他们就不会得到在这里工作的机会；如果他们在进入公司后停止了这些工作或活动，那么公司就会终止和他们的合同。

此处，违反常理的一课是，如果你想让人们更有创造力，就要让他们在办公室里的时间更少一些，而不是更多一些。你要让他们参与到他们热爱的事情中去。他们一开始会认为你疯了，你的老板也会这么认为。所以你要先给他们讲述克里斯的故事。然后试试看，我猜，你会改写你们公司的兼职政策。

◇ ◇ ◇

从定义上讲，创造性和创新似乎都是要提出一些全新的东西。创新应该是一项前瞻性的工作，不是吗？通常来讲是这样的。但这一章的最后一课是：在某些情况下，创新／创造力不是创造新事物，而是重新思考旧事物。大卫·阿姆斯特朗在《鲜为人知的黄金故事》中的故事证明了这一点。

1979 年，阿姆斯特朗国际（Armstrong International）收购了亨特莫斯科普有限公司（Hunt Moscrop, Ltd），这是一家大型加热器制造商。想象一下你放在办公桌下的电加热器，然后将它放大放大再放大，再用蒸汽或乙二醇代替电。现在，你已经对大型加热器有了一个初步的印象，它们的作用是加热更大的空间，比如工厂。挡板是这些大型加热器的关键部分之一。这些金属条看起来有些像你家的百叶窗，它们的作用是引导热蒸汽或乙二醇的流动。

收购完成 13 年后，两名阿姆斯特朗的工程师——卡尔·鲁尼（Carl Looney）和查克·罗克韦尔（Chuck Rockwell）被分配到阿姆斯特朗－亨特分部，该分部仍然在生产这些大型加热器。大多数阿姆斯特朗的员工每年至少进行一次节约成本的探索工作，卡尔和查克也是如此。他们从质疑别人认为理所当然的事情开始。"我们为什么要这样做？""为什么需要这部分？"不久，他们发现只有使用乙二醇的加热器才需要挡板。对蒸汽加热器来说，它们毫无用处。当阿姆斯特朗收购亨特时，它认为两种加热器都需要挡板。更讽刺的是，只有 10% 的大型加热器使用乙二醇。这就是说，在过去的 13 年中，该公司生产的 90% 的大型加热器上的挡板，都是不必要的。

于是，阿姆斯特朗立即停止在蒸汽加热器上安装挡板，并节省了大量的费用。但是这并不能挽回过去 13 年中浪费的开支。重要的是，你能想象多少次阿姆斯特朗－亨特的新工人被教导在蒸汽加热器上设置挡板，只是因为"这是一直以来的做法"吗？有创造力并不意味着一定要去思考新事物。有时候，你要去思考一些古老的事物，并询问为什么。"如果……会怎样呢？"这是可以鼓励创新的最有力问题，"为什么？"排名第二。

◇ 总结和练习 ◇

1. 除了解决问题，"跳出盒子"的故事也有助于人们提高创造力。使用"窗式空调"和第二十章中的故事来激发人们的创造力。

2. 创新者需要时间和空间来进行思考。如果一位老板认为自己在帮助员工们集中注意力，那么她可能也在抑制整个团队的创造力。如果你认为你的老板就是如此，那么和她分享一下"詹姆斯和水壶"的故事。

3. 激情激发创造力和创新。你怎样才能提高员工们的激情？试试兼职吧。Blackbook EMG 的克里斯·奥斯瑞奇发现，员工在公司外的兼职增加了团队的创造力和活力，而不是削弱它们。你们公司不允许兼职吗？和你老板分享克里斯的故事，并请求改变。

4. 创新并不总是意味着创造新事物。有时它也意味着重新思考一些旧的事物。"装备了 13 年的挡板"故事表明，在做长期项目时经常询问"为什么"有时会带来丰厚的回报。下一次，当你寻找隐藏的机遇时，讲述加热器挡板的故事，看看有什么创新性想法会出现在你的团队中。

第二十五章　情境20：营造全员销售氛围

"当买家拒绝时，真正的销售才开始。"

——佚名

格雷格从事销售已有25年了。他讲过一个故事，内容是大型零售商的采购代理商收到销售材料时的奇怪反应："他们打开活页夹，拿出价目表和产品规格表，然后当着销售人员的面把其他东西扔进垃圾桶——产品资料、营销调研，总之活页夹里剩下的所有东西。"他们会说："我们不希望你们把钱浪费在这些销售材料上。"你能想象出，第一次经历这一切的可怜新手销售员的惶恐吗？

这一课告诉我们：如果你的销售资料被扔进垃圾桶，你最好有个好故事补上。不幸的是，无论是从字面上、精神上还是情感上来说，你的销售材料最终都会被扔进垃圾桶。你最好讲个好故事作为结尾——不管你的销售对象是一家价值数十亿美元的零售商，还是一家独立的小企业。面对下面这个故事中的情景，普通的商业领导者会建议你拿出漂亮的销售资料来回答潜在客户提出的质疑。幸运的是，梅利莎·穆迪不是一般的商业领导者。

"在这个行业中，预付款就是敲诈！"这是模特行业被人熟知且不幸的一句话。被人熟知，是因为它已经流传了几十年。不幸的是，这句话并不对——如果你想获得成功的话。许多模特天真地认为自己可以在没有培训、缺乏经验或对模特行业不甚理解的情况下，获得一份利润丰厚的合同。她可能会想："我所需要的，只是一名经纪人。"这种想法不足为奇，但很少成功。与其他行业一样，那些拥有相关技能和经验的人更具获得成功的优势。对于那些有抱负的模特来说，获得这种技能和经验的最佳来源之一就是天才模特公司——你在第十八章中读到过它的故事。25 年来，公司所有人梅利莎·穆迪一直在向 *Vogue*、*Elle*、《时尚》（*Cosmopolitan*）等女性杂志，以及纽约、巴黎和米兰的秀场上推送模特。她旗下的歌手和舞者已经获得了很多著名的奖项，包括格莱美奖、全美音乐奖和青少年音乐奖。

与传统的人才中介不同，天才模特公司不仅仅会撮合客户和模特并从中收取佣金，它还会对学员进行模特、表演、职业礼仪和模特商业方面的培训。梅利莎每年都亲自带学员们去纽约、洛杉矶和巴黎演出，丰富她们的表演经验。有时，她会代表客户直接和模特签约；不过，她也可以通过合作的国际经纪人在网络上帮助学员们找到合约。

所以，她向学员们收取的相应服务费，也是十分合理的。但是，她经常会从一些潜在客户那里收到反对意见，这些未来的模特学员认为自己不应提前支付费用。面对这些人，梅利莎有三大应对流程。首先，她会让她们看看自己的办公室。"你看到了什么？你认为我要拿什么来支付教室、家具和用电的费用？"接下来，她会问这些未来的学生或她们的父母，他们做什么谋生。"哦，很好，你是名会计。我真的需要搞定我今年的报税，但我不想为你的工作付钱，除非我得到了退税。你能帮我做吗？"肯定不行。

如果这两个步骤还不能解决问题，梅利莎就会拿出她的终极武器——一个故事。故事的主角的是 17 岁的克莉丝汀（Kristine），一个棕头发、大长腿、高颧骨的美女。

她具有世界级模特的气质，是梅利莎最好的学员之一。在一年一度的纽约大赛中，克莉丝汀在 1200 名女生中名列亚军！第二周，她接到了 42 家代理商和客户的电话。梅利莎帮助她选择出一份合适的合约，随后克莉丝汀和父母就动身前往纽约签约。

签约当天，梅利莎接到了克莉丝汀打来的电话。当时克莉丝汀正坐在出租车的后座上，在前往签约地点的路途中。在电话中，克莉丝汀抽泣着。"出什么事了？"梅利莎问。

原来，克莉丝汀准备打退堂鼓。做模特一直都不是她的想法，而是她妈妈的。她很想获得成功，但不是在这个行业。"梅利莎，我是学校里成绩最好的毕业生。我不想靠我的外表来谋生。"她想上商学院，毕业后经营一家公司。"我该怎么办，梅利莎？"

讲到这里，梅利莎会停下来并告诉潜在学员们，如果克莉丝汀还没有支付自己在天才模特公司的培训费和参赛费，她会怎么做？"我会告诉她，'克莉丝汀，我给了你1.5万美元的投资，还有一份合同。现在把你的大屁股挪进办公室，在那些文件上签下你的名字，这样我就能把钱拿回来了！'但是，这并不是我们公司的经营方式。实际上，我对她说：'克莉丝汀，跟随你的内心。回家去追求你的梦想吧。'"克莉丝汀听从了梅利莎的建议。今天，她已经是一名大学二年级的学生，主修商业。毫无疑问，她有着光明的前途——一份她自己选择的职业。

梅利莎的异议解决方法有两点值得我们学习。首先，她知道她最大、最有效的武器是一个故事，而不是事实或辩论。其次，这个特别的故事突出了这一收费原则对学员们的好处，而不是对她的好处。这与她前面两个步骤的目的正好相反。需要支付电费和场地费，这是梅利莎需要收费的一个原因。让会计免费为自己报税的比喻，再次解释了为什么梅利莎需要提前收费。但克莉丝汀的故事表明了这一做法对学员的好处。预付款项，会让学员们获得一个为她们最大利益考虑的经纪人，帮助她们远离未来的痛苦。对梅利莎来说，不预收费才是敲诈。

如果你发现你在为自己的定价辩护，分享梅利莎的故事可能会对你有所帮助。更棒的是，这个故事可以激发你去思考与你行业相关的类似故事。记住，在故事中要强调对客户的好处，而不是从自身角度解释这一定价的原因。你可以把这一原则应用到对异议的所有应对中。无论是何种异议，你都要找一个故事来说明对客户的好处。

◇ ◇ ◇

销售故事不仅仅对买家有帮助。这些故事也可以帮助身为领导者的你增强整个组织的销售力量——不管你是否身处销售部门。接下来的两个故事将为我们展示具体做法。

销售培训是建立高效团队的方法之一。许多公司每年都会进行销售培训，它们要么聘请专业培训师，要么派团队参加销售研讨会。不过，在大部分公司中已经存有一种惊人的销售培训资源，但他们很少被利用。鲍勃·史密斯（Bob Smith）的故事将会为你解释这一点。

在1998年退休之前，鲍勃为公司采购了41年的商品，从商业建筑材料到学校家具，再到化肥。在职业生涯早期，当鲍勃第一次晋升为采购经理时，他发现他的前任几乎只从一家供应商那里购买钢材。当他见到那家钢材公司的销售人员时，他明白了原因所在。这位销售人员是所有买家都会喜欢的类型。他诚实、公正，当客户急需某些特殊产品时，他会毫不犹豫地回到总部为客户争取。但鲍勃认为关键材料的单一供应来源实在太冒险了。因此，他开始从其他供应商处采购小部分钢材，但大部分订单仍留给了这家公司。

此后不久，那位完美的销售人员获得了晋升。不幸的是，他的继任者和他完全不同。这个人并没有销售经验。事实上，这个人是名冶金系的科学家，热诚但又非常冷静。在对鲍勃的第一次销售拜访中，新销售员充分表现出了他是全美最大钢铁生产商（之一）代表这一身份，也表现出了他们是鲍勃最大钢铁供应商这一事实。见面后，他跳过了所有正常的寒暄，也没有对鲍勃进行任何个人层面的交流和了解，而是直接把手伸进公文包，拿出一份详细的报告。"我在这里看到，在最后一个季度，你只从我们这里买了450吨钢铁。出什么问题了？"

"抱歉，请你再说一遍？"鲍勃回答道。

销售员又说了一遍："与这个季度相比，你们前几个月的购买量明显要多很多。这是怎么回事？"鲍勃解释了他对于单一供应商的理念。但新来的销售员对这一说法毫不理会。他最后对鲍勃说："我希望下次我来拜访时，这些数字会有所变化。"

销售人员如此盛气凌人，这让身为买家的鲍勃很不习惯。他简单而有力地回答道："我保证你会看到的。"

果然，在接下来的 3 个月里，鲍勃改变了对这家钢铁公司的订单量。当那位销售人员再次拜访鲍勃时，他们的订单已经减少了 200 吨！这次，他带着与之前完全不同的神情走进了鲍勃的办公室。他说的第一句话是："我想你看得出，我是个新手。"这次，他没有将公司名头到处乱扔；当然，他也没有再次唐突地命令鲍勃更改订单。鲍勃一直不明白为什么这位销售员在初次访问中如此刻薄与傲慢。只是因为缺乏经验吗？或者这是什么新的"强力销售"技巧？不管怎样，这位销售员都知道这些表现只会起到反作用。于是，在第二次访问中，他花了点时间了解鲍勃。更重要的是，他了解了客户的需求。他的订单在下一季度开始增长，并随着他的销售技能的提高而持续增长。

原材料销售人员并不是唯一拜访鲍勃·史密斯的人。他自己公司的销售人员也会经常拜访他。当公司的现场销售代表来到总部时，他们总是会拿出 15 分钟去采购部拜访鲍勃，有时是在去见销售经理之前。为什么呢？因为在鲍勃的办公室里，他们可以听到关于销售的各种故事。上述故事，就是鲍勃最喜欢给新进销售人员讲述的故事之一，这样他们在进行销售访问时，就不会再犯同样的错了。

我们能从这个故事中学到的，不仅是销售人员应该如何对待买家。这里还有更重要的一点：每个生产产品的公司都有采购部和销售部。采购部的采购员和鲍勃·史密斯一样，每天都和销售人员打交道。这些销售员的能力有的好，有的不好。他们中有些人获得了采购员给予的巨额合同，有些人则失望地铩羽而归。有谁能比采购员更好地培训销售人员呢？这正是鲍勃的故事所做的——对销售员们进行培训。但在大多数公司里，采购部门和销售部门的人员互不认识。因为在公司的组织结构图中，他们相距彼此甚远——虽然他们都在同一栋大厦中工作。这么好的机会就白白被浪费了。如果你想培养出优秀的销售人员，那就让你的采购员们向他们讲述自己工作中的故事。做得好的话，下个季度你就会看到销售数字的积极变化。

◇ ◇ ◇

在很多公司，所有人（包括那些不在销售部门的人）在某个时刻都会参与到销售活动中。这可能是工程师解释新产品的升级，或是消费者研究人员解释目标消费群体的定义，或是营销经理解释新广告活动的积极影响。因此，培养优秀的销售人员意味着，有时你需要把非销售人员也培养成优秀的销售人员。本章最后一个故事就是一个很好的例子。

1995 年，我开始在宝洁西海岸的一个销售办事处工作。那里的销售团队每周都会与零售业务部门的高管会面。有时，一位宝洁副总裁会从辛辛那提飞来参加某些特别重要的销售会议。刚刚进入这个部门不久，我就遇到了一次这样的情况。

那时，我们对一个品牌进行了一些改变，一位买家对这一改变感到不安，希望能够与副总裁直接交流。于是，副总裁飞来参加会议。这是场艰难的会议，大家都非常紧张。但买家与副总裁的谈话十分平和。我们则坐在一旁认真倾听，时刻做好补救的准备。会议结束时，我们的品牌得以维持现状，销售订单也没有受到影响。

当我们离开会议室时，副总裁想要最后缓和一下与买家的紧张气氛——他与买家握了握手，给了她一张名片，说道："你的生意对我来说非常重要。这是我的号码。有时，有些事情会在传回辛辛那提的翻译中丢失，不过你随时可以打电话给我。"这是一个非常慷慨的提议。买家对他表示了感谢，然后离开了。

回到办公室，我们用了几分钟时间对这次客户访问进行了总结。然后将副总裁送出大门外，送上去机场的出租车。出租车开走后，我微笑着对其他团队成员说："好吧，这比我预期的要好得多！"

但他们都用奇怪的眼神看着我，好像我从火星来的一样。"你傻的吗？"有人讽刺了我一句。很明显我漏掉了什么。是什么呢？没过多久，我的一位新同事向我解释了这一切。

"你说得没错，保罗。在会见结束前，一切都很顺利，直到副总裁把名片递给买家，并告诉她，我们就是一群白痴，因为当我们将信息传回到总部过程中，会让信息'在翻译中丢失'。他只用了 10 秒钟就摧毁了一切，我们大概需要 6~9 个月的时间来重建客户对我们的信任。"他是对的。几个月来，那位买家一有问题，就会直接联系副总裁。她不再需要我们。这对我来说是一次深刻的教训。销售是一种关系的游戏。没有关系，就不会有太多的销售出现。那位副总裁真诚地试图修复公司与客户之间的紧张关系。但他没有意识到的是，这是以牺牲宝洁销售团队的客户关系为代价的。

副总裁应该说："你的生意对我们很重要。所以我们派出了最好的销售团队。如果你需要什么，就告诉他们。他们知道该如何完成工作，哪怕是让我、总裁或首席执行官参与其中。"

此后，我在宝洁的几个销售团队都工作过。年轻的研究经理们在第一次拜访客户前，常常向我寻求建议。一开始，我会给他们列出一长串"应该做"和"不应该做"的清单。但我最终意识到，我无法告诉他们所有情况的应对方法。于是，我开始给他们讲述"不受欢迎的名片"故事。总部的所有年轻经理都希望给买家留下一个好印象，就和那位副总裁一样。但他需要理解，当他飞回家后，是销售团队要日复一日地与买家共事。

他的角色不应该是给买家留下深刻印象或成为公司的英雄，而是应该让销售团队的工作更轻松。乐于提供帮助，这很好。但如果以这样的方式提供帮助，只会让销售团队分崩离析。

◇ **总结和练习** ◇

1. 如果你的销售资料被扔进垃圾桶，你最好有个好故事补上。而且，所有销售资料最终都会被扔进垃圾桶。但好的故事，可以让买家印象更深刻。
2. 你应该从对客户有利的角度，解释你的业务模型和定价。即你要解释为什么

这个价格对客户有利，而不是为什么你需要收取这么多钱。（"任何预付款都是敲诈。"）

3. 培训预算有点紧？在公司的采购部门中寻找对成功销售技巧的建议。与销售部门和采购部门的负责人分享鲍勃·史密斯的故事，并安排出更多时间让这两个部门在一起。他们彼此都有很多要学习的东西。

4. 在某种程度上，几乎所有人都会参与到销售活动中，包括那些非销售人员。在你的下属拜访客户前，先和他们分享"不受欢迎的名片"的故事。这样他们就不会再犯同样的错误。你的销售团队会感谢你的。

第二十六章　情境 21：打造第一印象

"不管你想不想，人们都会讲述你的故事。你能做的，是选择他们讲述的内容。"

——鲍勃·麦克唐纳，宝洁公司首席执行官

想象一下：你是德国杜塞尔多夫一家科技公司的中层经理。你在那里已经工作了 20 年，因为这家公司是你最好的朋友创办的。10 年前，它被一家美国竞争对手收购了。从那以后每隔几年，新老板就会派一个美国副总裁到杜塞尔多夫来经营"德国业务"。每次他们都搞得一团糟。美国人不了解欧洲的商业运作方式，德国客户的期望和他们的语言一样陌生。收购前的年利润增长率普遍为 15%~20%，但现在已经掉到了 2%~3%。上一位副总裁说，他会考虑实施一些本地员工提出的战略。当然，他并没有这么做。

现在想象一下，这是新任美国副总裁波特上任的第一天。他一生中从未在美国境外生活或工作过，他只会说一种语言（英语），而他的叔叔是总公司退休的首席执行官。你从没见过他，但你已经不喜欢他了。杜塞尔多夫的其他员工也是一样。

最后，你们还是参加了为新老板准备的盛大欢迎仪式。在开胃菜和排队握手之间，他抓住机会做了一个简短的演讲。在礼节性的"我很高兴来到这里"等赞美之后，他讲了一个关于自己的小故事。

"我是在得克萨斯州的潘汉德尔牧场长大的。高中毕业后，我在农场为父亲工作了几年。所以，当我在得州理工大学上学时，我比其他新生都要大几岁。

这让我很容易就找到了一份调酒师的工作。上大四的时候，我已经成为镇上最好的调酒师。顾客们会开车越过其他酒吧来找我。我对他们每个人最喜欢的酒水都了如指掌，而且总是微笑着招待他们。但我成功的秘诀是：我是这个行业里最好的听众。在6小时的轮班时间内我会接待30名顾客，他们每个人都可以跟你保证，我至少花了一小时来听他说话。

"一年后，我搬到芝加哥读研究生。凭借丰富的酒吧招待经验，我面试的第一家酒吧就给了我一份工作。我很兴奋也很自信，工作的第一个夜晚，我急切地想向那些大城市的男孩展示吧台服务技巧。

"结果是一场灾难！我整晚都被顾客支使得团团转。我过去最常卖的是加冰苏格兰威士忌和不加冰的波本威士忌。但芝加哥顾客点的酒水我从没听说过，像'红热情人''伊利诺伊鸡尾酒'。此外，我每30分钟就要接待30位顾客！我试着去倾听，但我无法兼顾所有人。当我问顾客们"今天过得如何"时，他们看我的眼神像看跟踪狂一样。轮班结束后，老板把我拉到一边，告诉我明天晚上来上班时不要上场。他让我就坐在吧台上观察。托德是第二晚的首席调酒师，他是最棒的。

"我准时出现，坐在吧台的尽头。在接下来的两小时里，我学到了很多芝加哥的酒吧招待知识，这比我在北得克萨斯州4年所学的还要多。托德太棒了。他不需要去记住顾客们最喜欢的酒水，因为新客人层出不穷。尽管受到顾客的无礼对待，他还是与所有吧台附近的人进行眼神交流，大声询问他们想喝什么。在得克萨斯州，这种行为通常会被视为粗鲁和蛮横。但在芝加哥效果却很好。他知道什么时候该问他们是否再来一杯，或者是否需要帮忙叫出租车。我花了几个月的时间才彻底掌握这些技巧，但意识到这些技巧的存在只花了我两小时。

"那天晚上我学到了最重要的两点：第一，我了解到，在一个地方取得成功并不意味着一定会在另一个地方取得成功；第二，我知道如果我想在某件事上有所进步，我应该向最好的人学习。

"我期待在接下来的几个月里了解你们每个人。我会坐在吧台的尽头，看着你们，学习。"

你觉得你的新老板怎么样？你是不是感到松了一口气？感觉看到了希望？或是感觉十分兴奋？你先前对他有过先入为主的评判，这让你感到有些内疚，不是吗？在这个虚构的故事中，面对一群已经决定不喜欢自己的人，讲述这个故事可能是波特唯一能做的事情。否则的话，他需要6~9月的时间才能在工作中获得同等尊重。

这个故事向我们展示了一种"在第一天就赢得尊重"的方法——通过一个"我不是你们认为的我"的故事来介绍自己。故事的主角预见到了员工们先入为主的看法，并成功消除了它。这是在第一天赢得尊重的最好方法之一。

◇ ◇ ◇

上面的故事非常好，因为它帮助听众们克服了对故事讲述者先入为主的偏见。但不是非有如此重要的目的，才可以讲述关于"你是谁"的故事。实际上，你可以随时讲述。为什么这么说呢？1999年7月《纽约时报》和哥伦比亚广播公司进行了一次联合调查。他们向受访者询问："一般来说，你认为有多少人值得信赖？"平均答案是30%。然后又问："在你认识的人中，你认为有多少人值得信赖？"平均答案高达70%！为什么会这样？答案是，如果人们不认识你，他们就会默认不信任你。"我不认识他。他可能不诚实。"但如果他们认识你，他们就会默认信任你。"我认识她，她从没做过什么不诚信的事。她很可能值得信赖。"人类倾向于信任自己认识的人，因此，你可以通过故事让人们对你了解多一点。

这里有个很好的例子。

那是在2005年1月，当时宝洁收购了吉列（Gillette）公司，这是历史上规模最大的消费品品牌收购。正如你猜想的那样，吉列的员工们十分关心自己的工作、薪水和福利会发生怎样的变动。

交易结束后几天，宝洁的首席执行官雷富礼先生和几位吉列高级官员在位于波士顿保诚大厦的吉列总部举行了一次大型会议。会议的目的是让吉列的员工们对公司所有权的变化感到安心。他们邀请了尽可能多的吉列员工进入会堂。迈克·贝瑞（Mike Berry）就是其中之一。

吉列的官员首先发言。在事先准备好的发言中，他们阐述了一系列理由，证明公司所有权变动对吉列员工来说是好事。"宝洁在其所涉足的几乎所有领域都是市场领导者……他们有着160年的善待员工的历史……他们有一个非常慷慨的利润分享计划……"轮到雷富礼先生发言时，他也从自己的角度讲述了一系列理由。但在谈到这些细节之前，他先向听众们稍微介绍了一下他自己。他讲述了自己如何开始军事生涯，讲述了他的家庭、爱好、最喜欢的度假地等。

会议结束后，迈克的反应代表了所有吉列员工的想法。"哇！短短5分钟，我对雷富礼先生的了解比对当了我5年的老板还要多！"这正是他们需要知道的———点点对雷富礼的个人了解。毕竟，吉列员工们最需要的，就是信任刚刚收购了他们公司的那个人。当然，雷富礼先生也可以简单地告诉他们："相信我，我们会照顾好你们的。"但与让他们了解自己相比，这套说辞并不那么有效。雷富礼的"关于我的一点点"故事将自己从听众大脑中30%的那部分移动到了70%的那部分。

◇ ◇ ◇

另一种在第一天赢得尊重的方法是：讲述你为什么选择来到这里。是什么让你选择了你刚加入的这个工作、职业、公司、行业或部门？是什么让你开始了这段职业旅程？只要你的答案不是"因为我需要钱"，它就会帮助你赢得他人的尊重。

这些"我为什么在这里工作"的故事不需要太长。我从杰夫·斯特朗那里学到了这一课，他是我共事过的最励志的领导者之一，我十分有幸能和他一起工作。当时，我是在宝洁的一个新业务开发小组工作时认识他的。这个小组的工作是创造宝洁从未涉足过的新产品，甚至是以前从未出现过的新发明！在担任营销总监的第一天，杰夫对我们进行了这样的自我介绍："我是个务实的人。这就是我在这家公司工作的原因。我有妻子和孩子要抚养，还要为孩子存大学学费。在我的职业和收入上冒很大风险,这并不符合我的风格。但我也喜欢创造新事物的刺激感,喜欢做以前没人做过的事情。所以有幸来到这个部门工作,我感到很兴奋。这是公司里唯一一个可以让我帮助企业进行业务经营,同时又让我知道家人很安全,可以让我睡得很香甜的地方。我等不及要开始了。"

他对工作如此兴奋,谁会不愿意和他一起工作呢?这就是重点。人们希望与一个充满激情的领导者一起工作。找出你为什么选择现有职业道路的原因。然后给他人讲述你的"我为什么在这里工作"的故事。

◇ ◇ ◇

最后一个建议——当你选择一个关于你自己的故事时,一定要确保它会给你的同事们留下正确的印象。如果你选择得不好,你可能反而会对自己造成伤害。例如,在参加完我主持的故事讲述培训后,一位年轻的经理来到我面前,兴奋地和我分享他的故事。培训前我才认识的他。他非常聪明,晋升速度非常快。但不管事实如何,他以将自己的利益置于他人之上而闻名。所以当他向我讲述他的故事时,我有点惊讶。这是一个在贫困中成长的悲惨故事。他是学校里最穷的人,因此受到了来自社会的各种耻辱。他厌倦了身边的这一切,决心要做得更好,过上更体面、更舒适的生活。他在学校里努力学习,以班上最优异的成绩毕业。他是家里第一个上大学的人,后来又进入了一所著名的研究生学院深造。"我对自己发誓,我不会让我的孩子在这种肮脏的环境中成长!我不会停止,直到拥有我能获得的最好生活,并让我的孩子也拥有这一切。"

这是一个令人欣赏的故事……如果是其他人讲述的话。

对他来说,这个故事中他所成就的一切都是他自私自利的证明。这个故事只是让他的同事们知道他这么做的原因。他需要一个不同的故事。我问他最喜欢现在工作的哪一点。他回答后我才知道,原来这是他第一次管理别人。他所填补的这个职位已经空缺了有一段时间了,现在向他汇报的初级经理们都曾渴望获得这一领导职位。尽管他没有担任领导的经验,但工作几周后,他的直接下属们开始茁壮成长。几个月后，他的直接下属们告诉他说，他是他们经历过的最好的经理。部门业绩也证明了这一点。我问他看到别人在他的帮助下获得成功，是怎样的感觉？"感觉太棒了！我原来都不知道。我意识到，当我将时间都花费在指导他们工作上，而不是忙于自己的工作，整个部门的业绩就会更加出色。"

"没错，"我告诉他，"这就是你的故事！"

他应该讲述这个"灵感一刻"的故事，即他发现帮助他人比自己埋头工作更有价值的这一时刻。这就是人们需要听到的关于他的故事，尤其他的直接下属，或者考虑将来成为他直接下属的那些人。这个故事将取代他的坏名声，而不是支持他的坏名声。

◇ **总结和练习** ◇

1. 人们会讲述关于你的故事，这就是你名声的来源。你可以通过先向他们讲述自己的故事，来选择他们讲述的你的故事。

2. 第一印象只有一次，你永远无法第二次留下第一印象。向新团队介绍自己的最佳方式是讲述自己的故事。有三种故事可以帮助你在第一天赢得尊重。

a. "我不是你认为的我"的故事，可以避免团队成员们对你先入为主的成见。（例如，波特在芝加哥当酒吧招待的故事。）

b. "关于我的一点点"故事可以让新团队了解你本人（而不是你的职位和头衔）。即使是一个简短的故事，也会让你的新团队成员们将你放在他们认识的、信任的那 70% 里，就像雷富礼先生面对吉列团队时做的那样。

c. "我为什么在这里工作"的故事可以激励你的下属，因为所有人都想为充满激情的领导者工作。找出你选择这份职业、工作的原因，并讲述给他人听。（例如，"我是一个务实的人。"）

3. 确保你的故事能够帮助人们营造对你的正确印象。一个糟糕的故事比没有故事造成的伤害要大得多。（例如，"我不会停止，直到拥有最好的生活！"）

第二十七章 故事创作技巧：让听众参与到故事中

"告诉我，我会忘记；向我展示，我会记住；让我参与，我会理解。"

——中国谚语

1997 年，我在西海岸一家宝洁公司制造工厂担任财务经理。工作了一段时间后，我的老板（工厂经理）被调走，这意味着我们将迎来一位新经理。他的名字叫乔·洛瓦托（Joe Lovato）。

在他上任第二个月的某天下班前，他给领导团队发了一份备忘录，其中包括一条信息："明天早上在我们的领导团队会议上，我将公布一个新的薪酬和晋升政策，该政策覆盖本工厂内的所有管理者。但我想给你们一夜时间，提前思考一下。明早再和你们细谈，乔。"

回家前，我们都看到了这份备忘录。基本上，他的意思是：除非你在工厂的生产、包装和运输三个最重要的部门工作，否则你将没有资格获得晋升或加薪。领导团队中可能有三个人不介意这项新政策，即生产、包装和运输部门的负责人。但其余的人都很生气！那天晚上我们回家时心情很不好，对我们的配偶发牢骚，对我们的孩子们大喊大叫。我们一夜无眠，满脑子想着第二天要倾泻在乔·洛瓦托身上的愤怒之语。

清晨来临，会议开始，我们面对乔·洛瓦托时的暴躁连自己都不敢相信。我们说他的办法是极其愚蠢的——"这不公平！我们雇用来自世界各地的人……我们在全国范围内的薪资水平基准相同……这会使优秀的管理人员们无法在这家工厂工作……你以为你是哪根葱，可以违反公司政策？"除此之外，我们告诉他，"你根本没有权力做出这样的决定！"

他让我们发泄了大约 20 分钟，然后说道："好吧，你们现在可以放下心了。我根本没有打算实施这项政策。我只是想让你亲身感受一下这样的政策，哪怕一个晚上也好。因为在我来这里前，你们对这家工厂里的非管理人员实施了同样的薪酬和晋升政策。"会议室里一阵尴尬的沉默。

他是对的，我们的确是这么做的。我们这样做是因为生产、包装和运输部门的工作最辛苦。相比之下，其他工作则轻松多了——办公桌后的工作，空调下的工作。由于公司政策不允许这些部门员工的工资大幅高于其他部门，所以我们采取这样的政策，鼓励人们留在这些最辛苦的工作中。如果他们去做了办公室工作，这一政策也会激励他们在几年后回到这些工作中。这在当时来看是有道理的。

乔本可以在会议上拿出这一政策讨论，他可以告诉我们他不理解，或者他认为这不公平，或者说他想改变这一政策。不过，我们也会平静地告诉他，我们实施这项政策有着非常充分的理由。但是让我们将自己放在这一政策的负面影响中并思考一个晚上，然后让我们与他辩论，告诉他这对我们来说是个坏政策——这使我们意识到，这一政策对其他员工来说也称不上是公平。

乔不仅给我们讲了一个好故事，他还让我们参与其中。他让我们——他的听众们，在这个故事中扮演了积极的角色。正因为如此，它产生了惊人的效果。不管什么时候，你都可以让你的听众参与到故事中，这一做法可以大大提高你信息的有效性。参与，将讲述故事的力量提高到了一个全新的水平。

在本书讨论的所有故事元素中，这是最强大的一个。但你必须小心地运用这一技巧。不明智地使用它会很危险，甚至会让你的努力适得其反。例如，在乔·洛瓦托的影响下，今天依然有一些领导团队的成员对他在我们身上耍的小诡计感到不安，尽管这个小诡计只持续了大约 15 小时。

这是一个公认的极端案例。在整个职业生涯中，你最多使用 2~3 次。但如果你面对的是至关重要的东西（对你或你的听众而言），那么这么做是值得的。乔对人充满热情，会确保他们受到公平对待。他有充分的理由这么做。

那么，有没有一种方法，可以在不扰乱任何人的情况下使用这一方法呢？当然有。想想第十七章，吉姆·欧文第一堂历史课的故事。这个故事和乔·洛瓦托的故事有两个重要不同：第一，在历史课的故事中，诡计只持续了15秒，而不是15小时；第二，听众们没有受到假罪犯的威胁，只有老师受到了。在乔的故事中，新政策的坏消息是针对听众的，而不是乔自己；感受痛苦的也是听众，而不是讲故事的人。所以，我们要限制听众们在故事虚拟情境中度过的时间。此外，在创造你的故事时，你也可以将所有负面体验都指向你自己，或者你的助手，而不是听众们。

如果这些都无法做到呢？那你就要仔细思考一下：你想要传达的信息是否值得使用这一强力方式，就像乔·洛瓦托那样。你可以事先进行一下不良反应测试：想象一下你是听众，这一切都发生在你的身上。等故事结束后，你会因为学到宝贵一课而感谢讲述者吗？还是会怨恨他？如果你传递的信息对听众来说足够重要，他们会感谢你的。如果这一信息只对你很重要，那听众很可能会怨恨你。

不是所有的信息都能通过这项测试。或许你无法像吉姆·欧文那样创造故事。那么，有没有一种方法可以在不使用虚假信息的情况下，让听众参与到故事中并获得相同体验呢？幸运的是，有。下面是几个示例。

一家美国公司的区域销售办公室每个月都会召开一次会议。所有人都聚集在最大的会议室里，聆听领导团队对业务状况的评论，庆祝他们的阶段性成果。最后，这些月度会议通常都会变成动员大会。

在某次月度会议上，人力资源经理拿起了麦克风。她带着激昂的语气说道："你们知道吗，下个月我们的西海岸团队将发起10年来最大的新方案！这是一项能将产品性能提高10%的新技术！是在该领域的巨大突破。"台下一片欢呼和掌声。

她继续说："你们知道吗，我们从总公司得到了一大笔费用，三周后我们会将产品折扣增加一倍，提前实现我们的销售目标！"更多的欢呼和掌声响起。

"你们知道吗，我们取消了一些秋季广告，并将这笔钱用在新产品的样品上，免费发放给全国各地的消费者。"欢呼和掌声再次响起。

接下来还有几个这样的自问自答，以及团队成员们的欢呼声。在掌声平息后，人力资源经理说道："昨晚10点，我是在大家的办公桌上，以及打印机和传真机上遗留的备忘录里了解到这些信息的。"会议室里的庆祝气氛消失，只剩一片尴尬的沉默。她继续说："如果这些备忘录落入我们竞争对手的手里，会发生什么？你认为他们会不会采取某些措施，让我们的努力打水漂？"听众们羞愧地点了点头。"我们实施'桌面清理'政策是有原因的。请尽你所能保守我们的公司秘密。"

人力资源经理本可以站起来提醒大家遵守公司的"桌面清理"政策（这已经做过无数次了）。但她这次做的要有效得多。她让听众们参与到故事中，而且没有特别指责哪些人。

但第二天，违反"桌面清理"政策的行为急剧下降。

除了避免虚假信息，这个故事是如何在不冒犯听众的情况下产生巨大影响的？答案是：人们在这个故事中是安全的。没有人被点名或突出。在乔·洛瓦托的故事中，只有三名领导团队成员没有受到"新政策"的影响，剩下的五名都处于不安中。不平等会导致怨恨。除非你想说明的就是这个——被不公平对待的感觉，否则你最好完全避免这种情况。

◇ ◇ ◇

从技术上讲，前面那位人力资源经理没有任何弄虚作假。但她的确利用了反向引导的技巧。那么，你能在不使用任何花招的情况下，让听众参与到故事中吗？没错，这也可以做到。以下就是方法之一：创建一个科学实验，让听众们成为你的研究对象。

2007年，我参加了一个为期两天的关于自有品牌产品的公司研讨会。会议的大部分内容都是关于自有品牌的发展与壮大的演讲。对我来说，最难忘的部分是 30 分钟的产品试用。与会者每 15 到 20 人一组，进入一个独立的房间。房间里有几张摆着试用品的桌子。其中一张桌子上放满了盛着牛奶的杯子。桌上一侧的牛奶杯上都贴上了标签 A，另一侧的都贴上了标签 B。除此之外，没有任何其他信息——没有来源商店，没有品牌名称，没有价格。

主持人让我们每个人都试喝一下 A 杯和 B 杯，然后在一张纸上写下哪个是昂贵的全国性品牌，哪个是便宜的自有品牌。其他桌子上也是类似的 A、B 标签，产品有巧克力曲奇饼干、洗手液和橙汁。还有一张桌子上放着尿布，我们要将上一张桌子中剩下的橙汁倒在上面，看看它们的吸收效果如何。

在使用过所有产品并写下自己的 AB 答案后，所有参与者都回到了主会议室。然后主持人揭晓所有答案。我震惊地发现，在我选为全国性品牌的五种产品中，有四种是自有品牌。五分之四啊！其中三种甚至是宝洁没有涉足的类别——但这已经不重要了。关键是，如果自有品牌产品表现如此出色，是什么让我们认为自己公司在该类别的产品上更具优势？

在随后的会议中，我们统计了每张桌子的产品体验中，有多少参与者正确分辨出了全国性品牌和自有品牌。研讨会还公布了一系列调查数据，内容是消费者对全国性品牌和自有品牌在不同产品类别中表现的看法——宝洁旗下的所有产品类别都在其中。

但这些内容我一点都记不得了。我只记得五分之四我认为是"更好"的全国性品牌产品，其实来自自有品牌。我成了这个故事——这个实验的一部分。这改变了我对自有品牌威胁性的看法——比任何研究或统计数据影响都要大。下次你想说服听众相信某事时，你可以分享相关学术和专业研究；或者，你可以想一个方法来现场证明它。而第二种方法几乎总是会更有效。

◇ ◇ ◇

尽管你尽了最大努力，但有时还是无法让听众参与到故事的情节中。在这种情况下，最好的方法是让他们参与到故事的讲述过程中，就像下面示例中一样。

几年前，我们正准备与一位零售客户的几位高管进行全天会议。在这次会议中，我的任务之一是：讨论他们的主要竞争对手如何通过 3 对 1 的广告投放量来打压他们货架上最有辨识度的产品——我们的产品！

我研究了所有的广告数据，清楚地记录下这两个零售商之间 3 对 1 的广告投放比。然后，我制作了一张精美的图表，明确地说明了这一现象。甚至连条形图的颜色都与这两家公司的品牌标志相对应。我真的很喜欢我的图表。

但在会议开始前几天，我的老板杰夫·舒默伯格告诉我们，整场会议都会在讨论中进行。没有幻灯片，没有图表，没有表格——我有没有提到我很喜欢我的图表？我想，我可以直接告诉他们这一事实：你们的竞争对手在相同产品上投放的广告是你们的 3 倍！但是大学一年级的心理学课告诉我们，人类只记得他们听到的 20%，看到的 30%，以及他们同时看到和听到的 50%——这就是为什么我真的很希望使用图表。

但如果复习一下那本心理学教材，你会记起来：人类会记住他们所说的 70%，以及他们所做的 90%。这就是我的机会——让他们说一些或做一些事情，这会比我的精彩图表更难忘。于是，我将上个星期日的报纸从垃圾桶里翻了出来，拿出笔在这两家零售商的广告上都画了一个圈作为标记。我数了数客户的圈圈数量——3 个。竞争对手——9 个。太棒了！

接着，我找来了一些黄色的星星贴纸，把它们贴在相关品牌广告旁，以便于识别。带着这份报纸我进入了会议。

当讨论到我的主题时，我将报纸举了起来让大家看到，然后把它们放在房间里最高级别高管的桌子上。我问他是否愿意将标志他们公司广告的黄色星星数量数出来。"1，2，3。"他数完了。

"谢谢。现在你能数一数你们竞争对手的星星数量吗？"

"1，2，3，4……9。"他再次完成。

然后，我解释道："我们回顾了过去 6 个月你们和你们竞争对手的广告投放情况，发现这些产品的广告比例完全相同——每一周，你们的广告都会以 1 比 3 的比例被对方压制。"

如果杰夫让我使用我那漂亮的图表，我相信会议也会顺利进行。但是，使用图表让这位高管在整整一天的会议中吸收并记住这件小事，其概率要低得多。实际上，据你的大学教科书记载，成功率低于40%。

◇　**总结和练习**　◇

1. 呈现一个具有深刻教育意义的场景。安排一个场景或一个事件，让你的听众参与其中，这样他们就可以自行从中学习。

a. 跳板故事：新的晋升政策。

b. 确保它值得冒险。它通过不良反应测试了吗？结束后，你的听众会因为学习到重要一课而感谢你吗？还是会怨恨你？

2. 控制冒犯他人的风险：

a. 完全避免虚假信息的出现。（例如，"桌面清理"政策。）

b. 在故事中平等对待所有听众，不要创造任何"赢家"和"输家"。（例如，"桌面清理"政策。）

c. 将故事中的负面体验指向你自己，或者你的帮手，而不是你的观众。（吉姆·欧文的第一堂历史课。）

d. 在很短时间内让听众们体验惊奇——几秒钟或几分钟内，绝不能是几小时或更多。

3. 以你的听众为实验对象进行实验或演示。让他们自己探寻并获得关键信息，就像"自有品牌测试"中那样。

4. 人们只记得他们看到或听到的20%~30%。但他们会记住自己所做的90%。如果你不能让观众成为故事情节的一部分，那就让他们成为故事讲述的一部分。（数一数黄色星星的数量。）

附 录

故事结构模板

(CAR = STORY)

	问题	你故事中的答案
讲述故事前	• 你试图沟通的主要内容是什么?	
	• 你希望你的听众们听完故事后会做什么?	
背景 Context	• 何时何地?	
主角 Subject	• 主角是谁?	
	- 英雄是真实的 / 虚构的 / 你自己?	
	- 听众:"嘿!我也能做到!"	
宝藏 Treasure	• 主角想要什么?	
	- 确定他的激情所在或宝藏。	
阻碍 Obstacle	• 谁或什么在阻碍主角?	
	- 确定反派或阻碍。	
行动 Action	• 英雄发生了什么事情?冲突?暂时性的挫折?成长路上的起起落落?完成了研究?得出了结论?	
结果 Result	• 最终英雄如何?他赢了还是输了?	
正确的教训 Right Lesson	• 正确的教训:就是故事的寓意。	
原因 whY	• 结论应该与你讲故事的原因(主旨)联系起来,并引导听众们去做你想让他们做的事情。	

故事元素查询表

问题	你故事中的答案
第二十二章 **隐喻和类比** **Metaphors and Analogies** 使用隐喻： • 在你的故事中使用隐喻（第四章，黄色出租车）。 • 将其作为一个完整的故事（第十四章，开拓者和移民者；第十五章，萎缩的巨人；第一章，建造大教堂）。 • 取代完整的故事（第二十二章，迪士尼演职人员，"消费者就是老板"，"第一关键时刻"）。 创造精彩的隐喻： • 使用杂志制作拼贴画。 • 询问听众他们的想法是什么样的动物／汽车／书籍／电影等。	
第十二章 **保持真实** **Keep It Real** • 使用一个具体的形象来解释你的抽象概念。（第一章，坦默科斯基河河畔上；第三章，《商业周刊》上关于 Bounty 的文章；第十二章，高潜力顾客"丽莎"和成功妈妈朱莉·沃克）。 • 避免使用听众们可能不懂的技术术语。 • 使用与听众相关的事实、数字或事件——那些与他们日常生活有联系的事物（第十二章，法庭上的暴风雪）。 • 面对艰难困境时，一定要开放、坦诚。避免出现很多管理者会使用的空话、套话（第十二章，发不出工资）。	

故事元素查询表

问题	你故事中的答案
第十七章 **惊奇元素** **The Element of Surprise**	在开场时使用惊奇吸引听众们的注意力： • 你的故事中有什么不同寻常或出乎意料的地方？（例如以下故事，第二十四章，必须有的兼职工作；第九章，取消顾问费；第十章，佃农的女儿） • 是否涉及有新闻价值的事件？（第七章中的埃及革命和日本大地震） 以惊奇结束你的故事，把故事牢牢印在听众们的记忆中： • 利用故事中自然发生的惊喜（第十七章，开学第一堂历史课；第十五章，萎缩的巨人）。 • 如果你的故事本身没有惊奇的结尾，要怎么办？创造一个。把某个关键的信息保留到最后（第十五章，失败的一生；第一章，坦默科斯基河河畔上；第二十四章，詹姆斯和水壶）。 惊奇一刻故事：下一次，当你经历令人惊讶、大开眼界的一刻时，写下关于它的故事（第十七章，墨西哥早餐）。	
第二十七章 **让你的听众** **参与其中** **Recast Your Audience into the Story**	• 安排一个场景或一个活动，让观众参与其中（第二十七章，新的晋升政策和"桌面清理"政策）。 • 它通过不良反应测试了吗？结束后，你的听众会因为学习到重要一课而感谢你吗？ • 在很短时间内让听众们体验惊奇——几秒钟或几分钟内，绝不能是几小时或更多（第十七章，开学第一堂历史课；第二十七章，"桌面清理"政策）。 • 将负面体验指向自己（第一堂，历史课）。 • 平等对待所有听众（第二十七章，"桌面清理"政策）。 • 准备一个让你的听众们参与其中的试验或演示（第二十七章，自有品牌测试）。 • 让听众参与到故事的讲述中（第二十七章，数星星）。	

故事元素查询表

问题	你故事中的答案
第十三章 风格元素 Stylistic Elements	精彩的开端——你的故事应该具备以下一个或多个元素： • 惊奇（见第十七章）。 • 谜题（第四章，1983 年的发现之旅；第一章，修建大教堂；第十八章，三位研究员）。 • 挑战——迅速引入一个面对困难挑战的、可以让听众们联系到自身的主要角色（前言，如何不向首席执行官汇报；第十九章，盖尔把自己从团队中踢出）。 写作风格以说话的方式进行写作： • 使用短句（每句 15~17 个字）。 • 使用短小的词语（两个音节以上的词不超过 15%）。 • 使用主动语态（被动语态句子只占 15% 或更少）。 • 快速引入动词（把动词放在句首）。 • 省略不必要的词语（第十三章，鲜鱼）。一个故事应该包含 250~750 个单词，或者 2~4 分钟的口头讲述时间。 常用的文学技巧： • 对话。 • 使用真实姓名。 • 重复（第一章，建造大教堂；第十八章，三位研究员）。 • 不要在讲故事之前宣布或道歉，直接讲。